Anlegerschutz im Wertpapiergeschäft
Verantwortlichkeit der Organmitglieder von Kreditinstituten
Bankrechtstag 2012
BrV 34

Schriftenreihe der Bankrechtlichen Vereinigung

Herausgegeben von
Mathias Habersack
Peter O. Mülbert
Gerd Nobbe
Arne Wittig

Band 34

Anlegerschutz im Wertpapiergeschäft

Verantwortlichkeit der Organmitglieder von Kreditinstituten

Bankrechtstag 2012

DE GRUYTER

Zitierweise: *Autor* in: Bankrechtstag 2012.

ISBN 978-3-11-030172-4
e-ISBN 978-3-11-030177-9

Bibliografische Information der Deutschen Nationalbibliothek
Die Deutsche Nationalbibliothek verzeichnet diese Publikation in der Deutschen Nationalbibliografie; detaillierte bibliografische Daten sind im Internet über http://dnb.dnb.de abrufbar.

Druck und Bindung: Hubert & Co. Göttingen
♾ Gedruckt auf säurefreiem Papier
Printed in Germany

www.degruyter.com

Vorwort

Der Bankrechtstag 2012 der Bankrechtlichen Vereinigung – Wissenschaftliche Gesellschaft für Bankrecht e.V. fand am 29. Juni 2012 in Frankfurt statt. Die beiden Themenblöcke „Anlegerschutz im Wertpapiergeschäft: Jüngste Entwicklungen“ und „Verantwortlichkeit von Organmitgliedern von Kreditinstituten“ wurden vor einer neuerlichen Rekordzahl von 360 Teilnehmern verhandelt.

Die erste Abteilung „Anlegerschutz im Wertpapiergeschäft: Jüngste Entwicklungen“ führte den ersten Themenblock des erfolgreichen Bankrechtstags 2010 in Bonn fort. Einleitend stellte *B. Müller-Christmann* die zahlreichen Facetten der Weiterentwicklungen einer sehr aktiven ober- und höchstrichterlichen Rechtsprechung überaus kenntnisreich vor. Sodann stellte *C. Grigoleit* mit dem Spread-Ladder-Swap-Urteil das Wissenschaft und Praxis gleichermaßen beschäftigende jüngste Grundsatzurteil des BGH zum zivilrechtlichen Anlegerschutz auf den Prüfstand der Zivilrechtswissenschaft und plädierte in mehrfacher Hinsicht für Kurskorrekturen auch grundsätzlicher Natur. *F. Schäfer* leuchtete sodann die Reichweite dieses Judikats für unterschiedliche Finanzprodukte aus. Zum Abschluss beschäftigte sich *T. Möllers* mit der Vermutung des aufklärungsrichtigen Verhaltens als einem zentralem Element eines effektiven Anlegerschutzes durch zivilrechtliche Aufklärungs- und Beratungspflichten und plädierte für eine maßvolle Rückbildung dieser nach derzeitigem Stande nur schwer zu widerlegenden Vermutungsregel.

Die zweite Abteilung „Verantwortlichkeit von Organmitgliedern von Kreditinstituten“ befasste sich mit einem Themenbereich, der seit der Finanzmarktkrise besondere Aufmerksamkeit auch jenseits der Fachwelt genießt. Zunächst entfaltete *T. Fischer* eindrucksvoll verschiedene, auch systemkritische Perspektiven auf die Finanzmarktkrise und illustrierte vor diesem Hintergrund, inwieweit deren Aufarbeitung durch das individuelle Tatbeiträge und individuelles Verschulden sanktionierende Strafrecht (noch) möglich ist. Sodann entfaltete *W. Goette* die organhaftungsrechtlich relevanten Pflichten der Geschäftsleiter und der Mitglieder von Verwaltungs- und Aufsichtsorganen von Kreditinstituten unter besonderer Berücksichtigung der Business Judgement Rule und gab vor diesem Hintergrund einen Einblick in gerichtskundig gewordenes praktisches Fehlverhalten von Geschäftsleitern. Schließlich skizzierte *R. Behle* die aufsichtsrechtlichen Anforderungen an die Geschäftsleiter und an die Mitglieder von Verwaltungs- und Aufsichtsorganen unter Berücksichtigung auch der jüngsten, durch die Finanzmarktkrise induzierten Fortentwicklungen des Aufsichtsrahmens.

Die Drucklegung dieses Bandes wurde dankenswerter Weise von Frau Dr. *Sandra Sandri*, Universität Mainz, vorbereitet; Herr *Daniel Schneider* hat das Stichwortverzeichnis erstellt.

Allen, die zum Gelingen des Bankrechtstages 2012 beigetragen haben, insbesondere Herrn *Eugen Leichner*, sei besonders gedankt.

München, Mainz, Karlsruhe, Essen *Habersack, Mülbert, Nobbe, Wittig*
Im Dezember 2012

Inhalt

1. Abteilung: **Anlegerschutz im Wertpapiergeschäft: Jüngste Entwicklungen**

Leitung: Univ.-Prof. Dr. *Markus Artz*, Universität Bielefeld

Dr. Bernd Müller-Christmann
Vorsitzender Richter am Oberlandesgericht Karlsruhe

Anlegerschutz im Wertpapiergeschäft: Die Sicht der Rechtsprechung*

1 Einleitung

Bereits zum dritten Mal in Folge befasst sich der Bankrechtstag mit dem Anlegerschutz. Stand 2011 die „Stärkung des Anlegerschutzes“ im Mittelpunkt, ist

* Das Manuskript befindet sich auf dem Stand August 2012.

das diesjährige Thema sogar identisch mit dem des Jahres 2010: „Anlegerschutz im Wertpapiergeschäft." Es wird nicht die mangelnde Phantasie der Veranstalter gewesen sein, die zur Wiederholung des Tagungsthemas geführt hat. Anlegerschutz ist in der Tat ein Dauerthema, für den (europäischen und deutschen) Gesetzgeber, für die Aufsichtsbehörden, für die Wissenschaft und natürlich auch für die Rechtsprechung.[1] Von Anwälten wird die Bezeichnung Anlegerschutzanwalt inzwischen fast schon wie ein offiziell verliehener Titel geführt.

1.1 Notwendigkeit des Anlegerschutzes

Über die Notwendigkeit eines wirksamen Anlegerschutzes muss nicht gestritten werden. Aufgrund der Vielzahl und Komplexität der Produkte sowie der ständigen Veränderungen fällt es Anlegern – und zwar bildungs- und einkommensunabhängig – schwer, den Nutzen bzw. das Risiko einer Finanzentscheidung angemessen einzuschätzen.[2] Es ist eine Binsenweisheit, dass der beste Anlegerschutz derjenige ist, der einen Schaden beim Anleger verhindert. Sieht man die Schutzbedürftigkeit des Anlegers darin, dass er gegenüber den Anbietern von Kapitalanlagen „strukturell unterlegen" ist, dass er infolge mangelnder Fachkenntnis, Information und Erfahrung Gefahr läuft, benachteiligt zu werden, so muss wirksamer Anlegerschutz die Beseitigung oder zumindest Verringerung dieser Unterlegenheit zum Ziel haben. Auch hierüber besteht Einigkeit. Allerdings schießt der moderne Gesetzgeber bei dem Versuch, Informationsasymmetrien zu beseitigen, gelegentlich über das Ziel hinaus; man denke an die überbordenden Informationspflichten vor Abschluss eines Verbraucherdarlehensvertrags.[3] Die These, je mehr Information der Anleger erhält, desto besser ist er tatsächlich aufgeklärt und in der Lage, eine rationale Anlageentscheidung zu treffen, wird in der Realität widerlegt. Es ist hinlänglich bekannt, dass ein

---

1 Vgl. den Bericht über die „Entwicklungen des Kapitalmarktrechts im Jahre 2011", *Weber* NJW 2012, 274. Einen Zeitraum von 50 Jahren nimmt *Hopt*, WM 2009, 183 in den Blick.

2 Nach Schätzungen belaufen sich die Vermögensschäden aufgrund mangelhafter Finanzberatung jährlich auf 20-30 Mrd. EUR. Beunruhigend ist der in einer Studie des Bundesministeriums für Ernährung, Landwirtschaft und Verbraucherschutz (Anforderungen an Finanzvermittler – mehr Qualität, bessere Entscheidungen. Studie im Auftrag des Bundesministeriums für Ernährung, Landwirtschaft und Verbraucherschutz 2008) festgestellte Zusammenhang zwischen geringem Einkommen und überproportional hohem Vermögensverlust durch schlechte Beratung. Fehlberatungen haben somit neben einer individuellen auch eine gesamtwirtschaftliche Dimension.

3 Dazu *Schürnbrand* ZBB 2008, 383, 385, *Müller-Christmann*, in: Nobbe, Kreditrecht Bd. 1, 2. Aufl. § 491a Rn. 4.

Übermaß an Information den Blick auf das Wesentliche verstellen und auf Seiten des Empfängers sogar eine Abwehrhaltung hervorrufen kann. Außerdem verhalten sich Anleger, auch wenn sie aufgeklärt sind, keineswegs nur und immer rational. Zum anderen drohen Gefahren für die Anlegerinteressen auch von anderer Seite, nämlich durch Vertriebspraktiken, die durch zweifelhafte Anreizsysteme befördert werden.

1.2 Anlegerschutz durch Rechtsprechung

Anlegerschutz durch die Gerichte ist letztlich nur ein Notbehelf. Der Klageweg wird in der Regel beschritten, wenn ein Schaden beim Anleger eingetreten ist, wenn also der Anlegerschutz nicht funktioniert hat. Das Gerichtsurteil kann den Schaden allenfalls reparieren, indem es bei Verletzung beratungsvertraglicher Pflichten oder bei deliktischer Haftung Schadensersatz zuspricht. Natürlich kann eine Entscheidung auch über den Einzelfall hinaus anlegerschützende Wirkung entfalten und präventiv wirken. Kreditinstitute und freiberufliche Vermittler werden sich auf diese Rechtsprechung einstellen (müssen) – wir erleben dies im Moment bei der sog. Kick-back-Rechtsprechung. Gelegentlich lässt sich auch der Gesetzgeber beeindrucken und er nimmt in der Rechtsprechung aufgezeigte Fehlentwicklungen zum Anlass für Korrekturen oder zur Schaffung neuer Regelungen. Auf einen effektiven Anlegerschutz durch die Rechtsprechung sollte man allerdings nicht große Hoffnungen setzen. Nicht aus Geringschätzung den Gerichten gegenüber, sondern wegen des Zeitmoments. Gerade im Bank- und Kapitalmarktrecht gibt es zahlreiche Beispiele, mit welcher Verzögerung die Rechtsprechung auf bestimmte Entwicklungen reagiert. Dies liegt in der Natur der Sache, womit ich nicht die vermeintlich oder tatsächlich langsame Arbeitsweise der Richter meine. Die Schadensreparatur kann häufig sehr spät vorgenommen werden, weil der Schaden erst nach Jahren eintritt oder jedenfalls festgestellt wird.

Nehmen wir zwei Beispiele: Die berühmten Schrottimmobilienfälle betreffen Sachverhalte, die in 90er Jahren des letzten Jahrhunderts spielen. Auch die Rückvergütungsrechtsprechung befasst sich mit Anlagegeschäften, die häufig zehn und mehr Jahre zurückliegen, wenn man nur an die Entscheidung zum Rechtsirrtum über das Bestehen einer entsprechenden Aufklärungspflicht denkt.[4]

---

4 BGH WM 2010, 1694.

1.3 Überblick über die Rechtsprechung zum Anlegerschutz

Nach diesen einleitenden Einschränkungen komme ich zum eigentlichen Thema meines Referats, einem Überblick über Anlegerschutz im Wertpapiergeschäft durch die Rechtsprechung. Ich verstehe meinen Auftrag so, dass ich über die aktuelle Rechtsprechung nicht notwendigerweise nur, aber vor allem des Bundesgerichtshofs referieren soll mit dem Versuch, die Entscheidungen auf ihre anlegerschützende Wirkung zu überprüfen und einzuordnen. Ich greife aber auch auf Anschauungsmaterial aus dem eigenen Senat[5] zurück. Ich bitte um Verständnis, dass ich mich bei einigen Fragen etwas bedeckt halte. Mit nahezu allen im Folgenden angesprochenen Problemkreisen sind oder waren wir befasst oder könnten alsbald befasst werden. Insofern wäre es untunlich, sich zu Einzelragen allzu weit aus dem Fenster zu lehnen. Dies schließt freilich nicht aus, in einer wissenschaftlichen Kontroverse Stellung zu beziehen. Zum anderen bitte ich um Verständnis, dass meine Beispiele nicht nur das „Wertpapiergeschäft" betreffen, sondern auch aus dem Bereich der Schrottimmobilienfälle stammen, die in unserem Senat in überreicher Zahl vorhanden sind. Fast alle in diesem Zusammenhang angesprochenen Rechtsprobleme könnten jedoch genauso bei Wertpapiergeschäften vorkommen.

Ich beginne sozusagen mit einer Fehlanzeige: Rechtsprechung zu den neueren Anlegerschutzgesetzen liegt noch nicht vor. Damit meine ich die Vorschriften über das Beratungsprotokoll[6] und das Produktinformationsblatt[7]. Ich hoffe noch immer mit dem Gesetzgeber, dass beides, die Pflicht zur Erstellung eines Beratungsprotokolls und zur Herausgabe von Produktinformationsblättern eine Verbesserung im Sinne einer Prävention bringen wird – auch wenn die ersten Auswertungen und Berichte wenig ermutigend klingen[8] und ein Kritiker diese Formen des Anlegerschutzes als „populistisches Brimborium"[9] bezeichnet hat.

Bei dem Versuch, die zahlreichen Entscheidungen des BGH, vorwiegend natürlich des für Bankensachen zuständigen XI. Zivilsenats einzuordnen, will ich vier Schwerpunkte bilden: Zunächst sollen die Ausweitung und Konkretisierung

5 17. Zivilsenat des OLG Karlsruhe, zuständig für Rechtsstreitigkeiten u.a. aus Bankgeschäften, Kapitalanlageberatung und -vermittlung.

6 § 34 Abs. 2a WpHG. Näher dazu *Pfeifer* BKR 2009, 485.

7 § 31 Abs. 3a WpHG. Näher dazu *Möllers/Wenninger* NJW 2011, 1697; *Müller-Christmann* DB 2011, 749, 750; *Müchler* WM 2012, 974.

8 Siehe Pressemitteilung der BaFin vom 04.05.2010. Zu ähnlich negativen Ergebnissen kommt die Zeitschrift Finanztest in ihrer Ausgabe April 2010 nach einer Stichprobe von 16 Beratungsgesprächen in acht Kreditinstituten.

9 *Köndgen* BKR 2011, 283, 285.

der Aufklärungspflichten durch die Rechtsprechung behandelt werden (2.). Ein zweites Thema wird die Bemessung und Ermittlung des Schadensumfangs sein (3.). Im Hinblick auf das eingangs erwähnte Zeitmoment sind Anlegerklagen zwangsläufig mit Verjährungsproblemen belastet; diese bilden den Schwerpunkt im 3. Teil (4.). Abschließend will ich noch kurz auf prozessuale Fragen eingehen, die sich typischerweise bei Anlegerklagen stellen (5.).

2 Ausweitung und Konkretisierung der Aufklärungspflichten

Bei der Prüfung, ob die Empfehlung einer Anlage fehlerhaft war, ist nach den immer noch maßgebenden Grundsätzen des epochalen Bond-Urteils[10] davon auszugehen, dass die Bank zu einer anleger- und objektgerechten Beratung verpflichtet ist. Wenn man der Frage nachgeht, in welchen Bereichen die Rechtsprechung die Aufklärungs- und Beratungspflichten erweitert und konkretisiert hat, kommt man natürlich an den Entscheidungen des XI. Zivilsenats zu Vertriebsprovisionen – hier als Oberbegriff für Rückvergütungen und Innenprovisionen – nicht vorbei. Aus der Sicht eines Berufungssenats kann ich berichten, dass der BGH mit seinen Rückvergütungsentscheidungen eine Schleuse geöffnet hat, ähnlich wie mit den Urteilen vor einigen Jahren zur Unwirksamkeit von Vollmachten wegen Verstoßes gegen das Rechtsberatungsgesetz.[11] Freilich ist die Springflut nicht ganz so hoch wie damals, als zahlreiche, von Treuhändern abgeschlossene Kreditverträge sich im Nachhinein als unwirksam erwiesen haben. Aber genauso wie der Verstoß gegen das Rechtsberatungsgesetz für viele Anleger ein (unerwarteter) Ansatz zur Geltendmachung von Ansprüchen wurde, ist die fehlende Aufklärung über Rückvergütungen ein Anker, um schon abgeschriebene finanzielle Engagements noch zu retten.[12] Wir erleben daher in zahlreichen Anlegerprozessen, die ursprünglich auf andere Angriffspunkte gestützt waren, als Nachtrag noch die Geltendmachung von Aufklärungsmängeln hinsichtlich geflossener Rückvergütungen.

---

10 BGH, Urt. v. 06.07.1993 – XI ZR 12/93, BGHZ 123, 126, 128 f.

11 BGHZ 145, 265; BGH WM 2001, 2113; BGH WM 2005, 72; BGH WM 2008, 1211.

12 So auch die Einschätzung des Vorsitzenden des XI. Zivilsenats (*Wiechers* WM 2012, 477, 480).

2.1 Rückvergütungen (Kick-back)

Die Unterscheidung zwischen offen ausgewiesenen und im Anlagebetrag versteckten Provisionen und die darauf aufbauenden unterschiedlichen Rechtsfolgen werden in der Literatur angegriffen.[13] Gleichwohl will ich diesen Komplex – vermutlich entgegen Ihren Erwartungen – in meiner Übersicht aussparen und zwar aus zwei Gründen: Die Entwicklung der Rechtsprechung ist in zahlreichen Anmerkungen und Beiträgen dargestellt und kritisch kommentiert worden. Außerdem scheint mir mit den in Form und Inhalt ungewöhnlichen Beschlüssen des XI. Zivilsenats vom 19.07.2011 bzw. 24.08.2011[14] eine Art Schlusswort gesprochen worden zu sein.

Ich will stattdessen den Blick lenken auf zwei andere Entscheidungen, die eine ähnlich große Aufmerksamkeit wie die Rückvergütungsfälle auf sich gezogen haben, die beiden ersten Urteile zu „Lehman Papieren".

2.2 Lehman-Urteile

Die beiden ersten Entscheidungen vom September 2011[15] zu „Lehman-Papieren" wurden in den Medien mit Überschriften versehen wie „Schlappe für Lehman-Geschädigte" oder „Schlag ins Gesicht der Anleger". Natürlich war das Ergebnis eine Enttäuschung für die konkret betroffenen Anleger. Und doch sind diese Judikate aus meiner Sicht keine Niederlagen für den Anlegerschutz.

Bei den sog. Lehman-Papieren handelt es sich um Zertifikate, also strukturierte Finanzprodukte in Form von Inhaberschuldverschreibungen, die einen Anspruch des Inhabers gegen den Emittenten auf Zahlung eines Betrages verbriefen, dessen Höhe vom Stand der zugrunde gelegten Basiswerte abhängt. Angeblich gibt es 170 verschiedene Varianten dieser Papiere, denen bei allen phantasiereichen Konstruktionen und Benennungen eines gemeinsam ist: Wird der Emittent zahlungsunfähig, ist der verbriefte Anspruch wirtschaftlich wertlos. Mit anderen Worten: Der Anleger trägt einerseits das Risiko einer ungünsti-

---

13 *Nobbe* BKR 2011, 302; *Jooß* WM 2011, 1260; *Schwab* BKR 2011, 450.

14 BGH WM 2011, 1506 und WM 2011, 1804.

15 BGH, Urt. v. 27.09.2011 – XI ZR 178/10, WM 2011, 2261 und XI ZR 182/10, WM 2011, 2268 mit Anm. *Klöhn* ZIP 2011, 2244; *Buck-Heeb* DB 2011, 2825; *Zoller* BB 2011, 3088; *Köndgen* JZ 2012, 260; *F. Schäfer* WM 2012, 197; *Bausch* NJW 2012, 354; *Herresthal* ZBB 2012, 89; *Maier* VuR 2012, 27; *Nobbe* WuB I G 1. – 2.12. Die am 26.06.2012 verkündeten Entscheidungen (XI ZR 259/11; XI ZR 316/11; XI ZR 355/11 und XI ZR 356/11) können als Fortsetzung des eingeschlagenen Wegs verstanden werden.

gen Entwicklung der jeweiligen Basiswerte und andererseits das Bonitätsrisiko des Emittenten.

Wie hat nun der XI. Senat die im Bond-Urteil entwickelten anleger- und objektbezogenen Beratungspflichten für das Zertifikategeschäft konkretisiert?

2.2.1 Aufklärung über das Emittentenrisiko

Als erstes spricht der BGH die Aufklärung über das Emittentenrisiko an. Nicht weiter diskutiert werden muss, dass jedenfalls im Herbst 2007 Zweifel an der Bonität einer amerikanischen Großbank nicht bestanden, über ein konkretes Emittentenrisiko damals folglich nicht aufgeklärt werden musste.[16]

Ob über das allgemeine Emittentenrisiko, also die generelle Abhängigkeit der Rückzahlung von der Bonität der Emittentin hinreichend aufgeklärt wurde, ist eine Frage des Einzelfalls. Hier dürfte in der Praxis der entscheidende Ansatzpunkt für eine Haftung der Bank liegen. Der Anleger muss informiert werden, dass er im Falle der Zahlungsunfähigkeit der Emittentin das angelegte Kapital vollständig verliert. Das ist die klare Aussage, an der die konkrete Beratung zu messen ist. In beiden BGH-Entscheidungen war diese Aufklärung nach den Feststellungen des Berufungsgerichts geleistet worden.[17] In einem Fall hatte der Kläger bereits vorher eine dem Lehman-Zertifikat ähnlich strukturierte Anleihe erworben, wobei ihm während des damaligen Beratungsgesprächs die Broschüre "Basisinformationen zu Festverzinslichen Wertpapieren besonderer Art" ausgehändigt wurde, die einen ausdrücklichen und unmissverständlichen Hinweis auf das allgemeine Emittentenrisiko enthält. Im anderen Fall hatte das Berufungsgericht unangegriffen festgestellt, die Anlegerin habe gewusst, dass es sich bei der verbrieften Forderung um eine solche gegen eine US-amerikanische Investmentbank handelte und der Berater habe sinngemäß geäußert; „wenn dieser Herausgeber pleitegeht, dann ist das Geld weg."

Anzumerken ist in diesem Zusammenhang, dass sich gesteigerte Aufklärungs- und Beratungspflichten ergeben können, wenn die Zertifikate mit der Bezeichnung „Kapitalgarantie" versehen sind, insbesondere wenn mit diesem

---

16 Es fehlt in der Rechtsprechung noch eine zeitliche Festlegung, wann der kritische Punkt erreicht war. Das OLG Frankfurt (VuR 2011, 465 mit Anm. *Maier* VuR 2011, 467 und *Nieding* jurisPR-BKR 12/2011 Anm. 2) sieht jedenfalls am 11.08.2008 Anhaltspunkte für eine kurzfristige Insolvenz von Lehman.

17 Ähnlich in den Fällen OLG Schleswig MDR 2012, 534; OLG Dresden BKR 2012, 293; OLG Saarbrücken, Urt. v. 05.04.2012 – 8 U 7/11, zitiert nach juris.

Begriff gar geworben wird.[18] Insoweit liegt ein offenkundiger Widerspruch vor: Denn Kapitalschutz einerseits und unversichertes Emittentenrisiko andererseits passen nicht zueinander. Der Berater muss dem Kunden ausdrücklich klar machen, dass ihn die „Garantie" für den Fall des Fehlschlagens der Gewinnerwartungen absichert, keinesfalls jedoch gegen das Emittentenrisiko.

2.2.2 Keine Aufklärung über fehlende Einlagensicherung

Der fehlenden Einlagensicherung misst der BGH keine eigenständige Bedeutung für die Anlageentscheidung mehr zu, wenn der Kunde bereits über das von ihm zu tragende Insolvenzrisiko der Emittentin aufgeklärt wurde. Dies erscheint logisch, weil der Kunde, der um die Möglichkeit eines Totalverlusts weiß, nicht gleichzeitig auf das Eingreifen einer Einlagensicherung vertrauen kann.[19]

2.2.3 Keine Aufklärung über Gewinnmarge

Am heftigsten gestritten wird über die Frage, ob die Bank über ihre Gewinnmarge aufklären muss. Nach der Rechtsprechung ist eine Bank, die eigene Anlageprodukte empfiehlt, nicht verpflichtet, darüber aufzuklären, dass sie mit diesen Produkten Gewinne erzielt, weil dies in einem solchen Fall für den Kunden offensichtlich sei.[20] Nichts anderes gilt, wenn fremde Anlageprodukte im Wege des Eigengeschäfts (§ 2 Abs. 3 Satz 2 WpHG) zu einem über dem Einkaufspreis liegenden Betrag veräußert werden.

Im Zusammenhang mit dem Verkauf von Lehman-Zertifikaten wurde von Anlegerseite argumentiert, es mache keinen Unterschied, ob die Bank das Zertifikat erwerbe und mit Gewinn weiterveräußere oder dieses im Wege des Kommissionsgeschäfts von einem Dritten noch zu besorgen sei und hierfür eine Provision gewährt werde. Ein wirtschaftliches Eigeninteresse der Bank bestehe in beiden Fällen. In der Literatur wird versucht, eine Aufklärungspflicht über

---

18 *Köndgen* JZ 2012, 260, 261.

19 So auch OLG Bamberg WM 2010, 1354, 1357; OLG München WM 2010, 2115, 2117; OLG Frankfurt WM 2010, 2111, 2115; OLG Düsseldorf WM 2011, 399, 404; *Bausch* BKR 2010, 257, 259; a.A. *Maier* VuR 2009, 369, 370.

20 BGH WM 2011, 682 Rn. 38.

Gewinnmargen aus dem selbstständig neben dem Kaufvertrag stehenden Beratungsvertrag herzuleiten.[21]

Der XI. Zivilsenat erteilt der Forderung nach Aufklärung über die Gewinnmarge eine klare Absage: Die Gewinnmarge falle weder unter die Definition der Innenprovision noch liege eine aufklärungspflichtige Rückvergütung vor. Bei der Abwicklung eines Wertpapierkaufs im Wege des Eigengeschäfts fehle es an einem Interessenkonflikt der beratenden Bank. Nach der gesetzgeberischen Grundentscheidung treffe die Bank als Verkäuferin der Wertpapiere – anders als den Kommissionär in Bezug auf die erhaltenen Provisionen – keine Pflicht zur Offenlegung ihrer Gewinnspanne. Diese Grundentscheidung sei auch im Rahmen des neben dem Kaufvertrag abgeschlossenen Beratungsvertrags zu beachten. Was für den Kunden im Rahmen des Kaufvertrags offensichtlich sei, nämlich das Gewinninteresse, lasse innerhalb des Beratungsvertrags seine Schutzwürdigkeit entfallen.

2.2.4 Keine Aufklärung über Eigengeschäft

Verneint wird auch eine Pflicht zur Aufklärung darüber, dass der Erwerb im Wege des Eigengeschäfts zustande kommt, weil dies auf die – als solche bedeutungslose – Information des Anlegers hinausliefe, dass die Bank ihren Kunden über Existenz und Höhe der Gewinnspanne nicht aufzuklären habe.[22]

Hier scheint mir eine Schwäche in der Begründung zu liegen.[23] Wenn die Offenkundigkeit des Ertragsinteresses die Aufklärungspflicht ausschließen soll, muss diese Offenkundigkeit feststehen – etwa weil nur ein Eigengeschäft in Betracht kommt – oder sie muss eben durch Information hergestellt werden.[24]

---

21 *Schwab* BKR 2011, 450, 452. Nur wenige Gerichte sind dieser Argumentation gefolgt und haben eine Pflicht zur Offenlegung der Handelsspanne bejaht; z.B. LG Hamburg WM 2009, 1282 und WM 2009, 1363; LG Heidelberg WM 2010, 505 mit Anm. *Assies* WuB I G 1. 13.10; *Buck-Heeb* BKR 2010, 1, 6 ff.; *Geßner* BKR 2010, 89, 95; *Märker* NJOZ 2010, 524, 528. Verneinend OLG Hamburg WM 2010, 1029; OLG Karlsruhe WM 2011, 353 und WM 2011, 883; OLG Bamberg ZIP 2010, 1225; OLG Celle ZIP 2010, 876; OLG Schleswig MDR 2012, 534 (weitere Nachweise bei BGH WM 2011, 1506 Rn. 39); *Spindler* WM 2009, 1821, 1824; *Lange/Bausch* WM 2010, 2101.

22 Entgegen OLG Köln ZIP 2011, 1092; dem BGH folgend OLG Frankfurt BKR 2012, 217.

23 Insoweit auch kritisch trotz grundsätzlicher Zustimmung *Bausch* NJW 2012, 354, 357; *Schröder* jurisPR-BKR 1/2012 Anm. 2.

24 Dieser Kritik hält der XI. Zivilsenat in den Entscheidungen vom 26.06.2012 (o. Fußn. 15) entgegen, dass sich die Offensichtlichkeit der Gewinnerzielungsabsicht aus einer typisierenden Betrachtungsweise ergebe und es deshalb nicht auf den jeweiligen Wissensstand des konkre-

Selbst wenn man jedoch insoweit einen Aufklärungsfehler bejahen wollte, würde ein Schadensersatzanspruch wohl an der Kausalität scheitern.

2.2.5 Ansatzpunkte für eine Haftung der Bank

Die Situation der Lehman-Geschädigten ist keineswegs generell aussichtslos. Wie ich bereits erwähnt habe, ist bei der Prüfung, ob über das allgemeine Emittentenrisiko aufgeklärt wurde, jeder Einzelfall gesondert zu betrachten. In den Entscheidungen nur am Rande angesprochen ist die Frage, welchen Anlegern ein Lehman-Zertifikat empfohlen werden darf. Wer ausdrücklich eine "sichere" Geldanlage will, legt Wert darauf, dass jedenfalls das eingezahlte Kapital erhalten bleibt. Produkte, die diesem Anlageziel nicht entsprechen, dürfen dann gar nicht erst angeboten werden.[25]

Ein letzter Punkt betrifft § 31d WpHG, der Wertpapierdienstleistungsunternehmen untersagt, Zuwendungen von Dritten anzunehmen. Da der Erwerb der Zertifikate vor dem Inkrafttreten des Finanzmarkt-Richtlinie-Umsetzungsgesetzes (FRUG) stattgefunden hatte, konnte es der BGH noch bei einigen Bemerkungen zur unmittelbaren Geltung von Richtlinien belassen. Allerdings hat er angedeutet, dass sich wegen der Umsetzung auf aufsichtsrechtlicher Ebene aus diesen Bestimmungen weder eine Erweiterung noch eine Begrenzung der zivilrechtlich zu beurteilenden Haftung eines Anlageberaters ergebe.[26]

Zusammengefasst halte ich die Lehman-Entscheidungen des BGH nicht für eine „Schlappe für den Anlegerschutz“. Enttäuscht wurden diejenigen, die eine Aufklärung über die Gewinnmarge der Bank fordern. Ich sehe das Hauptanliegen des Anlegerschutzes indes nicht darin, den Kunden über die Ertragsinteressen der Bank zu informieren. Auch in anderen Bereichen des Wirtschaftslebens erfährt der Kunde vor dem Kauf nichts über Handelsspannen seines Vertragspartners und er interessiert sich in der Regel auch nicht weiter dafür. Wichtiger für den Anlegerschutz ist eine klare und verständliche Information über die Risiken und Chancen einer Anlage. In diesem Punkt haben die Lehman-Entscheidungen den bisher erreichten Standard hinsichtlich Aufklärungspflichten nicht eingeschränkt oder zurückgenommen.

---

ten Anlegers über die Verkäuferrolle der Bank ankomme (Urt. v. 26.6.2012 – XI ZR 316/11 Rn. 34).

25 BGH, Urt. v. 14.07.2009 – XI ZR 152/08, WM 2009, 1647 Rn. 50 f. So wohl in den Fällen OLG München, Urt. v. 02.04.2012 – 19 U 3066/11 und LG Heidelberg, Urt. v. 18.05.2010 – 2 O 287/09 mit Anm. *Schröder* jurisPR-BKR 10/2011 Anm. 6.

26 So jetzt auch OLG Karlsruhe ZIP 2012, 1852.

3 Ermittlung und Bemessung des Schadensersatzes

Aus den zahlreichen Problemen, die sich bei Anlegerklagen im Bereich des Schadensersatzes stellen, will ich zwei herausgreifen, in denen die Oberlandesgerichte über Jahre uneinheitlich entschieden haben und teilweise heute noch Differenzen bestehen. Zu einem die Anrechnung von Steuervorteilen bei der Ermittlung des Schadens, zum anderen die Voraussetzungen für einen Anspruch auf entgangenen Gewinn.

3.1 Anrechnung von Steuervorteilen

Nach allgemeinen schadensersatzrechtlichen Grundsätzen muss sich der Geschädigte diejenigen Vorteile schadensmindernd anrechnen lassen, die in einem adäquat-kausalen Zusammenhang mit dem schädigenden Ereignis stehen. Weitere Voraussetzung für eine Anrechnung ist, dass diese dem Zweck des Schadensersatzes entspricht und weder den Geschädigten unzumutbar belastet noch den Schädiger unbillig entlastet.[27] Dass zu solchen auf den Schadensersatzanspruch anzurechnenden Vorteilen grundsätzlich auch Steuern gehören, die der Geschädigte im Zusammenhang mit dem Schadensereignis erspart hat, steht außer Streit. Da viele Kapitalanlagen als Steuersparmodelle konzipiert sind, hat die Frage der Anrechnung nicht nur große praktische Bedeutung, sondern häufig bei der Schadenssumme durchaus beachtliche Dimensionen. Von Anlegerseite wird regelmäßig darauf verwiesen, dass die Zuerkennung eines Schadensersatzanspruchs ihrerseits steuerliche Nachteile zur Folge hat.

Zu diesem Streitpunkt hat der XI. Zivilsenat erfreulicherweise im letzten Jahr mit einer Entscheidung in einem Schrottimmobilienfall Klarheit geschaffen.[28] Durch diese Entscheidung wurde ein Urteil unseres Senats[29] aufgehoben, in dem wir bei der Rückabwicklung einer auf Jahre hinaus konzipierten steuerwirksamen Anlage keine Grundlage für eine Vermutung sahen, dass sich frühere Steuervorteile und spätere Steuernachteile in etwa entsprechen. In nicht wenigen Fällen – so hatten wir argumentiert – werden sich nämlich steuerrecht-

27 BGHZ 74, 103, 113; 109, 380, 382.

28 BGH WM 2011, 740.

29 Urt. v. 18.02.2009 – 17 U 355/08 im Anschluss an OLG München, Urt. v. 07.02.2008 – 19 U 3041/07 (aufgehoben durch BGH, Urt. v. 15.07.2010 – III ZR 336/08).

lich erhebliche Anknüpfungstatsachen (Berufstätigkeit, Familienstand) inzwischen geändert haben. Aufgrund dessen hatten wir die Anleger hinsichtlich künftiger steuerlicher Nachteile auf einen Feststellungsantrag betreffend die Ersatzpflicht für sämtliche weitere Schäden verwiesen.

Der XI. Zivilsenat hält in Einklang mit dem III. Zivilsenat, dem er sich im Wesentlichen angeschlossen hat,[30] diese Lösung für unbillig, weil sie dem Geschädigten zumute wegen eines rechtlich nicht gesicherten Vorteils über einen längeren Zeitraum das Risiko zu tragen, dass der Schädiger die ausstehende Ersatzleistung nicht erbringt. Etwas anderes soll nur dann gelten, wenn dem Geschädigten auch unter Berücksichtigung der Versteuerung der Ersatzleistung außergewöhnlich hohe Steuervorteile verbleiben.[31]

Für den Schadensersatzprozess eines Anlegers bedeutet dies, dass eine Anrechnung von Steuervorteilen kaum noch in Betracht kommt.[32] Denn dem Schädiger, der die Darlegungslast für die Umstände trägt, aus denen sich ein Vorteilsausgleich ergibt, wird es in der Regel nicht gelingen, den „außergewöhnlich hohen Steuervorteil" beim Anleger nachzuweisen. Zwar trifft den Geschädigten eine sekundäre Darlegungslast, welche Steuervorteile sich aus der Beteiligung für ihn ergeben. Er ist deshalb gehalten, für die Berechnung erforderliche Daten mitzuteilen, etwa durch Vorlage seiner Steuererklärungen. Es genügt aber, wenn er ferner darlegt, dass ihm diese Steuervorteile wieder genommen würden, da die Schadensersatzleistung wegen des in ihr enthaltenen Werbungskostenrückflusses ihrerseits zu versteuern sei. Feststellungen dazu, in welcher Höhe sich die Versteuerung der zu erstattenden Werbungskosten auswirkt, müssen nach dieser Rechtsprechung nicht getroffen werden. Es ist im Gegenteil nun Sache des Schädigers, einen außergewöhnlich hohen Steuervorteil aufzuzeigen, wobei ihn weder die Absenkung von Steuersätzen noch die Tatsache, dass der Anleger wegen Verschlechterung seiner Einkommenssituation einer geringeren Besteuerung unterliegt, entlasten können.

Auch wenn man als Berufungsrichter häufig wenig erfreut ist, wenn eigene Urteile in der Revision keinen Bestand haben, kann man mit dieser Entscheidung gut leben. Sie vereinfacht die Ermittlung des Schadens und schafft Rechtsklarheit. Ein gewisses Unbehagen bleibt gleichwohl: Der Anleger erhält seinen Einsatz voll umfänglich zurück und er darf zunächst die steuerlichen

---

30 Urt. v. 15.07.2010 – III ZR 338/08; auch andere Senate des BGH vertreten diese Auffassung, z.B. V. Zivilsenat, Urt. v. 30.11.2007 – V ZR 284/06, WM 2008, 350; VII. Zivilsenat, Urt. v. 19.06.2008 – VII ZR 215/06; II. Zivilsenat, Urt. v. 31.05.2010 – II ZR 30/09, WM 2010, 1310.

31 BGH, Urt. v. 15.07.2010 – III ZR 338/08.

32 So auch die Einschätzung des Vorsitzenden des III. Zivilsenats (*Schlick* WM 2011, 154, 159).

Vorteile behalten, die er mit diesem Einsatz erlangt hat. Ob er die Schadensersatzleistung versteuert, bleibt – vorsichtig formuliert – der Zukunft überlassen.[33]

3.2 Entgangener Gewinn

Bei fehlgeschlagenen Investments trägt der Geschädigte in der Regel vor, er hätte ohne die fehlerhafte Beratung sein Kapital in anderer Weise angelegt und damit einen Gewinn erzielt. Zwar ist im Rahmen der Haftung aus § 280 Abs. 1 BGB grundsätzlich auch der entgangene Gewinn im Sinne des § 252 BGB erstattungsfähig. Nach § 252 Satz 2 BGB gilt der Gewinn als entgangen, welcher nach dem gewöhnlichen Lauf der Dinge oder nach den besonderen Umständen, insbesondere nach den getroffenen Anstalten und Vorkehrungen, mit Wahrscheinlichkeit erwartet werden konnte. Zeck der Bestimmung ist es, dem Geschädigten den Beweis zu erleichtern.[34] Auch wenn dem Tatrichter insoweit nach § 287 ZPO ein Schätzungsermessen eingeräumt ist, erfordert dies konkrete Anknüpfungstatsachen, die eine Gewinnerwartung wahrscheinlich machen. Solche Tatsachen muss der darlegungs- und beweisbelastete Kläger substantiiert vortragen.[35]

Dafür reicht die pauschale Behauptung, der Geschädigte hätte das Geld gewinnbringend und sicher angelegt, nicht aus. Die allgemeine Lebenserfahrung mag zwar dafür sprechen, dass Eigenkapital in einer bestimmten Größenordnung nicht ungenutzt bleibt,[36] hieraus ergibt sich noch nicht, dass tatsächlich eine Verzinsung in der geforderten Höhe erzielt worden wäre. In den meisten Fällen wird vom Anleger selbst vorgebracht oder jedenfalls nicht bestritten, dass unter anderem die zu erwartenden hohen Steuervorteile Beweggrund für die Anlageentscheidung waren. Es liegt deshalb nahe, dass er auch ohne die Pflichtverletzung eine Anlageform gewählt hätte, mit der er einen die Einkommensteuer mindernden Verlustabzug hätte erlangen können. Solche Anlageformen sind typischerweise gerade nicht mit einer festen Verzinsung bzw. garantierten Rendite, sondern mit bloßen Gewinnchancen bei entsprechenden Risiken verbunden.[37]

---

33 Krit. auch *Zoller*, Die Haftung bei Kapitalanlagen, § 9 Rn. 84 ff.

34 BGH VersR 1979, 622; BGH VersR 2006, 131.

35 OLG München, Urt. v. 23.01.2012 – 19 U 3851/10; großzügiger OLG München, Urt. v. 23.01.2012 – 17 U 2892/11, zitiert nach juris.

36 BGH, NJW 1992, 1223.

37 OLG Karlsruhe WM 2010, 1264; OLG Stuttgart WM 2011, 360.

In diesen Fällen daher m.E. auch nicht mit einer Schadensschätzung nach § 287 ZPO auf Durchschnittszins geholfen werden. Schon gar nicht kann der gesetzliche Zinssatz von 4 % nach § 246 BGB der richtige Maßstab sein, wie von Teilen der Rechtsprechung und Literatur befürwortet.[38] Diese Norm begründet keinen Zinsanspruch; sie regelt nur die Zinshöhe bei gesetzlich oder vertraglich begründeten Zinsansprüchen und auch sie nur, soweit keine abweichende Norm oder Abrede zur Höhe eingreift.[39] Als Schätzgrundlage für einen Mindestschaden bei fehlerhafter Anlageberatung oder -vermittlung taugt die Vorschrift nicht. Dagegen spricht nicht nur, dass die Frage der „wahrscheinlichen Alternativanlage" stets von dem jeweiligen Anlageziel und Anlageverhalten des einzelnen Anlegers abhängt. Eine Schätzung auf der Grundlage des gesetzlichen Zinssatzes führt angesichts der Zinsentwicklung in den letzten Jahrzehnten, die eine erhebliche Spanne zwischen Zinshoch- und Zinstiefphasen erkennen lässt, letztlich zu willkürlichen Ergebnissen. Ist auf den gewöhnlichen Lauf der Dinge abzustellen, kann kein fester Zinssatz herangezogen werden. Es ist vielmehr auf den im konkreten Einzelfall tatsächlich erreichbaren (Mindest-)Zinssatz abzustellen. Fehlen hierzu zum Anlegerprofil passende Darlegungen, kann diese Schadensposition nicht zugesprochen werden. Der XI. Zivilsenat hat dies jüngst klargestellt.[40]

4 Verjährungsfragen

Wie eingangs erwähnt, betreffen viele Anlegerklagen lange zurückliegende Sachverhalte, etwa Beratungssituationen vor der Finanzkrise oder kreditfinanzierte Immobilienkäufe in den 90er Jahren. Es ist deshalb nicht erstaunlich, dass die Einrede der Verjährung ein wichtiges Verteidigungsmittel auf Beklagtenseite ist.

§ 199 BGB setzt den Beginn der Verjährungsfrist in Lauf mit dem Entstehen des Anspruchs und der Kenntnis des Gläubigers von den den Anspruch begründenden Umständen und der Person des Schuldners. Zwar ist der Eintritt eines Schadens regelmäßig erst dann anzunehmen, wenn es zu einer konkreten Verschlechterung der Vermögenslage des Gläubigers gekommen ist.[41] Allerdings

38 OLG Jena ZIP 2008, 1887; OLG München, Urt. v. 23.01.2012 – 17 U 2892/11 und Urt. v. 15.11.2010 – 17 U 3905/10; *Hustedt* MDR 2011, 1329.

39 MünchKommBGB/*Grundmann*, 6. Aufl., § 246 Rn. 1 ff.

40 BGH, Urt. v. 24.04.2012 – XI ZR 360/11, WM 2012, 1188.

41 BGHZ 73, 365; 100, 231; BGH WM 2000, 1345.

kann der Erwerb einer den konkreten Zielen des Kunden nicht entsprechenden Kapitalanlage bereits einen Schaden darstellen. Der Schadensersatzanspruch entsteht hierbei schon mit dem (unwiderruflichen und vollzogenen) Erwerb der Anlage.[42] Von praktischer Bedeutung ist insbesondere die Frage, ab welchem Zeitpunkt die für den Beginn der Verjährungsfrist erforderliche Kenntnis anzunehmen ist.

4.1 Kenntnis

Hinweise darauf, dass mit der erworbenen Anlage „etwas nicht stimmt", erhält der Anleger häufig recht schnell: Die Ausschüttungen gehen nicht wie versprochen ein, in den Medien setzt eine negative Berichterstattung über ein Anlageobjekt oder seine Initiatoren ein. Kenntnis vom Schaden und der Person des Ersatzpflichtigen wird angenommen, wenn dem Geschädigten die Erhebung einer Schadensersatzklage Erfolg versprechend möglich ist. Auf eine zutreffende rechtliche Würdigung kommt es nicht an; es genügt die Kenntnis der den Ersatzanspruch begründenden tatsächlichen Umstände.[43]

4.2 Grob fahrlässige Unkenntnis

Da positive Kenntnis schwer nachzuweisen ist, konzentriert sich die Auseinandersetzung in der Praxis auf die Voraussetzungen der der Kenntnis gleichstehenden grob fahrlässigen Unkenntnis. Grob fahrlässige Unkenntnis liegt vor, wenn dem Gläubiger die Kenntnis deshalb fehlt, weil er naheliegende Überlegungen nicht angestellt oder das nicht beachtet hat, was jedem hätte einleuchten müssen, wie etwa dann, wenn sich dem Gläubiger bestimmte Umstände förmlich aufgedrängt haben und er leicht zugängliche Informationsquellen nicht genutzt hat.[44] Zu Einzelfragen liegen höchstrichterliche Entscheidungen vor, etwa zur:

---

42 BGHZ 162, 306 Rn. 17; BGH WM 2010, 1493 Rn. 24; OLG München ZIP 2012, 2096, Rn. 52.

43 BGHZ 170, 260 Rn. 28; Palandt/*Ellenberger*, BGB, 71. Aufl., § 199 Rn. 27 f.

44 BGH WM 2008, 2155 Rn. 16; BGH NJW-RR 2010, 681 Rn. 13 m.w.N.; Palandt/*Ellenberger*, BGB, 71. Aufl., § 199 Rn. 36; MünchKommBGB/*Grothe*, 6. Aufl., § 199 Rn. 28.

4.2.1 Nichtlektüre von Prospekten

Hier ist insbesondere der III. Zivilsenat der von einigen Oberlandesgerichten vertretenen Auffassung[45] entgegengetreten, es stelle einen schweren Verstoß gegen eigene Interessen dar, wenn der Anleger es unterlässt, den ihm von einem Anlageberater zur Verfügung gestellten Prospekt durchzulesen, und aus diesem Grunde nicht bemerkt, dass er falsch beraten worden ist.[46] Der Anleger, der die Erfahrungen und Kenntnisse eines Anlageberaters oder -vermittlers in Anspruch nehme, messe dessen Ratschlägen und Auskünften besonderes Gewicht bei. Sehe er daher im Vertrauen auf den Rat und die Angaben „seines" Beraters davon ab, den Anlageprospekt durchzusehen, so liege darin kein in subjektiver und objektiver Hinsicht „grobes Verschulden gegen sich selbst".

4.2.2 Missachten von Anhaltspunkten für eine fehlerhafte Beratung

Häufen sich die Anzeichen, dass die empfohlene Anlage nicht den Erwartungen entspricht, ist es natürlich eine Frage des Einzelfalls, aber nicht generell zu verneinen, dass die Nichtbeachtung solcher Anhaltspunkte eine grob fahrlässige Unkenntnis begründen kann. Das Problem stellt sich insbesondere in Schrottimmobilienfällen, in denen eine Klage erst viele Jahre nach dem Erwerb erhoben worden ist.

Vorweg ist darauf hinzuweisen, dass die kreditgebende Bank bekanntermaßen nur ausnahmsweise zur Risikoaufklärung in Bezug auf das finanzierte Geschäft verpflichtet ist.[47] Deshalb kann auch eine Kenntnis des Gläubigers erst angenommen werden, wenn ihm sowohl die Umstände bekannt sind, die in Bezug auf das finanzierte Geschäft einen Ersatzanspruch begründen, als auch die Umstände, aus denen sich ergibt, dass insoweit auch der Kreditgeber, obwohl nicht unmittelbar Geschäftspartner des finanzierten Geschäfts, als Haftender in Betracht kommt[48] (Stichwort „Kenntnis von der Kenntnis").

Im Zusammenhang mit einem Urteil des OLG Karlsruhe vom November 2004,[49] in dem eine kreditgebende Bausparkasse zum Schadensersatz verurteilt worden war, setzte, angestoßen durch eine Pressemitteilung des Gerichts, eine

45 So OLG Frankfurt OLG-Report 2008, 880; OLG Celle OLG-Report 2009, 121.
46 BGH WM 2010, 1493.
47 BGH WM 1990, 920; BGH WM 2004, 1221; BGH WM 2006, 2347; BGH WM 2010, 2069; *Ellenberger*, in: Nobbe, Kreditrecht Bd. 1, 2. Aufl. vor §§ 488 ff. BGB Rn. 4 ff. m.w.N.
48 BGH WM 2008, 1346; BGH BKR 2009, 372.
49 OLG Karlsruhe ZIP 2005, 698.

umfangreiche Berichterstattung in allen Medien ein. Ein interessierter Beobachter, erst recht ein Betroffener musste nach den allgemein zugänglichen Informationen ernsthaft in Erwägung ziehen, dass ein Organ der Bausparkasse von bewusst überhöht kalkulierten Mieterträgen im Zeitpunkt des Vertragsabschlusses Kenntnis hatte. Soweit sich ein Anleger diesen Erwägungen verschlossen hat, fällt ihm nach unserer Auffassung hinsichtlich einer fortbestehenden Unkenntnis – allerdings nur hinsichtlich dieses Haftungsgrunds – grobe Fahrlässigkeit zur Last. Tatsächlich hatte eine Vielzahl von Anlegern gegen Jahresende 2004 Klage gegen die Bausparkasse erhoben und sich auf eine arglistige Täuschung durch den Vertrieb berufen, von der die Bausparkasse Kenntnis gehabt habe.

4.3 Zurechnung von Anwaltswissen

Die Spezialisierung bei einem „Bankensenat" betrifft nicht nur die Richter, sondern auch die dort auftretenden Prozessbevollmächtigten. Es ist zu beobachten, dass gerade Massenverfahren wie die Schrottimmobilienfälle, die Klagen auf Rückabwicklung kreditfinanzierter Fondsbeteiligungen oder jetzt die „Lehman"-Prozesse auf wenige Kanzleien „aufgeteilt" sind, die Hunderte von Verfahren betreiben. Dies führt dazu, dass diese Prozessvertreter den Fall nicht nur in seinen rechtlichen Facetten beherrschen, sondern auch über die Jahre ein erstaunliches Detail- und Hintergrundwissen angesammelt haben. Diese für einen Mandanten erfreuliche Ausgangslage kann sich nachteilig auswirken, wenn der Frage nachzugehen ist, ab welchem Zeitpunkt die für den Verjährungsbeginn erforderliche Kenntnis vorliegt. Denn von Beklagtenseite kommt bei behaupteter Unkenntnis des Anlegers regelmäßig der Einwand, dessen Prozessbevollmächtigter habe Kenntnis gehabt. Ich wage an dieser Stelle die Vorhersage, dass diese Problematik den XI. Zivilsenat noch eingehend beschäftigen wird.

Grundsätzlich müssen die subjektiven Voraussetzungen des § 199 Abs. 1 Nr. 2 BGB in der Person des Gläubigers vorliegen.[50] Schon zu § 852 Abs. 1 BGB a.F. hat die Rechtsprechung aus dem Rechtsgedanken des § 166 Abs. 1 BGB abgeleitet, dass auch die Kenntnis eines "Wissensvertreters" genügt. Hat ein Gläubiger einen bestimmten Aufgabenkreis in umfassender Weise und zur selbstständigen Wahrnehmung auf einen Dritten übertragen, so kommt es auf dessen subjektive Situation an, auch wenn sein Wissen nicht an den Gläubiger weitergeleitet wur-

50 Palandt/*Ellenberger*, BGB, 71. Aufl. § 199 Rn. 24.

de.[51] Das gilt insbesondere, wenn ein Rechtsanwalt beauftragt wurde, allerdings frühestens ab dem Zeitpunkt und im Umfang der Mandatsübernahme.

4.4 Verjährung bei mehreren Pflichtverletzungen

Bereits Ende 2007 hatte der V. Zivilsenat des BGH[52] – bezogen auf die Haftung eines Verkäufers einer Eigentumswohnung – ausgeführt, dass jede Handlung, die eigene Schadensfolgen zeitigt, verjährungsrechtlich eine selbstständige Schädigung darstellt und einen neuen Ersatzanspruch mit eigenem Lauf der Verjährungsfrist erzeugt. Dem haben sich der XI. Zivilsenat[53] und der III. Zivilsenat[54] angeschlossen. Nach diesen Grundsätzen bestimmt sich somit der Beginn der Verjährung vertraglicher Schadensersatzansprüche, wenn ein Schuldner mehrere, voneinander abgrenzbare offenbarungspflichtige Umstände verschwiegen hat oder ihm mehrere Beratungsfehler vorzuwerfen sind.

In der Praxis erfordert diese Betrachtungsweise eine saubere Abgrenzung der einzelnen Beratungsfehler. Der III. Zivilsenat hilft hier mit dem Hinweis, dass sich einzelne Aspekte einer Anlageberatung, etwa das Totalverlustrisiko, die Nachschusspflicht, die Fungibilität der Anlage, nicht unter dem Oberbegriff der "Sicherheit der Anlage" zu einer Einheit zusammenfassen lassen. Es handelt sich vielmehr um mehrere voneinander abgrenzbare Gesichtspunkte, die Gegenstand eigenständiger Aufklärungs- und Beratungspflichten sein können.

5 Prozessuale Fragen

In der Diskussion um den Anlegerschutz werden prozessuale Fragen häufig unterschätzt und vernachlässigt.

---

51 BGHZ 83, 293, 296; BGH NJW 2007, 217; BGH NJW-RR 1994, 806, 807; BGH NJW 1992, 3034; MünchKommBGB/*Grothe*, 6. Aufl., § 199 Rn. 33.

52 BGH WM 2008, 89.

53 BGH BKR 2009, 372; BGH WM 2008, 1260, Tz. 34; BGH WM 2008, 1346, Tz. 30 ff.

54 BGH BKR 2010, 118; bekräftigt durch eine Entscheidung aus dem Jahre 2011 (WM 2011, 874).

5.1 Ausgangslage

In nahezu jedem Anlegerprozess wird der Ablauf eines Beratungsgesprächs unterschiedlich dargestellt. Nicht selten werden uns sogar die Extrempositionen unterbreitet: Dem nach seinem Vortrag sicherheitsbewussten, konservativen, nur auf Altersvorsorge bedachten Anleger wird unter Verschweigen oder Verharmlosen aller Risiken ein ungeeignetes Investment empfohlen, während die Gegenseite den Anleger als durchaus risikobereit, vor allem an Steuerersparnis interessiert schildert und ihren Berater als sorgfältig erklärenden, jedes Risiko umfassend erläuternden und vor allen Gefahren warnenden Fachmann. Dass der Ausgang solcher Verfahren von der Existenz und der Qualität der Beweismittel abhängt und letztlich Regeln der Darlegungs- und Beweislast den Prozess entscheiden, liegt auf der Hand. Wenn es auf den Nachweis des Ablaufs eines Beratungsgesprächs ankommt, wird die entscheidende Schlacht in der ersten Instanz geschlagen. Der häufig anzutreffenden Ausgangslage, dass das Kreditinstitut seinen Mitarbeiter, der die Beratung durchgeführt hat, als Zeugen benennen kann, während der Anleger über keinen „eigenen" Zeugen verfügt, wird immer mehr dadurch begegnet, dass der Schadensersatzanspruch abgetreten wird. Ob der dadurch möglichen Zeugenaussage des Geschädigten im Ergebnis mehr Gewicht zukommt als etwa einer Parteivernehmung oder Anhörung nach § 141 ZPO, soll hier nicht weiter vertieft werden.

5.2 Darlegung und Nachweis der Haftungsvoraussetzungen

Notwendig ist ein substantiierter Klägervortrag zum Vorliegen eines Anlageberatungsvertrags, der Verletzung einer Beratungspflicht, dem Eintritt eines Vermögensschadens und zur Kausalität zwischen Pflichtverletzung und eingetretenem Schaden.

Am einfachsten gelingt der Nachweis des Vorliegens eines Anlageberatungsvertrags, da bekanntermaßen die Anforderungen insoweit sehr gering[55] und die Tatsachen auch selten streitig sind. Schwieriger zu belegen ist die Behauptung, dass der Bankmitarbeiter den Anleger fehlerhaft beraten, also gegen die bekannten Grundsätze der anleger- und anlagegerechten Beratung verstoßen hat. Der Streit geht meistens um die individuellen Anlageziele einschließlich ihrer Bekanntgabe und Erkennbarkeit, speziell der Risikobereitschaft des Anlegers und seiner Vorerfahrungen sowie um die konkreten Angaben des Be-

55 BGH NJW 1987, 1815; BGH NJW 1993, 2433.

raters. Nicht selten fehlt es insoweit bereits an ausreichendem Vorbringen. Die behauptete Täuschung durch Vorspiegeln oder Entstellen von Tatsachen muss sich – wie der XI. Zivilsenat nicht müde wird zu betonen – auf objektiv nachprüfbare Angaben beziehen und darf nicht durch lediglich subjektive Werturteile oder werbende Anpreisungen vermittelt werden.[56]

Steht im konkreten Fall die Erforderlichkeit einer Beratung oder Aufklärung fest, etwa über ein Totalverlustrisiko, wird von Anlegerseite häufig verkannt, dass es mit der Herausarbeitung dieser Verpflichtung nicht getan ist, sondern der konkrete Verstoß gegen die Pflicht dargelegt und ggf. bewiesen werden muss. Dies kann den Kläger in die unangenehme Situation bringen, eine negative Tatsache (z.B. das Fehlen eines Hinweises) nachweisen zu müssen. Die Rechtsprechung hilft dem Anleger insoweit mit einer sekundären Behauptungslast der Bank, d.h. diese muss darlegen, wie sie die geschuldete Aufklärung vorgenommen hat.[57] Bestreitet der Anleger wiederum diese Darstellung und lässt sich der Hergang des Beratungsgesprächs nicht aufklären, geht ein non liquet zu Lasten des Kunden. Wir erleben diese Situation häufig im Zusammenhang mit einer behaupteten Aufklärung durch Übergabe eines Prospekts. Hier herrscht auf Anlegerseite häufig der Irrtum vor, das Kreditinstitut müsse die rechtzeitige Übergabe eines Prospekts, mit dessen Hilfe die Aufklärung des Anlegers stattgefunden haben soll, beweisen. Richtig ist, dass der Schadensersatz begehrende Anleger die anspruchsbegründende Tatsache einer fehlerhaften oder unvollständigen Aufklärung darlegen muss. Lässt sich nicht aufklären, ob der Prospekt rechtzeitig vorgelegen hat, geht die Nichterweislichkeit dieser Tatsache zu Lasten des Klägers.[58]

5.3 Der Ruf nach Beweislastumkehr

Bei den geschilderten Schwierigkeiten überrascht es nicht, dass die Forderung nach einer Beweislastumkehr im Anlegerschadensersatzprozess erhoben wird. Nicht nur in den unterschiedlichen Vorschlägen zur Stärkung des Anlegerschutzes, sondern auch beispielsweise in der Stellungnahme des Bundesrats im Gesetzgebungsverfahren zum Anlegerschutzverbesserungsgesetz[59] wird einer Beweislastumkehr zugunsten des Erwerbers eines wirtschaftlich nachteiligen

56 BGH WM 2006, 2343; BGH WM 2007, 440 Rn. 31.

57 BGH WM 2006, 567 Rn. 15; BGH BKR 2009, 471. Einen anderen Ansatz verfolgt *Einsele* JZ 2008, 477, 483.

58 BGH WM 2006, 1288; OLG Frankfurt WM 2010, 2111, a.A. OLG Hamm BKR 2003, 807.

59 Stellungnahme des Bundesrats vom 03.04.2009 (BR-Drucks. 180/09) S. 3, 4.

Kapitalanlageprodukts das Wort geredet. Der Gesetzgeber hat diesem Drängen m.E. zu Recht nicht nachgegeben. Die Beweislastverteilung und die dazu entwickelten Regeln im materiellen und im Prozessrecht sind ausgewogen und sollten nicht durch Einzelregelungen dauerhaft verändert werden. Ein Bedürfnis für eine generelle Beweislastumkehr bei Schadensersatzklagen von Anlegern gegen Kreditinstitute besteht nicht. Durch das Beratungsprotokoll und durch das Produktinformationsblatt wird, wie ich gleich noch aufzeigen will, die Beweisnot des Anlegers deutlich verringert. Die Fälle fehlender oder unzureichender Dokumentation können mit den von der Rechtsprechung entwickelten Grundsätzen zur Beweiserleichterung angemessen erfasst werden.

5.4 Verbesserung der Situation des Anlegers durch Beratungsprotokoll und Produktinformationsblatt?

Ich hatte eingangs erwähnt, dass ich trotz erster negativer Auswertungen die Einführung eines Beratungsprotokolls (§ 34 Abs. 2a WpHG) und des Produktinformationsblatts (§ 31 Abs. 3a WpHG) grundsätzlich begrüße. Aus der Sicht der Praxis ist es immer hilfreich, wenn Verhandlungen oder Gespräche, die rechtliche Relevanz haben (können), dokumentiert sind und im Falle eines Rechtsstreits vorgelegt werden. Wenn in der Gesetzesbegründung und in Stellungnahmen zur Einführung des Beratungsprotokolls hervorgehoben wird, dass diese für den Anleger ein Mittel zur Durchsetzung seiner (Schadensersatz-) Forderungen darstellt,[60] darf nicht übersehen werden, dass die Dokumentation in gleichem Maße und mit dem selben Gewicht von dem Kreditinstitut zur Abwehr von Ansprüchen eingesetzt werden kann. Insofern liegt eine ordnungsgemäße Dokumentation des Beratungsgesprächs durchaus auch im Interesse des Kreditinstituts.

Ebenso kann sich die Zurverfügungstellung eines Produktinformationsblatts in einem späteren Rechtsstreit über die Frage der ordnungsgemäßen Beratung zugunsten wie zulasten des Anlegers auswirken. Im Haftungsprozess hat der Anleger dann prozessuale Vorteile, wenn das Informationsblatt falsche oder irreführende (z.B. die Risiken verharmlosende oder Kosten verschleiernde) Angaben enthält, weil dann die heute schon bei fehlerhaften Prospekten geltende Beweislastumkehr eingreifen wird.[61] Danach ist davon auszugehen, dass der Anlageberater, der einem Anlageinteressenten in dem Beratungsgespräch einen

60 Begr. RegE BT-Drucks. 16/12814 S. 1; *Baur*, jurisPR-BKR 3/2009 Anm. 4.
61 BGH BKR 2009, 471 Rn. 5.

Verkaufsprospekt vorlegt und diesen zur Grundlage seiner Beratung macht, obwohl dieser Prospekt fehlerhaft ist, den Anleger falsch beraten hat. Die aufgrund der Übergabe des fehlerhaften Prospekts feststehende Pflichtverletzung des Anlageberaters entfällt nur dann, wenn der Berater den Fehler berichtigt hat. Dafür, dass er dies getan hat, ist er und nicht der Anleger beweispflichtig.

5.5 Rechtskraftfragen

Die oben geschilderte Rechtsprechung zur Verjährung führt zu einem Folgeproblem, mit dem sich vor kurzem unser Senat befasst hat.[62]

Die auf fehlerhafte Beratung (Totalverlustrisiko, mangelnde Fungibilität, fehlende Eignung zur Altersvorsorge) gestützte Schadensersatzklage des Anlegers war vom Landgericht rechtskräftig abgewiesen worden. Danach hatte er dort erneut auf Schadensersatz geklagt und nun das Verschweigen von Rückvergütungen geltend gemacht. Das Landgericht war davon ausgegangen, dass hier die materielle Rechtskraft als negative Prozessvoraussetzung eine neue Verhandlung verbietet.[63]

Die Lösung hängt von der Bestimmung des Streitgegenstands ab. Der Streitgegenstand wird von dem Grund des zur Entscheidung gestellten Anspruchs und von dem dazu gehörenden Lebenssachverhalt festgelegt. Maßgeblich hierfür ist der gesamte historische Lebensvorgang, unabhängig davon, ob einzelne Tatsachen von den Parteien vorgetragen worden sind und insbesondere auch unabhängig davon, ob die Parteien im Vorprozess den Lebensvorgang seinerzeit kannten und hätten vortragen können.

Sicherlich handelte es sich bei dem Beratungsgespräch um einen einheitlichen Vorgang, aus dem der Anleger mehrere Pflichtverletzungen herleitet. Dieses Gespräch kann nicht künstlich in mehrere Abschnitte, die unterschiedliche Beratungsfehler betreffen, aufgeteilt werden. Dieser Umstand führt jedoch nicht zwangsläufig zur Annahme eines einheitlichen Streitgegenstandes. Genau genommen handelte es sich bei der ersten Klage um die Geltendmachung von Beratungsfehlern im Rahmen der geschuldeten anleger- und objektgerechten Beratung, während Thema des zweiten Klagevorwurfs das Unterlassen einer Aufklärung wegen eines Interessenkonflikts ist. Ich habe Zweifel, ob diese Differenzierung schon für die Annahme unterschiedlicher Streitgegenstände ausreicht. Folgt man der Argumentation des BGH in der Verjährungsfrage, dass

62 OLG Karlsruhe WM 2012, 1026.
63 BGHZ 157, 47.

jede Handlung, die eigene Schadensfolgen zeitigt, einen neuen Ersatzanspruch mit eigenem Lauf der Verjährungsfrist erzeugt,[64] wird man auch jede einzelne Pflichtverletzung als gesonderten Streitgegenstand ansehen müssen.

Daher gehörten zum Streitgegenstand des Vorprozesses alle Tatsachen im Zusammenhang mit der behaupteten fehlerhaften Aufklärung über konkrete Anlagerisiken der empfohlenen Anlage. Demgegenüber betrifft die Klage mit dem Vorwurf, die Beklagte habe ihr zugeflossene Rückvergütungen pflichtwidrig verschwiegen, einen anderen Klagegrund, aus dem die Klägerin ihr Rechtsschutzbegehren ableitet. Die rechtskräftige Abweisung des früher erhobenen prozessualen Anspruchs steht der neuen Klage nicht entgegen. Fast zeitgleich hat das OLG Celle zur Frage der Rechtskraft genau so entschieden.[65] Die dortige Begründung, für die Entscheidung des ersten Rechtsstreits sei die Frage der Rückvergütung „ohne jede Bedeutung" gewesen, ist zumindest missverständlich. Denn die Rechtskraftwirkung würde ja gerade auch die „bedeutungslosen", weil nicht vorgetragenen Tatsachen erfassen.

Da die von uns zugelassene Revision eingelegt wurde,[66] wird der BGH Gelegenheit haben, sich zum Umfang der Rechtskraft zu äußern und vielleicht wieder eine kleine Klagewelle auslösen.

64 BGH, Urt. v. 19.11.2009 – III ZR 169/08, BKR 2010, 118 Rn. 14 f. und Urt. v. 22.07.2010 – III ZR 203/09, WM 2010, 1690.

65 OLG Celle MDR 2012, 364.

66 AZ BGH: XI ZR 42/12.

Prof. Dr. Hans Christoph Grigoleit
Ludwig-Maximilians-Universität München

Grenzen des Informationsmodells

Das Spread-Ladder-Swap-Urteil des BGH im System der zivilrechtlichen Informationshaftung*

* Der Beitrag präsentiert eine ausformulierte, erweiterte und mit exemplarischen Fußnoten versehene Fassung des Vortrags, den der Autor am 29.6.2012 auf dem Bankrechtstag in Frankfurt gehalten hat.

1 Einleitung

Die Haftung von Banken bei aus Kundensicht ungünstig verlaufenden Finanztransaktionen, namentlich unter dem Gesichtspunkt der Anlageberatung, ist eines der bewegtesten Problemfelder in der jüngeren Rechtsprechung. Gesellschaftliche Marksteine der Prozesswelle waren Verwerfungen an den Finanzmärkten in der letzten Dekade, ausgelöst durch das Platzen der *New Economy* Blase und die jüngste Finanzkrise. Seitens der Finanzwirtschaft trugen die dynamische Entwicklung in der Strukturierung neuer Finanzprodukte und elaborierte Vertriebstechniken zum Haftungsdiskurs bei.

1.1 Das *Spread-Ladder-Swap*-Urteil des BGH – Komplexität und Risiko von Kapitalanlagen als Anlass zivilrechtlicher Beanstandung?

Das 2011 ergangene *Spread-Ladder-Swap*-Urteil des BGH[1], mit dessen systematischer Analyse ich freundlicherweise von den Veranstaltern betraut worden bin, behandelt die Haftung der Bank für fehlerhafte Anlageberatung in einem bemerkenswerten Fall und es trifft einige diskussionswürdige Feststellungen, die Anlass dazu geben, die wesentlichen zivilrechtlichen Rahmenbedingungen der Rechtsprechung zu Beratungshaftung in einem weiteren Kontext zu analysieren.

1 BGH NJW 2011, 1949 = BGHZ 189, 13.

Die im Streit stehende Transaktion, ein sogenannter *CMS* (= *Constant Maturity Swap*) *Spread Ladder Swap* (im Folgenden: *CMS-SLS*), ist sowohl komplex strukturiert als auch riskant für den Kunden. Dreh- und Angelpunkt der Entscheidung ist daher die Frage, ob bzw. inwieweit die Kombination von hoher Komplexität mit einem erheblichen Verlustrisiko für den Kunden Anlass für rechtliche Beanstandung bietet. Ein weiteres auffälliges Charakteristikum der Entscheidung bildet die verhältnismäßig „starke", professionelle Position des Bankkunden: Es handelt sich um ein mittelständisches Unternehmen für Waschraumhygiene, das in den Vertragsverhandlungen durch ihre Prokuristin, eine Diplom-Volkswirtin, vertreten wurde. Der Abschluss des *CMS-SLS* sollte aus Sicht des Kunden dazu dienen, die Belastung aus zwei bereits vorher mit einer anderen Bank abgeschlossenen *Swap*geschäften abzulösen, die sich negativ entwickelt hatten. Der Kunde war also bereits vorher mit *Swap*geschäften befasst – freilich mit einfacher strukturierten.

1.2 Charakteristika des streitgegenständlichen *CMS-Spread Ladder Swap*

Im Kern läuft die Gestaltung des *CMS-SLS* darauf hinaus, dass ein fester gegen einen variablen Zins „getauscht" wird. Der Bezugsbetrag wurde auf 2 Mio € festgelegt; er bildet (nur) die Rechengröße für die Bezifferung der beiderseitigen Zinsforderungen. Die Laufzeit betrug 5 Jahre. Die Bank übernahm eine fixe Zinszahlungspflicht von 3,0 % p.a. Der Kunde musste im ersten Jahr zunächst nur 1,5 % p.a. bezahlen und konnte daher in diesem Zeitraum einen sicheren Gewinn von 1,5 % p.a. der Bezugssumme realisieren.

In den Folgejahren sollte sich der vom Kunden zu bezahlende Zinssatz variabel mit jeweils halbjährlicher Anpassung entwickeln. Die maßgebliche Berechnungsformel enthielt *eine einzige Variable*, deren Entwicklung den Zinssatz des Kunden und damit auch den Saldo der „getauschten" Zinssätze prägen sollte: der *Spread* (die Differenz) zwischen dem 10-Jahres Interbankenzins (EURIBOR) und dem 2-Jahres-Interbankenzins (EURIBOR). Das Risiko des Kunden war damit im Wesentlichen von der Krümmung der Zinsstrukturkurve, also davon abhängig, wie sehr der langfristige (10-jährige) Zins den kurzfristigen (2-jährigen) Zins überstieg. Den Erkenntnissen der ökonomischen Theorie und den Erfahrungen der letzten Jahrzehnte entsprechend übersteigt der langfristige Zins ganz überwiegend den kurzfristigen; eine besonders flache oder gar inverse Zinsstrukturkurve konnte aber in Einzelfällen durchaus auch beobachtet werden und wurde in der Regel als Indikator einer Rezession angesehen. Je größer die Differenz zwischen langfristigem und kurzfristigem Zins, desto günstiger für den Kunden. Reduziert sich die Differenz und wird gar der langfristige Zins geringer als der kurzfristige, steigert sich die Belastung des Kunden.[2]

Die Risikotendenz des *CMS-SLS* wurde dadurch gesteigert, dass die Entwicklung des vom Kunden zu zahlenden Zinses nicht unmittelbar bzw. linear dem erwähnten *Spread* folgte, sondern durch drei (fest bestimmte) Parameter beeinflusst wurde, denen jeweils unterschiedliche Effekte zugewiesen werden können: Erstens wird der Zinssatz der Vorperiode als Ausgangswert der Folgeperiode in die Formel eingestellt (sog. *Memory* bzw. *Ladder*-Effekt), zweitens wird dem *Spread* durch den sog. Strike, eine (von Periode zu Periode absinkende) Konstante hinzuaddiert und drittens wird der um den Strike erhöhte *Spread* durch den Faktor 3 gehebelt. Der „neue" Zins ergibt sich als Summe aus dem Zinssatz der Vorperiode und dem durch den Strike erhöhten und gehebelten *Spread*: Neuer Zinssatz = Zinssatz der Vorperiode + 3 x (Strike-*Spread*).

Die besondere Komplexität des *CMS-SLS* liegt nicht unmittelbar in der Berechnungsformel begründet. Diese ist vielmehr mit mathematischen Schulkenntnissen verhältnismäßig einfach zu entschlüsseln.[3] Die Komplexität betrifft vielmehr die bei der Entwicklung der Zinsschuld obwaltenden Wahrscheinlichkeiten: Die Entwicklung des *Spread* ist schwer zu prognostizieren; die dadurch entstehenden Unsicherheiten werden dadurch verschärft, dass die Formel eine Einschätzung der Auswirkungen der *Spread*-Entwicklung auf die Zahlungspflicht kompliziert. Insbesondere ist es – wohl auch für Fachleute, sicher aber für Branchenfremde – schwer vorherzusagen, welche realwirtschaftlichen Ereignisse welche Auswirkung auf die Entwicklung des *Spread* haben. Immerhin dürfte die Erwartung einer Rezession auch eine für den Kunden ungünstige Entwicklung naheliegend erscheinen lassen. Des Weiteren lässt sich sagen, dass *Ladder*-Effekt, Hebel und Strike ein erhebliches Übersteigen der Zahlungspflicht des Kunden bewirken können, wenn sich der *Spread* reduziert oder gar negativ wird.[4] Das Risiko der Bank ist dadurch begrenzt, dass der vom Kunden zu zahlende Zins mindestens 0 Prozent beträgt.[5] Bankwirtschaftliche Untersu-

---

2 Näher dazu *Köndgen/Sandmann*, ZBB 2010, 77, 79; *Stark/Loose*, FinBetr 2007, 610, 614.

3 Zutr. OLG Bamberg, BKR 2009, 288, 294: „Berechnungsformel einfach und ohne weiteres nachvollziehbar".

4 Zur überproportional belastenden Wirkung einer ungünstigen Zinskonstellation in frühen Jahren der *Swap*-Laufzeit *Stark/Loose*, FinBetr 2007, 610, 614; Zahlenbeispiel bei *Köndgen/Sandmann*, ZBB 2010, 77, 83 (Tabelle 3).

5 Das Risiko der Bank – und damit das Gewinnpotential des Kunden – wird häufig zusätzlich dadurch begrenzt, dass sich die Bank ein einseitiges Kündigungsrecht einräumen lässt, vgl. *Köndgen/Sandmann*, ZBB 2010, 77, 80 f.

chungen deuten darauf hin, dass der Kunde mit deutlich überwiegender Wahrscheinlichkeit einen positiven Zahlungssaldo, also einen für ihn profitablen Verlauf erwarten kann. Berücksichtigt man allerdings die Höhe der möglichen Überschüsse und Verluste des Kunden, so können diese jene bei weitem übersteigen.[6] Aus Sicht des bankfremden Kunden hat der *CMS-SLS* also in erheblichem Maße spekulativen, ja geradezu aleatorischen Charakter. Allerdings ist ein für den Kunden erfolgreicher Ausgang – also das „Ob" einer Vorteilsziehung durch diesen – überwiegend wahrscheinlich. Im unwahrscheinlicheren Fall eines ungünstigen Verlaufs können aber die Verluste deutlich höher ausfallen als im (wahrscheinlicheren) Fall des kundengünstigen Verlaufs die Überschüsse.

Aus der Perspektive der Bank kann das *Equilibrium* der mit dem *CMS-SLS* ausgetauschten Leistungen indessen finanzmathematisch verhältnismäßig genau für den Zeitpunkt des Geschäftsabschlusses bewertet werden. Dabei werden insbesondere Wahrscheinlichkeitsannahmen über die Entwicklung des *Spread* zugrundegelegt, die sich z.T. an bestimmten Kennzahlen des Finanzmarkts sowie an den Bedingungen von *Hedge*-Geschäften ablesen lassen. Von diesem *Equilibrium*, das verbreitet und auch vom BGH als Marktwert (*fair value*) bezeichnet wird, wich der streitgegenständliche *CMS-SLS* – nach der Feststellung des Gerichts, offenbar auf der Grundlage unstreitigen Parteivortrags – zum Zeitpunkt des Vertragsschlusses aus Sicht des Kunden „negativ" ab und zwar in Höhe von 4% der Bezugssumme (80T€ von 2 Mio €). In dieser Spanne war (nicht nur aber) auch der Gewinn der Bank enthalten, den diese unmittelbar nach Abschluss des Geschäfts durch ein sog. *Hedge*-Geschäft realisierte (näher unten 3.2.2.1).

In der Folgezeit entwickelte sich der *Spread* für den Kunden ungünstig. Rund zwei Jahre nach Abschluss des Geschäfts wurde der *Swap* aufgelöst, der Kunde musste eine Ausgleichszahlung in Höhe des zu diesem Zeitpunkt aktuellen „negativen" Marktwerts von rund einer halben Million Euro bezahlen. Diese Wertentwicklung verdeutlicht das Risikopotenzial des *Swap*.

1.3 Wesentliche Inhalte der Entscheidung des BGH – Gedankenführung des Beitrags

Das Gericht beanstandet das Geschäft nicht etwa aufgrund seines riskanten und komplexen Inhalts; sowohl das im Verfahren aufgeworfene Sittenwidrigkeits-

6 Vgl. *Köndgen/Sandmann*, ZBB 2010, 77, 81; *Stark/Loose*, FinBetr 2007, 610, 618.

verdikt als auch das AGB-rechtliche Transparenzgebot wurden nicht weiter verfolgt. Ausdrücklich lässt der BGH auch die Frage der Marktüblichkeit der konkreten Bedingungen des *Swap*geschäfts dahinstehen. Vielmehr wird dem Kunden unter dem Gesichtspunkt der Pflichtverletzung aus einem Beratungsvertrag ein vollumfänglicher Schadensersatzanspruch zuerkannt. Das Urteil stellt dabei überaus strenge Anforderungen an die Beratungsintensität. Diese gipfeln in den Feststellungen, die Bank müsse

- sich – im Rahmen der anlegergerechten Beratung – Gewissheit verschaffen, „dass der Kunde im Hinblick auf das Risiko des Geschäfts die geschilderten Risiken in jeder Hinsicht verstanden hat"[7]
- und – im Rahmen der objektgerechten Beratung – durch Aufklärung gewährleisten, „dass der Kunde im Wesentlichen den gleichen „Kenntnis- und Wissensstand" erlange wie die beratende Bank ihn habe[8].

Während verschiedene Beratungsfehler lediglich *obiter* angedeutet werden, gründet das Gericht die Haftung im Kern darauf, dass die Bank den Kunden nicht über den bei Vertragsschluss des *Swap* negativen Marktwert aufgeklärt habe. Die Aufklärungspflicht wird darauf gestützt, dass sich die Bank durch die bewusste Strukturierung des *Swap* zum Nachteil des Kunden in einen Interessenkonflikt begeben habe.

Neben diesen Feststellungen zum Inhalt der Aufklärungspflicht ist ferner die Positionierung des Gerichts zu der Frage bemerkenswert, wie der professionelle Hintergrund des Kunden die Pflicht zur (ungefragten) Aufklärung beeinflusst. Im Streitfall war der Kunde ein Unternehmen, das bereits vorher mit (anderen) *Swap*geschäften befasst war und von einer Prokuristin vertreten wurde, die eine Ausbildung als Diplom-Volkswirtin hatte. Der BGH misst der unternehmerischen Ausrichtung des Kunden, seiner Vorbefassung mit *Swap*geschäften und der professionellen Vorbildung der beteiligten Vertreterin keine die Aufklärungspflicht ausschließende Wirkung zu.

Das Urteil gibt Anlass dazu, die Möglichkeiten und Grenzen des „Informationsmodells" bei fehlgeschlagenen Finanzanlagen zu überdenken. Dabei seien zunächst einige allgemeine Rahmenbedingungen der Informationshaftung angesprochen, welche die Entscheidung prägen, namentlich der Gesichtspunkt des konkludenten Beratungsvertrags sowie der Einfluss europarechtlicher und verfassungsrechtlicher Vorgaben (2.). Sodann werden wesentliche Gehalte der Entscheidung erörtert, insbesondere die dort formulierten allgemeinen Anforderungen an die Aufklärung (3.1), die konkreten Anknüpfungen für die Aufklä-

7 BGH NJW 2011, 1949, Tz. 24 = BGHZ 189, 13.
8 BGH NJW 2011, 1949, Tz. 29 = BGHZ 189, 13.

rung (3.2) und die Frage der Schutzwürdigkeit des Anlegers (3.3). Beschließen möchte ich meinen Vortrag mit einigen zusammenfassenden Erwägungen zu den Möglichkeiten und Grenzen des Informationsmodells (3.4) sowie zu Alternativen (4.).

Aussparen werde ich den Gesichtspunkt der Vermutung aufklärungsrichtigen Verhaltens. Dieser Aspekt ist zwar von großer Bedeutung – er erfüllt gleichsam die Funktion eines rechtsfolgenseitigen Brandbeschleunigers für zu weit gefasste Aufklärungspflichten. Er ist aber Gegenstand eines eigenständigen Beitrags in diesem Band.[9]

2 Rahmenbedingungen der Informationshaftung

2.1 Konkludenter Beratungsvertrag

Der BGH postuliert einen konkludenten Beratungsvertrag als Basis der Aufklärungspflichten. Dieser dogmatische Ausgangspunkt befördert in angreifbarer Weise die Tendenz zu einer allzu übermäßigen Ausweitung der Aufklärungspflichten.

2.1.1 Vertragliche Beratungspflicht vs. vorvertragliche Schutzpflicht

Es entspricht der ständigen Rechtsprechung des BGH, dass zwischen der Bank und dem Kunden bei Anlage- oder Finanzierungsgeschäften ein Beratungsvertrag bereits dadurch geschlossen wird, dass ein Beratungsgespräch aufgenommen wird.[10] Der Vertragsschluss soll nicht voraussetzen, dass die Beratungsleistung konkret definiert oder gar eigens vergütet wird. Diese dogmatische Festlegung wird auch in der SLS-Entscheidung als Basis der die Bank treffenden Informationspflicht postuliert.[11] Die These vom konkludenten Beratungsvertrag wird verbreitet kritisiert, weil der Vertragsschluss auf eine Fiktion hinausläuft.[12]

---

9 Nämlich desjenigen von *T.J.Möllers*. Zur nach wie vor gültigen Position des Verfassers vgl. *Grigoleit*, Vorvertragliche Informationshaftung, 1997, S. 163-180.

10 BGH NJW 1987, 1815, 1816 = BGHZ 100, 117; BGH NJW 1993, 2433, 2433 = BGHZ 123, 126; BGH ZIP 2007, 1160, 1161; BGH BKR 2008, 199, 200; BGH ZIP 2010, 526, 527.

11 BGH NJW 2011, 1949, Tz. 19 = BGHZ 189, 13.

12 Vgl. etwa *Canaris*, Bankvertragsrecht, 3. Aufl. 1988, Rn. 88; MünchKomm/*Bachmann/Roth*, BGB, 6. Aufl. 2012, § 241 Rn. 133; *Hannöver* in: Schimansky/Bunte/Lwowski, Bankrechts-

Informationspflichten können bekanntlich auch ohne einen Beratungsvertrag begründet werden. Seit langem ist anerkannt, dass im vorvertraglichen Kontakt auch vor bzw. ohne Vertragsschluss besondere Verhaltenspflichten, die sogenannten Schutzpflichten eingreifen.[13] Gleichermaßen entspricht es allgemeiner Auffassung, dass als Ausprägung der Schutzpflichten das Verbot positiver Falschinformation und auch Pflichten zu ungefragter Aufklärung eingreifen können. Seit dem Schuldrechtsmodernisierungsgesetz 2002 ist die Schutzpflichtlehre auch positivrechtlich verankert (§§ 241 II, 311 II, III BGB). Sie bietet daher eine gesicherte dogmatische Alternative zur Postulation eines konkludenten Beratungsvertrags.

2.1.2 Tendenz zur Eindimensionalität der vertraglichen Beratungspflicht

Die Unterscheidung zwischen vertraglicher und außervertraglicher Begründung der Aufklärungspflicht erschöpft sich nicht in dogmatischer Spitzfindigkeit. Bei einem Beratungsvertrag ist der Informationstransfer Gegenstand der vertraglichen Leistungspflicht. Als Element der Leistungspflicht ist die informationelle Begünstigung des Beratungsgläubigers konkret-absolut als unmittelbarer Vertragszweck durch die Parteiabrede festgelegt. Demgegenüber haben Schutzpflichten abstrakt-relativen Charakter. Ihr Inhalt ist situationsabhängig, d.h. relativ zu den anlässlich der Durchführung des Schuldverhältnisses obwaltenden Umständen zu konkretisieren.[14] Dabei trifft denjenigen, der die Verletzung einer bestimmten Ausprägung der Schutzpflicht geltend macht, eine erhebliche Argumentationslast.[15]

Der Schuldner ist – anders als bei vertraglichen Pflichten – nicht etwa zu einer Rücksichtnahme auf die Rechtsgüter des Gläubigers um grundsätzlich jeden Preis (vorbehaltlich der §§ 275, 313 BGB) verpflichtet. Vielmehr ist die Schutzpflicht unter Abwägung der widerstreitenden Parteiinteressen im Einzelfall zu konkretisieren. Die Unterlassungsverantwortlichkeit des Schuldners unter dem Gesichtspunkt der Schutzpflicht muss insbesondere der Möglichkeit

---

Handbuch, 4 Aufl. 2011, § 110 Rn. 27; *Roth* in: Assmann/Schütze, Handbuch des Kapitalanlegerrechts, 3. Aufl. 2007, § 11 Rn. 16; *Spindler*, NJW 2011, 1920 1921; *Bausch*, NJW 2012, 354; *Wagner*, DStR 2003, 1757, 1760. Ferner ausf. und m.w.N. *Herresthal*, ZBB 2012, 89, 92 ff.

13 Grundlegend insbesondere *Canaris*, JZ 1965, 475 ff. = *ders.*, Gesammelte Schriften, Band II, S. 669 ff.

14 Die Situationsabhängigkeit herausstellend etwa auch *Larenz*, Schuldrecht I, 14. Aufl. 1987, § 2 I = S. 11 f.; *Köhler*, AcP 190 (1990), 497, 503 und 509.

15 Näher zum Ganzen *Grigoleit*, FS Canaris, Band I, 2007, S. 275, 276 ff.

eines Selbstschutzes durch den Gläubiger Rechnung tragen. Daher kommt eine Schutzpflicht grundsätzlich nur dann in Betracht, wenn der Schutzaufwand für den Schuldner erheblich geringer ist als der Selbstschutzaufwand des Gläubigers. Darüber hinaus ist der Schutzaufwand auch in ein angemessenes Verhältnis zur Schadenshöhe und zur Schadenswahrscheinlichkeit zu setzen.[16]

Die besondere Argumentationslast für Schutzpflichten bildet mithin den zentralen Unterschied zur Lehre vom konkludenten Beratungsvertrag. Zwar ist es nicht von vornherein ausgeschlossen, dass eine „bloße" Schutzpflicht denselben Inhalt haben kann wie eine vertragliche Beratungspflicht. Es liegt aber in der Tendenz einer vertraglichen Pflichtbegründung, dass das Informationsziel wie bei einem „reinen" Beratungsvertrag verabsolutiert wird. Bei einem ausdrücklich geschlossenen und gesondert vergüteten Beratungsvertrag ist die Beratungsleistung grundsätzlich vom Eigeninteresse des Beratungsschuldners unberührt. Bei Bankgeschäften besteht indes typischerweise ein Spannungsverhältnis zwischen dem – aus Sicht der Bank – fremdnützigen (unentgeltlichen) Beratungsverhältnis und dem eigennützigen (entgeltlichen) Bankgeschäft. Dieses Spannungsverhältnis droht durch die Fiktion des Beratungsvertrags verdeckt zu werden.

Die Tendenz zur eindimensionalen Überhöhung von Aufklärungspflichten kommt in der SLS-Entscheidung etwa in den Formulierungen zum Ausdruck, dass die Bank den Kunden „im Wesentlichen" auf den „gleichen Kenntnis- und Wissensstand..." zu bringen habe,[17] wie er seitens der Bank gegeben sei. Gleiches gilt für die Formulierung, aufgrund des Beratungsvertrags müsse die Bank ihre Empfehlung „allein im Kundeninteresse" abgeben.[18]

Derartige Verabsolutierungen werden nicht nur durch die Schwäche der vertraglichen Begründung der Aufklärungspflicht in Frage gestellt. Vielmehr setzt sich das Gericht damit auch in Widerspruch zu Annahmen, die es an anderer Stelle getroffen hat. Insbesondere hat der BGH zu Recht darauf hingewiesen, dass die Bank ihre Beratungsleistung auf die Empfehlung eigener Produkte beschränken dürfe.[19] Die damit verbundene – ohne weiteres einleuchtende –

---

16 Näher zu diesen Parametern *Schäfer/Ott*, Lehrbuch der ökonomischen Analyse des Zivilrechts, 4. Aufl. 2005, S. 58 f.; MünchKomm/*Bachmann/Roth*, 6. Aufl. 2012, § 241 Rn. 148 ff. Zur ökonomischen Begründung der Schutzpflichten siehe etwa auch *Müller/Hempel*, AcP 205 (2005), 246, 248 f.

17 BGH NJW 2011, 1949, Tz. 29 = BGHZ 189, 13.

18 BGH NJW 2011, 1949, Tz. 32 = BGHZ 189, 13.

19 Vgl. BGH NJW 2007, 1876, Tz. 21 = BGHZ 170, 226; i.d.S. auch Assmann/Schneider/*Koller*, § 31 Rn. 158 f.; *Buck-Heeb*, WM 2012,625, 628.

Relativierung des Aufklärungsinhalts liegt ganz auf der Linie der Schutzpflichtlehre und ihres Abwägungsmodells.

2.1.3 Vorzugswürdigkeit des Schutzpflichtkonzepts

Die Lehre vom konkludenten Beratungsvertrag sollte aufgegeben werden.[20] Sie ist ein dogmatisches Hilfskonstrukt aus jener Zeit, in der außervertragliche Schutzpflichten noch nicht anerkannt waren. Auch wurden konkludente Beratungsverträge in der früheren Rechtsprechung zu dem Zweck postuliert, als unangemessen empfundene Haftungslücken der kaufrechtlichen Gewährleistungshaftung zu schließen.[21] Während sich letztere Konstellation wohl durch die Neufassung des Leistungsstörungsrechts erledigt hat,[22] erschöpft sich die Lehre vom konkludenten Beratungsvertrag im Bankrecht wie auch in anderen Anwendungsfällen in der bereits angesprochenen, noch niemals überzeugend begründeten Fiktion. Ihr fehlt eine methodisch wie dogmatisch tragfähige Basis.

Selbst wenn man aber an der Lehre vom konkludenten Beratungsvertrag festhält, sollte das Bewusstsein dafür geschärft werden, dass die geschuldete Beratung im Wege der Auslegung (§§ 133, 157 BGB) nach Maßgabe der legitimen Interessen *beider* Parteien zu konkretisieren ist. Dabei ist zu berücksichtigen, dass die Bank für die Beratung i.d.R. keine gesonderte Vergütung erhält und mit dem „Verkauf" ihrer Produkte auch eigene Interessen verfolgen muss. Es kommt hinzu, dass die Parteien die geschuldete Beratung gerade nicht durch eine Parteivereinbarung spezifiziert haben.

Die danach maßgeblichen Kriterien für die Konkretisierung von Aufklärungspflichten der Bank sollten im Grundsatz denjenigen von Schutzpflichten entsprechen. Bekanntlich folgt die Konkretisierung vorvertraglicher Aufklärungspflichten keiner Regelstruktur mit subsumtionsfähigen Voraussetzungen. Vielmehr sind dabei verschiedene Kriterien maßgeblich, die nach Art eines beweglichen Systems, also im Rahmen eines Gewichtungs- und Abwägungsprozesses[23], zu würdigen sind. Erstens ist auf die Wesentlichkeit der Information für

---

20 Vgl. auch die Nachw. oben Fn. 12.

21 Vgl. BGH NJW 1999, 638, 639 = BGHZ 140, 111; Näher *Buck-Heeb*, WM 2012, 625 f.

22 Vgl. *Mertens*, AcP 203 (2003), 818, 849 ff; MünchKomm/*Grunewald*, HGB, 2. Aufl. 2007, § 377 Rn. 91. Ferner auch BGH NJW 2009, 2120, Tz. 22 = BGHZ 180, 205, wo eine Haftung aus einem (un)selbständigen Beratungsvertrag nicht angesprochen wird.

23 Vgl. zur Heranziehung der Kategorie bewegliches System bei der Konkretisierung von Aufklärungspflichten *Hopt*, Kapitalanlegerschutz im Recht der Banken, 1975, S. 414 ff.; *Schu-*

den Informationsberechtigten abzustellen: nur vertragswesentliche Informationen können eine Pflicht zu ungefragter Aufklärung auslösen. Zweitens ist der relative Informationszugang zu berücksichtigen: der Informationszugang muss für den Aufklärungspflichtigen erheblich einfacher sein als für den Berechtigten. Als drittes und letztes Kriterium ist schließlich der Gesichtspunkt der Zumutbarkeit der Aufklärung für den Aufklärungspflichtigen in die Bewertung einzustellen. Die Zumutbarkeit hängt insbesondere vom Maß der Vertrauensprägung des in Frage stehenden Geschäftskontakts sowie von der Schutzwürdigkeit des Informationserwerbs seitens des zur Information Verpflichteten (besondere Kosten des Informationserwerbs?) ab; auch das relative Gewicht der ersten beiden Kriterien (Vertragswesentlichkeit; Informationszugang) kann im Rahmen der abschließenden Zumutbarkeitsabwägung erneut berücksichtigt werden.[24] Auf diese Kriterien wird zurückzukommen sein (unten 3.1.4).

2.2 Einfluss des WpHG und der europarechtlichen Vorgaben

Ungeachtet der dogmatischen Qualifizierung der Aufklärungspflicht stellt sich die Frage, in welchem Verhältnis deren Konkretisierung zu den kapitalmarktrechtlichen Verhaltenspflichten, nämlich zu denjenigen des WpHG und dessen europarechtlicher Quellen stehen. Der BGH begründet die Informationshaftung im zivilrechtlichen Kontext grundsätzlich auf der Basis zivilrechtlicher Begründungsmuster. Die kapitalmarktrechtlichen Verhaltenspflichten werden weder im Sinne einer konstitutiven Erweiterung noch im Sinne einer Einschränkung der zivilrechtlichen Haftungsregeln herangezogen. Immerhin weist das Gericht

macher, Vertragsaufhebung wegen fahrlässiger Irreführung unerfahrener Vertragspartner, 1979, S. 98 ff.; *Breidenbach*, Die Voraussetzungen von Informationspflichten beim Vertragsschluss, 1989, S. 61 ff. Allgemein zum beweglichen Systems *Wilburg*, Entwicklung eines beweglichen Systems im Bürgerlichen Recht, 1950; *Canaris*, Systemdenken und Systembegriff in der Jurisprudenz, 2. Aufl. 1983, S. 74 ff. = *ders.*, Gesammelte Schriften Band I, S. 191, 256 ff.; *F.Bydlinski*, Bewegliches System und Juristische Methodenlehre, in: F.Bydlinski u.a. (Hrsg.), Das Bewegliche System im geltenden und künftigen Recht, 1986, S. 21 ff.

24 Zu den für die Konkretisierung von generalklauselartigen Aufklärungspflichten maßgeblichen Kriterien näher und m.w.N. etwa *Faust*, in: Eidenmüller/Faust/Grigoleit/Jansen/Wagner/Zimmermann, Revision des Verbraucher-Acquis, 2011, 201, 205 ff.; *Fleischer*, Informationsasymmetrie im Vertragsrecht, 2001, S. 985 ff. und *passim*. Die Frage der Pflichtkonkretisierung kann im Einzelfall u.U. durch eines der Kriterien allein dominiert werden und zwar im Sinne eines Ausschlusses der Pflicht, etwa wenn der in Frage stehende Umstand nicht vertragswesentlich ist oder wenn der potenziell Informationsberechtigte selbst über einen sehr einfachen Informationszugang verfügt.

zur Bekräftigung bzw. Ergänzung ausfüllungsbedürftiger zivilrechtlicher Grundsätze auf kapitalmarktrechtliche Verhaltenspflichten hin, etwa in der SLS-Entscheidung auf das auch in § 31 IV WpHG vorgesehene Gebot anlegergerechter Beratung[25] sowie das in § 31 Abs. 1 Nr. 2 WpHG verankerte Gebot der Vermeidung von Interessenkollisionen.[26]

2.2.1 Die Lehre von der europarechtskonformen Einschränkung zivilrechtlicher Haftungssanktionen

Demgegenüber wird den europarechtlichen Vorgaben im Schrifttum – namentlich von *Peter Mülbert* – eine (zwar nicht voll- aber) maximalharmoniserende Wirkung zuerkannt, die weitergehende Sanktionen auch im Zivilrecht ausschließe. Zur Begründung wird auf das grundsätzliche Verbot mitgliedsstaatlicher Regulierung durch Art. 4 Abs. 1 DRiL[27] sowie auf den dahinter stehenden Zweck verwiesen, den Finanzdienstleistern im Binnenmarkt effektiv einheitliche Rahmenbedingungen zu sichern. Dies soll etwa zur Folge haben, dass für die zivilrechtliche Informationshaftung der durch das Bond-Urteil[28] anerkannte *individuelle Maßstab der objektgerechten Beratung* jedenfalls im Anwendungsbereich des europäischen Kapitalmarktrechts[29] in Frage zu stellen sei, weil die

25 BGH NJW 2011, 1949, Tz. 22 = BGHZ 189, 13: „Diese Pflicht ist für Wertpapierdienstleistungsunternehmen – wie die Bekl. – aufsichtsrechtlich auch normiert".

26 BGH NJW 2011, 1949, Tz. 32 = BGHZ 189, 13: „Dieser zivilrechtliche Grundsatz ist aufsichtsrechtlich für den Bereich der dem WpHG unterfallenden Geschäfte in § 31 I Nr. 2 WpHG normiert". Vgl. auch BGH NJW 2007, 1876, Tz. 21 = BGHZ 170, 226: keine eigenständige schadensersatzrechtliche Bedeutung, aber Konkretisierung der Beratungspflicht; ferner BGH ZIP 2011, 2237, 2242: weder Begrenzung noch Erweiterung der zivilrechtlichen Haftung. Näher Assmann/Schneider-*Koller* Vor § 31 Rn. 3 ff. Kritisch und mit der Behauptung einer Rechtsprechungsänderung *Herresthal*, ZBB 2012, 89, 95.

27 Richtlinie 2006/73/EG der Kommission vom 10. August 2006 zur Durchführung der Richtlinie 2004/39/EG des Europäischen Parlaments und des Rates in Bezug auf die organisatorischen Anforderungen an Wertpapierfirmen und die Bedingungen für die Ausübung ihrer Tätigkeit sowie in Bezug auf die Definition bestimmter Begriffe für die Zwecke der genannten Richtlinie (DRiL), ABl. L 241 v. 02.09.2006, S. 26-58.

28 BGH NJW 1993, 2433 = BGHZ 123, 126.

29 D.h. grenzüberschreitende Wertpapier-Dienstleistung und Tätigkeit in Fremdstaat mittels einer rechtlich unselbständigen Zweigniederlassung, vgl. zu dieser Begrenzung *Mülbert*, ZHR 172 (2008), 169, 176 ff. (lediglich Maximalharmonisierung unter Rekurs das in Art. 31 MiFID zum Ausdruck kommende Herkunftslandprinzip).

Beratungsanforderungen gemäß Art. 19 Abs. 3, 4 MiFID, § 31 WpHG *standardisiert erfüllt* werden dürfen.[30]

2.2.2 Vorzugswürdigkeit einer autonom-mitgliedsstaatlichen und autonom-zivilrechtlichen Konkretisierung der Beratungshaftung

Indessen überfordert eine solche Ausstrahlungswirkung den Aussagegehalt der Kapitalmarktrichtlinien.[31] Die MiFID und die übrigen europäischen Instrumente haben eine deutliche aufsichtsrechtliche Regelungstendenz. Diese kommt etwa in Art. 33 II zum Ausdruck, wonach die Mitgliedstaaten „Wertpapierfirmen, die das Recht gemäß Abs. 1 in Anspruch nehmen, in den *von dieser Richtlinie erfassten* Bereichen keine zusätzlichen rechtlichen oder *verwaltungstechnischen Auflagen*" erteilen. Besonders klar kommt der aufsichtsrechtliche Charakter ferner auch im 25. Erwägungsgrund der 25 MiFID („Aufsichtsvorschriften"), in den Art. 5 ff. MiFID (Zulassungsanforderungen) und in den Art. 48 ff. MiFID (Behördenzuständigkeit) zum Ausdruck. Die aufsichtsrechtliche Tendenz steht auch im vollen Einklang damit, dass die Kapitalmarktrichtlinien die Niederlassungsfreiheit (Art. 49 AEUV) sicherstellen sollen, also den *Marktzugang* von Finanzdienstleistern.

Demgegenüber enthalten die Kapitalmarkt-Richtlinien der EU keine konkreten bzw. umfassenden Vorgaben für die zivilrechtliche Haftung. Der Verzicht auf eine konkrete zivilrechtliche Regelung läuft auf eine Respektierung der mitgliedsstaatlichen Normsetzungskompetenz hinaus. Beachtung verlangt insoweit das europarechtliche Prinzip der begrenzten Rechtsfolgenausstrahlung, das seinerseits auf dem Subsidiaritätsprinzip und dem Prinzip der begrenzten Einzelermächtigung fußt.[32] Umgekehrt würde die Postulation einer (in der Richtlinie nicht konkret geregelten) Ausstrahlungswirkung auf die zivilrechtlichen Haftungssysteme darauf hinauslaufen, dass den Gerichten eine – in den Europäischen Verträgen nicht vorgesehene – Normsetzungskompetenz zuerkannt würde.[33]

---

30 Zum Ganzen *Mülbert*, WM 2007, 1149. 1157; *ders.*, ZHR 172 (2008), 169, 183 ff. Ähnlich auch ausf. und m.w.N. *Herresthal*, ZBB 2012, 89, 94 ff. („Vermutung" des Gleichlaufs). Undeutlich *Köndgen*, FS Canaris, 183, 205 f. („Wechselwirkung").

31 I.E. wie hier und m.w.N. *Assmann*, FS U.H.Schneider, 2011, 37 ff.; *Spindler*, NJW 2011, 1929, 1922.

32 Näher bereits *Grigoleit*, AcP 210 (2010), 354, 418.

33 Ebenso *Assmann*, FS Schneider, 37, 45.

Es entspricht auch der aktuellen Rechtssetzungspraxis der EU-Organe, dass Eingriffe in die mitgliedsstaatlichen Privatrechtsordnungen einer klaren gesetzlichen Anordnung bedürfen. Dies zeigt etwa die Verbraucherrechterichtlinie[34], im Rahmen derer der grundsätzlich maximalharmonisierende Charakter privatrechtlicher Vorgaben konkret angeordnet und im Einzelnen durch Ausnahmen verhältnismäßig präzise ausgesteuert ist (Art. 4 - 7 der Verbraucherrechte-RL). Eine vergleichbare, auf zivilrechtliche Sanktionen bezogene Klarstellung fehlt in den kapitalmarktrechtlichen EU-Instrumenten. Der Anordnung von Art. 4 Durchführungs-Richtlinie (keine „Anforderungen die über die Richtlinie hinausgehen") kann die Ausstrahlungswirkung in das Zivilrecht keinesfalls rechtfertigen. Denn diese Vorschrift steht, wie die europarechtlichen Normen im Übrigen, in dem skizzierten aufsichtsrechtlichen Kontext und weist gerade keinen erkennbaren Bezug zu dem konkret-individuellen, zivilrechtlichen Rechtsverhältnis auf.

Richtig ist zwar, dass eine maximalharmonisierende Wirkung der EU-Vorgaben deren Harmonisierungseffekt verstärken und damit die Erbringung von Finanzdienstleistungen im Binnenmarkt erleichtern würde. Darüber hinaus ist es durchaus plausibel, dass eine möglichst weitgehende, auch die zivilrechtlichen Sanktionen erfassende Angleichungswirkung den Vorstellungen der Gesetzesverfasser entspricht. Im Lichte der Europäischen Kompetenzordnung können aber abstrakten Zwecksetzungen von EU-Instrumenten oder bloßen, d.h. nicht in konkrete Regeln gegossenen, Harmonisierungswünschen von deren Verfassern keine wesentlichen Aussagen für das überaus komplexe zivilrechtliche Haftungssystem entnommen werden. Dabei ist auch zu berücksichtigen, dass bei der Konzeption der aufsichtsrechtlichen Richtlinien gerade keine präzise und ausgewogene Berücksichtigung der zivilrechtlichen Rechtsfolgen in den pluralistischen Zivilrechtsregimes stattgefunden hat. Eine solche Feinsteuerung der Ausstrahlungswirkung wäre aber ganz unverzichtbar, da deren Reichweite im Vertragsrecht alles andere als selbstverständlich ist (§§ 138, 826 BGB? AGB-Recht? Vertragsschlussanforderungen? Vertragliche Haftung?).

Es liegt daher in der Konsequenz der europarechtlichen Vorgaben für das Kapitalmarktrecht, dass diese hinsichtlich des zivilrechtlichen Rechtsverhältnisses durch mitgliedsstaatliche Haftungssanktionen ergänzt werden. Daraus folgt auch, dass unterschiedliche Haftungsniveaus grundsätzlich in Kauf ge-

34 Richtlinie 2011/83/EU des Europäischen Parlaments und des Rates vom 25. Oktober 2011 über die Rechte der Verbraucher, zur Abänderung der Richtlinie 93/13/EWG des Rates und der Richtlinie 1999/44/EG des Europäischen Parlaments und des Rates sowie zur Aufhebung der Richtlinie 85/577/EWG des Rates und der Richtlinie 97/7/EG des Europäischen Parlaments und des Rates (Verbraucherrechterichtlinie), ABl. L 304 v. 22.11.2011, S. 64-88.

nommen werden. Den europarechtlichen Vorgaben lassen sich weder eine zivilrechtliche Mindesthaftung noch zwingende Grenzen für die zivilrechtliche Haftung (etwa: im Sinne eines Ausschlusses der individuellen, objektgerechten Beratungspflicht, s. soeben unter 2.2.1) entnehmen. Die Kapitalmarkt-Richtlinien lassen daher die autonom-mitgliedsstaatliche Konkretisierung der zivilrechtlichen Aufklärungshaftung unberührt.[35] Die Deutlichkeit der maßgeblichen Befunde lassen eine Vorlage der Frage an den EuGH entbehrlich erscheinen.

Ähnliches gilt für die Ausstrahlungswirkung des WpHG: Hinsichtlich des WpHG ist – vor dem Hintergrund der traditionellen Trennung der Rechtsmaterien – die grundsätzliche Konzentration auf das öffentliche Aufsichtsrecht ebenfalls deutlich erkennbar.[36] Demgegenüber ist nicht ersichtlich, dass die Gesetzesverfasser über die europarechtlichen Vorgaben hinaus das zivilrechtliche Sanktionensystem einschränken wollten. Vielmehr steht hinter der nach gegenwärtigem Reformstand gültigen Regelung des § 37e WpHG für Termingeschäfte, dass der Anlegerschutz im privatrechtlichen Rechtsverhältnis grundsätzlich dem zivilrechtlichen Haftungssystem, namentlich der Informationshaftung überantwortet ist.[37] Bemerkenswert ist dabei insbesondere, dass bei den letzten Novellierungen des WpHG die Bond-Rechtsprechung bekannt war; deren gesetzgeberische „Aufhebung" hätte also ohne weiteres angeordnet werden können.[38] Dem Verzicht des WpHG auf eine Regelung zivilrechtlicher Haftungssanktionen ist daher zu entnehmen, dass das bei Finanzanlagegeschäften das privatrechtliche Rechtsverhältnis grundsätzlich autonom-zivilrechtlich gewürdigt werden kann.[39]

Die Tendenz des BGH zu einer grundsätzlich autonom-zivilrechtlichen Bewertung der zivilrechtlichen Haftung ist daher uneingeschränkt zu begrüßen. Dies gilt auch insoweit, als es die grundsätzliche Ablehnung einer „verbindlichen" Ausstrahlungswirkung nicht ausschließt, so dass die kapitalmarktrechtlichen Vorgaben im Einzelfall als normative Gesichtspunkte bei der Konkretisierung ausfüllungsbedürftiger zivilrechtlicher Kategorien Berücksichtigung finden, namentlich bei der generalklauselartigen Aufklärungspflicht. Der autono-

---

35 Ebenso etwa *Assmann*, FS Schneider, 37, 45; *Ellenberger*, FS Nobbe, 523, 537; i.E. auch *Koller*, FS Huber, 2006, 821, 840.

36 Die Anordnung des § 37a WpHG a.F. hatte insoweit einen verjährungsbezogenen Ausnahmecharakter.

37 Näher Assmann/U.H.Schneider/*Mülbert/Assmann*, WpHG, 6. Aufl. 2012, Vor § 37e Rn. 13 ff., 27 ff.

38 Vgl. im Gegensatz dazu etwa die im Rahmen des MoMiG verfügte, ausdrückliche „Aufhebung" der richterrechtlichen Kapitalersatzregeln durch §§ 57 I 4 AktG, 30 I 3 GmbHG.

39 I.E. ebenso *Ellenberger*, FS Nobbe, 2009, 523, 535.

me Charakter der zivilrechtlichen Haftung äußert sich hier darin, dass diese „unverbindliche“ Ausstrahlungswirkung durch andere zivilrechtliche Kriterien überlagert werden kann, also die Haftungsfrage weder im positiven noch im negativen Sinne präjudiziert.

2.3 Verfassungsrechtliche Vorgaben – Ausstrahlung der Lebensversicherungs-Rechtsprechung des BVerfG

Aus verfassungsrechtlicher Perspektive ist eine Ausstrahlungswirkung der Rechtsprechung des BVerfG zu kapitalbildenden Lebensversicherungen auf die Anlageberatung durch Banken erwogen worden.[40] Das BVerfG hat insoweit unter dem Gesichtspunkt der Schutzgebotsfunktion der Art. 2, 14 GG gefordert, dass der strukturellen Störung der Vertragsparität bzw. der einseitigen Bestimmungsmacht des Versicherungsunternehmens durch rechtliche Vorkehrungen entgegengewirkt werden muss. Insbesondere hat das Gericht angemahnt, dass „der Versicherungsnehmer einer kapitalbildenden Lebensversicherung erkennen können“ müsse, „in welcher Höhe Abschlusskosten mit der Prämie verrechnet werden dürfen, und dass sie bei einer vorzeitigen Beendigung des Lebensversicherungsverhältnisses eine Rückvergütung erhalten, deren Wert auch unter Berücksichtigung in Rechnung gestellter Abschlusskosten sowie des Risiko- und Verwaltungskostenanteils in einem angemessenen Verhältnis zu den bis zu diesem Zeitpunkt gezahlten Versicherungsprämien steht.“[41]

Für die bankrechtliche Anlageberatung lässt sich daraus indessen allenfalls der allgemeine Schluss ziehen, dass auch hier die verfassungsrechtliche Fundierung eines Mindestschutzes nicht auszuschließen ist. Im Übrigen ist die Distanz des der SLS-Entscheidung zugrundeliegenden Sachverhalts zur typischen Konstellation beim Abschluss einer Kapitallebensversicherung so erheblich, dass belastbare Transferaussagen nicht zu treffen sind:[42]

Vor allem geht es bei einem *CMS-SLS* um ein von vornherein hoch spekulatives Geschäft; in Frage steht der risikobehaftete Leistungsaustausch als solcher, nicht etwa nachteilige Einzeleffekte des Geschäfts. Demgegenüber handelt es sich bei der Kapitallebensversicherung um einen Geschäftstyp, dessen Cha-

40 Vgl. BVerfG NJW 2005, 2363; 2005, 2376; 2006, 1783. Kein vergleichbares Schutzbedürfnis wird für Unfallversicherungen konstatiert, weil hier keine Defizite des Markts erkennbar seien; BVerfG VersR 2006, 961, 963.

41 Vgl. BVerfG NJW 2006, 1783, Tz. 58.

42 I.E. ähnlich *Mülbert*, WM 2007, 1149, 1159.

rakter sich durch seine elementare soziale, ja für breite Bevölkerungsschichten existenzsichernde Funktion von den meisten bankmäßigen Anlagegeschäften – und auch von dem *Swap*geschäft in besagter BGH-Entscheidung – unterscheidet. Zweitens ist die Kapitallebensversicherung nicht bloß – wie der *CMS-SLS* – durch eine komplexe Struktur gekennzeichnet, sondern ihre Wertentwicklung ist auch abhängig von fortlaufenden Maßnahmen der Versicherung, die für den Kunden unzugänglich ist – während die Parameter für die Wertentwicklung eines *Swap* und anderer Finanzprodukte im Zeitpunkt des Vertragsschlusses fixiert und dem einseitigen Einfluss der Bank entzogen sind.[43] Drittens hat das BVerfG gerade keine Feststellungen über konkrete zivilrechtliche Haftungsinstrumente getroffen. Die – etwa auch aufsichtsrechtlichen – Schutzvorkehrungen, die im Bankrecht unabhängig von der Entscheidungstendenz der SLS-Entscheidung praktiziert werden, sind jedenfalls erheblich.

3 Wesentliche Gehalte der Entscheidung

Die in der SLS-Entscheidung angesprochenen Fragen behandeln, wie bereits oben unter 1.2 angedeutet, im Wesentlichen drei Problemkomplexe der Beratungspflicht:

(1) Die allgemeine Definition der geschuldeten Aufklärung
(2) Die Pflicht zur Aufklärung über den „Marktwert" des *CMS-SLS*, d.h. über die aus Sicht der Bank gewinnorientierte Strukturierung des *Swap*
(3) Die persönliche bzw. situative Schutzwürdigkeit des Bankkunden

In allen drei Aspekten sind die Feststellungen des SLS-Urteils wesentlichen Einwänden ausgesetzt.

3.1 Allgemeine Anforderungen an die Aufklärungspflicht der Bank

Angesichts der Komplexität des *CMS-SLS* und des für den Kunden resultierenden Risikos stellt der BGH hohe Anforderungen an die geschuldete Aufklärung. Bemerkenswert ist, dass das Gericht diese Anforderungen lediglich als *obiter dicta* formuliert, weil die gebotenen tatrichterlichen Feststellungen fehlen, während es sich in der Lage sieht, einen Aufklärungsmangel hinsichtlich der

43 Von kriminellen Machenschaften ist in diesem Zusammenhang abzusehen.

Kalkulationskriterien auf die gegebenen Feststellungen zu stützen (dazu unten 3.2).

3.1.1 Kriterien der anleger- und objektgerechten Aufklärung/Beratung im Einzelnen

Seit dem Bond-Urteil[44] wird bei der Bestimmung der geschuldeten Beratung zwischen dem Gesichtspunkt der Anlegergerechtigkeit und dem Kriterium der Objektgerechtigkeit unterschieden. Der BGH zieht in der SLS-Entscheidung beide Aspekte heran; die Unterscheidung verschwimmt allerdings, da das Gericht jeweils auf die besondere Komplexität und das Risiko des *CMS-SLS* abstellt:

Das Kriterium der anlegergerechten Beratung ist im Wesentlichen darauf gerichtet, die individuellen Präferenzen des Kunden zu ermitteln und die Beratung daran, insbesondere auch an der Risikobereitschaft des Kunden, zu orientieren. Um dies gewährleisten zu können, müsse sich die Bank insbesondere darüber „Gewissheit" verschaffen, „dass der Kunde die geschilderten Risiken in jeder Hinsicht verstanden hat".[45]

Im Rahmen der sog. objektgerechten Beratung ist über allgemeine Risiken (Konjunktur, Kapitalmarkt) und über produktspezifische Risiken aufzuklären. Aufgrund der besonderen Komplexität des *CMS-SLS* verlangt der BGH, die Bank müsse gewährleisten, „dass der Kunde im Hinblick auf das Risiko des Geschäfts im Wesentlichen den gleichen Kenntnis- und Wissensstand hat wie die ihn beratende Bank". Im Einzelnen seien erforderlich „eingehende Erläuterungen aller Elemente der Formel zur Berechnung des variablen Zinssatzes (Multiplikationsfaktor, „Strike", Anknüpfung an den Zinssatz der Vorperiode, Mindestzinssatz des Kunden von 0%) und ihrer konkreten Auswirkungen (z. B. Hebelwirkungen, „Memory-Effekt") bei allen denkbaren Entwicklungen des *Spread*.[46]

3.1.2 Totaler Informationstransfer?

Diese Kriterien laufen auf ein Gebot des totalen Informationstransfers hinaus. Sie haben damit prohibitiven Charakter, ohne dass sie durch einen realistischen

44 S.o. Fn. 28.
45 BGH NJW 2011, 1949, Tz. 24 = BGHZ 189, 13.
46 Alles BGH NJW 2011, 1949, Tz. 29 = BGHZ 189, 13.

Informationszweck gerechtfertigt werden könnten.[47] Denn es ist vermutlich auch bei einfacheren Finanzprodukten (etwa bei einer langfristigen Bindung an einen festen Zinssatz oder bei einem so gängigen Produkt wie einem Bausparvertrag) kaum sinnvoll möglich, dem Kunden das gesamte Wissensreservoir der Bank zu präsentieren. Erst recht gilt dies für komplexe Produkte wie den streitgegenständlichen *CMS-SLS*. Gleichermaßen dürfte die vom BGH skizzierte umfassende Erläuterung „aller denkbaren" Eventualitäten einer Entwicklung des *CMS-SLS* unrealistisch sein. Der geforderte Informationstransfer würde wohl ein Musterbeispiel für den – aus der ökonomischen Diskussion stammenden und vieldiskutierten – Gesichtspunkt des *Information Overload* bilden, also für die Überladung einer Aufklärungspflicht, mit der Folge, dass die kognitive Verwertung der Informationen beeinträchtigt bzw. der Grenznutzen zusätzlicher Informationen negativ wird.[48]

Mit den praktischen Hindernissen korrespondiert eine elementare Zumutbarkeitserwägung: Informationsressourcen über Marktentwicklungen und über die Bewertung von Risiken bilden den Kernbereich des Know-How von Banken als Marktintermediäre; das Gebot eines totalen Informationstransfers stellt daher das Geschäftsmodell insgesamt in Frage. Sinnvoll und sozial nützliche Bankleistungen laufen stets auf eine Realisierung von Informationsvorteilen hinaus. Angesichts dessen stellt ein Gebot totaler und dazu kompensationsloser Preisgabe fachlicher Expertise die wirtschaftliche Sinnhaftigkeit gerade komplexer Finanzdienstleistungen in Frage. Dabei ist auch zu berücksichtigen, dass die vorvertragliche Preisgabe von Informationen nicht auf den jeweiligen potenziellen Kunden beschränkt werden kann, sondern praktisch auf eine Preisgabe gegenüber dem Markt und damit auf die Aufgabe von Wettbewerbsvorteilen hinausläuft.

Angesichts dessen ist es nicht verwunderlich, dass die vom BGH verlangte vollständige Preisgabe professioneller Expertise exzentrischen Charakter hat, sie ist bei anderen Geschäften nicht Bedingung einer validen Vertragsentscheidung. Ferner steht das Gebot einer totalen Informationspreisgabe auch in auffälligem Widerspruch zur bereits erwähnten (oben 2.1.2), zutreffenden Annah-

---

47 Den potenziell prohibitiven Charakter der Formeln hervorhebend auch *Spindler*, NJW 2011, 1920, 1922 (Gefahr eines „faktischen Vertriebsverbots"); auch *Klöhn*, ZIP 2011, 763 f. („sehr hoch; fast prohibitiv").

48 Vgl. zu diesem Phänomen etwa *J. Jacoby*, Journal of Marketing Research 14 (1977), 569 ff.; *Paredes*, Washington University Law Quarterly 81 (2003), 417, 450 und 473; *Langevoort*, Northwestern University LR 97 (2002), 135, 188; *Koller*, FS Huber, 2006, 821, 824 ff. Ferner etwa *Grigoleit*, in: Eidenmüller/Faust/Grigoleit/Jansen/Wagner/Zimmermann, Revision des Verbraucher-Acquis, 2011, 223, 247 ff. m.w.N.

me des BGH, dass die Bankberatung auf die Empfehlung eigener Produkte beschränkt werden dürfe.[49] Damit wird in Kauf genommen, dass ein gleichwertiger „Kenntnis- und Wissensstand" des Kunden jedenfalls hinsichtlich des – allemal wesentlichen – externen Vergleichs nicht hergestellt werden muss und dass die Verwirklichung des Kundeninteresses nach Maßgabe des bankinternen Produktportfolios – und damit durch das Eigeninteresse der Bank! – eingeschränkt werden darf.

3.1.3 Gewährleistung des totalen Aufklärungserfolgs?

Eine besonders auffällige Verschärfung des vom BGH geforderten Aufklärungsstandard liegt ferner darin, dass nicht allein eine Weitergabe von Informationen verlangt wird. Vielmehr wird gefordert, dass die Bank den Kunden auch bei der Informationsverarbeitung unterstützt, ja diese geradezu deren Erfolg garantiert: Dies kommt etwa darin zum Ausdruck, dass die Bank sich „Gewissheit darüber zu verschaffen" haben soll, „dass der Kunde die geschilderten Risiken in jeder Hinsicht verstanden hat",[50] oder darin, dass die Bank den Kenntnis- und Wissensstand des Kunden zu „gewährleisten" habe.

Derartige informationelle Erfolgspflichten haben einen eigenständigen und weitgehend neuartigen Charakter, indem sie nicht allein Informationsdefizite ausgleichen, sondern auch auf die Behebung etwaiger intellektueller bzw. psychologischer Defizite gerichtet sind. Damit ist indessen die herkömmliche Legitimationsbasis von Aufklärungspflichten überschritten. Auch wenn die aufsichtsrechtliche Zulassung standardisierter Aufklärung zivilrechtlich nicht verbindlich ist (vgl. oben 2.2.2), so ist es doch unstimmig, wenn der Kontrast der Aufklärungsintensitäten durch die Anerkennung einer informationellen Erfolgspflicht in ein Extrem gesteigert wird. Während die Pflicht zum (durchaus individualisierten) Informationstransfer die Eigenverantwortlichkeit der vertraglichen Entscheidung als solcher unberührt lässt, stellt das Gebot, die Informationsverarbeitung des Kunden zu beeinflussen, dessen Eigenverantwortlichkeit insgesamt in Frage. Dadurch wird ein Bereich der psychologischen Einflussnahme eröffnet, der einerseits die typische Expertise von Finanzdienst-

49 Vgl. oben Fn. 19.

50 BGH NJW 2011, 1949, Tz. 24 = BGHZ 189, 13.

leistern überfordert[51] und andererseits einer verlässlichen Rechtsanwendung kaum zugänglich sein dürfte.[52]

Auch die in jüngerer Zeit – insbesondere auf dem Forschungsfeld der *Behavioral Economics* – gewonnenen Erkenntnisse, dass gerade Risikoentscheidungen mit Problemen systematischer Irrationalität behaftet sind,[53] vermögen die besondere Intensivierung der informationellen Einflussnahme nicht zu rechtfertigen.[54] Es ist gerade das Kennzeichen irrationalen Verhaltens, dass es rationaler Beeinflussung nur eingeschränkt zugänglich ist. Eine Irrationalität in der Informationsverarbeitung ist durch Aufklärungspflichten kaum rechtssicher zu beheben; jedenfalls fehlt es dafür an konkreten und verlässlichen Vorgaben. Soll dem Gesichtspunkt systematischer Irrationalität tatsächlich Rechnung getragen werden, würden daher Inhaltsverbote grundsätzlich eine funktional überzeugendere Problemlösung bieten (näher unten 3.4, 4.).

3.1.4 Grundlinien maßvoller Beratung

Ungeachtet dieser Einwände gegen eine „totale Aufklärungspflicht" ist dem BGH dahingehend zuzustimmen, dass die Komplexität und Risikobehaftetheit des *CMS-SLS* ein hohes Aufklärungsniveau rechtfertigt.[55] Die strengen Anforderungen ergeben sich aus einer geschäftsbezogenen Konkretisierung der allgemeinen Kriterien außervertraglicher Aufklärungspflichten (näher oben 2.1.3): Eine intensive Aufklärung über die Funktionsweise des *CMS-SLS* ist für den Bankkunden zur Beurteilung des Geschäfts wesentlich, die Bank verfügt über einen erheblich einfacheren Informationszugang und ihr ist eine Aufklärung grundsätzlich – nicht zuletzt auch aufgrund der Vertrauensprägung der Bankverbindung sowie aufgrund der systematischen Vorteilsziehung aus der Bank-

---

51 Ähnlich *Köndgen*, BKR 2011, 283 f.

52 Vgl. zur ebenfalls kaum handhabbaren Variante einer an Verbrauchergruppen orientieren Information *Koller*, FS Huber, 2006, 821, 826 ff.

53 Vgl. dazu im vorliegenden Zusammenhang und m.w.N. etwa *Koller*, FS Huber, 2006, 821, 825 f., 829 f.

54 Im Wesentlichen wie hier *Schön*, FS Canaris, Band I 2007, 1191, 1210 f. („Das Informationsmodell versagt hier..."). Offenlassend *Klöhn*, ZIP 2011, 762, 764.

55 Vgl. etwa die besonderen Aufklärungspflicht bei Termingeschäften: Unabhängig von Person des Anlegers bei Termingeschäften grundsätzlich umfassende Aufklärungsbedürftigkeit: BGH ZIP 1996, 2064, 2065 (Versicherungs- und Immobilienfinanzierungsmakler); BGH ZIP 2004, 2178, 2179 (Rechtsanwalt und Notar).

verbindung und dem besonders risikoträchtigen Anlagegeschäft[56] – auch zumutbar. Indessen sollte der Inhalt der gebotenen Aufklärung das Bedürfnis des Kunden zu einer sinnvollen Beurteilung des Anlagegeschäfts in verhältnismäßiger Weise mit dem schutzwürdigen Interesse der Bank an Aufklärungsanforderungen in Ausgleich bringen. Danach hat die Bank dem Kunden diejenigen Informationen mitzuteilen, aufgrund derer dieser nach den Rahmenbedingungen der jeweiligen Konstellation eine vertretbare Risikoentscheidung treffen kann.[57]

Unter dem Gesichtspunkt der objektgerechten Beratung muss die Aufklärung die Komplexität des Produkts „auflösen", indem die Chancen und Risiken nachvollziehbar dargestellt werden. Der Gesichtspunkt der Nachvollziehbarkeit ist an denjenigen – laienhaften – Plausibilitätsvorstellungen zu orientieren, die auch für die Beurteilung anderer Finanzprodukte als Mindestmaß rationaler Bewertung gefordert werden. Insbesondere müssen die aus den Parametern der *Swap*-Formel resultierenden Vorteil- und Risikotendenzen in einer je-desto-Betrachtung aufgezeigt werden („je stärker/geringer der langfristige Zins den kurzfristigen Zins übersteigt, desto höher die Zahlungspflicht"). Die Wahrscheinlichkeiten der relativen Zinsentwicklung nach bisherigen Erfahrungen sowie das *Worst-Case*-Szenario müssen, so weit wie möglich auch unter Berücksichtigung der maßgeblichen volkswirtschaftlichen Faktoren (insbesondere: Konjunkturverlauf) vermittelt werden. Schließlich sollten die relativen Vorteile und Risiken des *CMS-SLS* im Vergleich zu alternativen u.U. risikoärmeren Produkten skizziert werden, wobei auch der (besonders) aleatorische Charakter des Geschäfts klar herausgestellt werden muss. Allerdings ist auch zu berücksichtigen, dass sich das aleatorische Element des Geschäfts naturgemäß nicht vollständig rational „auflösen" lässt.

Der Gesichtspunkt der anlegergerechten Beratung läuft darauf hinaus, dass die Charakteristika des Geschäfts in plausibler Weise mit der erkennbaren Interessenlage und Risikobereitschaft des Kunden verknüpft werden. Angesichts der Außergewöhnlichkeit des Risikos eines *CMS-SLS* sind die Anforderungen, die an diese Kompatibilitätsprüfung zu stellen sind, nicht unerheblich.

Zutreffend hebt der BGH hervor, dass die Risikoaufklärung den Geboten der Klarheit und Verständlichkeit Rechnung tragen muss.[58] Insbesondere dürfen die

---

56 Vgl. zu diesen Gesichtspunkten näher *Rehm*, Aufklärungspflichten im Vertragsrecht, 2003, S. 235 ff., 263 ff.

57 Ähnlich *Spindler*, NJW 2011, 1920, 1923; vgl. auch – mit z.T. anderer Nuancierung – *Roller*, WM 2007, 345, 356 f.

58 I.d.S. BGH NJW 2011, 1949, Tz. 24 und 29 = BGHZ 189, 13.

Risiken nicht „verharmlost" werden.[59] Inwieweit die im Streitfall getätigte Aussage, es bestehe „theoretisch" ein unbegrenztes Verlustrisiko, hinreichend verständlich ist, kann nicht isoliert bewertet werden. Immerhin enthält sie einen zutreffenden Hinweis auf die potenzielle Unbegrenztheit des Risikos. Im Übrigen hängt die Bewertung der Aussage vom Erklärungszusammenhang sowie von den tatsächlichen Wahrscheinlichkeitsverhältnissen ab – zu denen sich in der SLS-Entscheidung keine greifbaren Feststellungen finden und die auch hier nicht näher analysiert werden können. Angesichts der Seltenheit eines „negativen *Spread*" und wenn es zutrifft, dass die Erzielung von Überschüssen überwiegend wahrscheinlich war, ist der Hinweis auf das „theoretisch unbegrenzte" Risiko durchaus akzeptabel.

3.2 Konkrete Aufklärungselemente

Neben den allgemeinen Anforderungen an die Aufklärung postuliert der BGH zwei konkrete Aufklärungselemente, deren eines, nämlich der Gesichtspunkt Unausgewogenheit des Chance-Risiko-Profils, wiederum Gegenstand eines *obiter dictum* ist, während das andere, der „Marktwert" des *Swap*, den tragenden Bezugspunkt für die Verurteilung der Bank bildet.

3.2.1 Gesichtspunkt der Unausgewogenheit des Chance-Risiko-Profils

Nach Auffassung des Gerichts ist eine konkrete Aufklärung darüber erforderlich, „dass das Chance-Risiko-Profil zwischen den Teilnehmern der Zinswette unausgewogen ist: Während das Risiko des Kunden unbegrenzt ist, ist das der Bank – unabhängig von deren „*Hedge*-Geschäften" – von vornherein dadurch eng begrenzt, dass sich durch die Kappung der variablen Zinsen bei 0% (sog. Floor) keine negative Zinszahlungspflicht des Kunden errechnen kann, die die auf 3% p. a. festgeschriebene Zinszahlungspflicht der Bank erhöhen könnte."

Diese Aussage ist insoweit unstimmig, als aus der Perspektive des Kunden das seitens der Bank zu tragende Risiko als solches irrelevant ist. Ebenso ist im Übrigen – wie das Gericht zu Recht annimmt – die Durchführung des *Hedge*-Geschäfts irrelevant. Maßgeblich ist für den Kunden allein, ob er für das übernommene hohe Risiko eine angemessene Gegenleistung erhält. Diese Gegenleistung kann ggf. auch vollkommen fixiert sein, ohne dass deswegen die Risiko-

59 BGH NJW 2011, 1949, Tz. 24 = BGHZ 189, 13.

perspektive des Kunden notwendig ungünstig sein muss. Es ist gerade der für den Kunden ohne weiteres erkennbare Inhalt des *CMS-SLS*, dass eine fixe gegen eine variable Zahlung ausgetauscht wird. Die Fixierung der Zinsschuld der Bank hat für den Kunden sogar einen gewissen Vorzug: die Bewertung des Geschäfts wird erleichtert.

3.2.2 „Negativer Marktwert" - Offenlegung der Kalkulationskriterien

Als streitentscheidenden Beratungsmangel identifiziert der BGH die fehlende Aufklärung über den „anfänglich negativen Marktwert"[60] des *CMS-SLS*.

3.2.2.1 Missverständlichkeit des Kriteriums Marktwert

Als Marktwert bezeichnet das Gericht das *Equilibrium* der mit dem *Swap* ausgetauschten Leistungen. Dieses ergibt sich aus der Gegenüberstellung der festen und der variablen Leistungselemente unter Abzinsung künftiger Zahlungsansprüche auf der Basis finanzmathematischer Berechnungsmodelle. Die variablen Elemente (künftige Zinssätze) werden nach Maßgabe von Simulationsmodellen – welche auch auf den Wahrscheinlichkeitsannahmen des Marktes beruhen – ermittelt. Die aus der Sicht des Kunden negative Bewertung ergibt sich nach (offenbar unstreitigen) Feststellung des Gerichts daraus, dass die Bank in diese wahrscheinlichkeitsbasierte Bewertung des *Swap* zu eigenen Gunsten eine Marge von 4% einkalkuliert hat (80.000 € vom Gesamtbetrag).

Der vom BGH zugrundegelegte und auch in der Praxis verbreitete Gehalt der Begriffe „Marktwert" des *Swap* bzw. „negativer Marktwert" ist im vorliegenden Zusammenhang missverständlich. Der Marktwert wird im Allgemeinen von den Marktpreisen abgeleitet, also denjenigen Preisen, „die an einem Handelsplatz für Waren einer bestimmten Gattung von durchschnittlicher Qualität zu einem bestimmten Zeitpunkt im Durchschnitt bezahlt wurden."[61] Entscheidend ist also die übliche Verfügbarkeit der Ware am Markt zu einem bestimmten Preis. Aus Sicht des Kunden kann es nur um den für ihn verfügbaren Marktpreis gehen.

Anders als bei einfachen *Swap*geschäften, etwa dem Tausch eines variablen mit einem fixen Zinssatz über eine fest bestimmte Zeitdauer („*Plain Vanilla Swap*"), lässt sich der „Wert" von komplex strukturierten *OTC*-Produkten wie des *CMS-SLS* nicht anhand bestimmter Marktindizes ablesen. Vielmehr setzt die

---

60 BGH NJW 2011, 1949, Tz. 36 = BGHZ 189, 13.

61 http://wirtschaftslexikon.gabler.de/Definition/marktwert.html.

Bewertung eine Heranziehung wahrscheinlichkeitsbasierter Rechenmodelle voraus, die von Finanzexperten beim Handeln mit derartigen Produkten auch regelmäßig eingesetzt werden. Die Berechnung spiegelt im Wesentlichen die Bedingungen wieder, zu denen die Bank die Risiken aus dem Geschäft neutralisieren bzw. im Rahmen eines *Hedge*-Geschäfts weitergeben kann.[62] Der vom BGH als Marktwert bezeichnete Parameter ist daher eine Art *Einkaufspreis* der Bank.

Demgegenüber dürfte der *Swap* für den Kunden zu dem beschriebenen rechnerischen *Equilibrium* kaum erhältlich sein, weil die Bank allgemeinen unternehmerischen Gepflogenheiten entsprechend in den *Swap* eine gewisse Marge einpreist. Diese Marge muss vor allem eine Gewinnspanne für die Strukturierung des *Swap* sicherstellen. Des Weiteren ist es naheliegend, dass Unsicherheiten in den Rechenmodellen zu Sicherheitsab- bzw. -zuschlägen führen. Schließlich ist auch zu berücksichtigen, dass die Bank aufgrund des Geschäfts das Bonitätsrisiko des Kunden übernimmt; ebenso wie bei jedem anderen Kreditgeschäft muss eine Bank daher einen gewissen Zuschlag auf das rechnerische *Equilibrium* einrechnen, der dieses Risiko abbildet. Bei dem vom BGH als Marktwert bezeichneten Parameter handelt es sich also wohl nur um eine sterile Rechengröße, um ein statistisches *Equilibrium* der Zinszahlungspflichten, nicht aber um einen „Preis“, zu dem der Kunde realistischerweise ein Alternativgeschäft hätte abschließen können.

Um es an einem Beispiel zu verdeutlichen: Es würde wohl niemand auf die Idee kommen, eine Versicherungspolice habe schon deswegen einen negativen Marktwert, weil das Versicherungsunternehmen zusätzlich zur wahrscheinlichkeitsbasierten Risikodeckung eine Gewinnspanne einpreist.

Die Verwendung des Begriffs Marktwert ist keine terminologische Quisquilie. Vielmehr wird dadurch suggeriert, dass der Kunde ein „schlechtes Geschäft“ gemacht hat. Dies ist zwar nicht ausgeschlossen, aber keineswegs schon deswegen der Fall, weil die Bank eine Marge eingepreist hat. Vielmehr wären Feststellungen dazu erforderlich, ob der Kunde einen vergleichbaren *Swap* auch ohne eine (bzw. mit einer deutlich geringeren) Marge hätte erwerben können oder ob das Geschäfts aufgrund der Marge wirtschaftlich unvertretbar geworden ist. Gerade diese Feststellung erklärt der BGH aber erstaunlicherweise für irrelevant.[63]

---

62 BGH NJW 2011, 1949, Tz. 35 = BGHZ 189, 13.

63 BGH NJW 2011, 1949, Tz. 36 = BGHZ 189, 13.

3.2.2.2 Omnipräsenter Interessenkonflikt und „bewusste Benachteiligung"

Ungeachtet der missverständlichen Kennzeichnung ist es eine auch vom BGH – etwa zuletzt in den Lehman-Entscheidungen[64] – nicht in Frage gestellte Selbstverständlichkeit, dass eine Partei und auch eine Bank den Kunden grundsätzlich nicht über den Marktwert und auch nicht über ihre Kalkulationsgrundlagen aufklären muss.[65] Eine solche Aufklärungspflicht würde die Funktionsfähigkeit des Marktes und des Wettbewerbs im Kern in Frage stellen.

Als besonderen aufklärungsrelevanten Gesichtspunkt verweist der BGH daher auf das Vorliegen eines schwerwiegenden Interessenkonflikts sowie auf das grundsätzliche Gebot von dessen Offenlegung. Der Interessenkonflikt beruhe darauf, dass die Bank die Formel des *Swap* bewusst zu Lasten des Kunden gestaltet habe. Die bewusst benachteiligende Strukturierung des *Swap* begründe ein Spannungsverhältnis zwischen Bank- und Kundeninteresse, wodurch die Integrität der Beratung in Frage gestellt sei. Die Weitergabe der Vorteile durch ein nachlaufendes *Hedge*-Geschäft sei irrelevant.[66]

Tatsächlich sind Interessenkonflikte sowohl zivilrechtlich als auch aufsichtsrechtlich (§§ 31 I Nr. 2 WpHG, 13 I Nr. 1 WpDVerOV) anerkannte Auslöser von Aufklärungspflichten. Der BGH hat bekanntlich den Gesichtspunkt des Interessenkonflikts in der *Kick-Back*-Entscheidung als Auslöser einer Pflicht zur Aufklärung über Rückvergütungen herangezogen.[67]

Bereits in der *Kick-Back*-Rechtsprechung ist die Ableitung von Aufklärungspflichten unter dem Gesichtspunkt des Interessenkonflikts bekanntlich nicht frei von Zweifeln im Hinblick auf ihre Konsistenz und Unterscheidungskraft.[68] Jedenfalls aber in der *CMS-SLS*-Entscheidung ist das Abstellen auf den Gesichtspunkts eines Interessenkonflikts verfehlt. Denn der Interessenkonflikt beim *CMS-SLS* unterscheidet sich nicht von demjenigen bei vielen anderen Fi-

---

64 BGH NJW-RR 2012, 43, Tz. 46 wonach „unabhängig von den oben unter e, cc, (1) und (2) genannten Fällen grundsätzlich keine Pflicht der beratenden Bank zur Aufklärung über Existenz, Höhe, Herkunft oder Zusammensetzung des mit einem empfohlenen Produkt erwirtschafteten Gewinns" bestehe; bestätigt durch BGH in den Lehman-Entscheidungen, Urteil vom 26. Juni 2012, XI ZR 259/11, Tz. 19.

65 BGH NJW 2011, 1949, Tz. 38 = BGHZ 189, 13. Vgl. *Spindler*, NJW 2011, 1920, 1922 f. m.w.N. aus der Rspr. in anderem Zusammenhang. Ausf. *Herresthal*, ZBB 2012, 89, 99 f.

66 BGH NJW 2011, 1949, Tz. 32-36 = BGHZ 189, 13. Zustimmend *Klöhn*, ZIP 2011, 762: allerdings nur mit pauschaler Befürwortung des Gebots der Interessenwahrung.

67 BGH NJW 2007, 1876, Tz. 23 = BGHZ 170, 226.

68 Vgl. *Buck-Heeb*, BKR 2010, 309, 312 („zusätzlich „schutzwürdiges Interesse des potentiellen Anlegers"); *Assmann*, ZIP 2009, 2125, 2130 („enttäuschtes Vertrauen"); kritisch auch in Hinblick auf die Widersprüchlichkeit zur zulässigen Beschränkung der Beratung auf hauseigene Produkte *Habersack*, WM 2010, 1245, 1251; *Mülbert*, WM 2007, 1149, 1160).

nanzprodukten. Auch hier sollte Beachtung finden, dass Finanzprodukte, etwa auch ein einfacher Kredit oder eine triviale Versicherungsleistung, regelmäßig eine Gewinnmarge enthalten. Diese Gewinnmarge reduziert notwendig den Vorteil, den der Kunde aus dem jeweiligen Produkt ziehen kann. Demgemäß ist der Gesichtspunkt einer „bewusst zum Nachteil des Kunden gestalteten Risikostruktur“, wie er auch in der Lehman-Entscheidung als kontrastierendes Kriterium einer Aufklärung über Kalkulationselemente genannt wird,[69] nicht unterscheidungskräftig.

Man mag sich diesen Befund auch an folgender Testfrage verdeutlichen: Was würde sich für den Kunden ändern, wenn die Bank ein identisches Produkt nicht „bewusst“ strukturiert, sondern bereits in ihrem Portfolio gehabt und an ihn zu denselben Bedingungen weiterverkauft hätte?

Angesichts der Typizität gewinnorientierten Agierens von Unternehmen ist die Einpreisung einer Marge durch die Bank – entgegen den Annahmen des BGH[70] – auch für den Kunden „offenkundig“.[71] Der Kunde muss bei einem *Swap*geschäft – wie auch bei einem Darlehen oder bei den Bedingungen seines „Tagesgelds“ – ohne weiteres damit rechnen, dass die Struktur des Geschäfts auf eine Vorteilsziehung durch die Bank ausgerichtet und insoweit naturgemäß zu seinem Nachteil ausgestaltet ist.[72] Dazu bedarf es auch keiner näheren Analyse der *Swap*bedingungen, sondern lediglich einer Berücksichtigung elementarer unternehmerischer Gepflogenheiten.

Der Rekurs des Gerichts auf das Kriterium „Interessenkonflikt“ ist wohl – hier wie an anderer Stelle – von dem Bemühen getragen, das *Swap*geschäft ohne eine inhaltliche Bewertung von dessen (jedenfalls für Juristen) komplexen Bedingungen zu beanstanden. Dass dieses Unterfangen nicht überzeugend gelingen kann, zeigt sich, wenn man unterstellt, die eingepreiste Marge sei angemessen oder gar verglichen mit ähnlichen Geschäften ungewöhnlich gering. In diesem Fall wäre es ganz ungereimt, wenn man von einer „bewussten Benachteiligung“ des Kunden durch die Risikostruktur sprechen würde. Der Gesichtspunkt „Interessenkonflikt“ kann daher im Sinne der Ausführungen des BGH allenfalls dann eingreifen, wenn die Marge ungewöhnlich hoch bzw. un-

---

69 BGH NJW-RR 2012, 43, Tz. 57.

70 BGH NJW 2011, 1949, Tz. 38 = BGHZ 189, 13.

71 Zu Unrecht kritisch gegenüber dem Offenkundigkeitskriterium *Klöhn*, ZIP 2011, 762, 762 f. (möglicherweise unter Gleichstellung der tatsächlichen Offenkundigkeit mit normativer Evidenz).

72 *Mülbert*, WM 2007, 1149, 1161: Offenlegungspflicht nicht hinsichtlich Verfolgung von Gewinninteressen.

angemessen ist, so dass neuerlich zu beanstanden ist, dass das Gericht dies offen lässt.

Nur am Rande sei vermerkt, dass die Schwächen des Kriteriums „bewusste Benachteiligung" in der Argumentation des BGH auch bei der Frage der Verjährung nach § 37a WpHG a.F. zu berücksichtigen sind. Der BGH hat insoweit eine teleologische Reduktion der kurzen Frist bei vorsätzlichem Verhalten des Wertpapierdienstleistungsunternehmens angenommen.[73] Nach den vorstehenden Erwägungen kann aus der „bewussten Strukturierung zum Nachteil des Kunden" kein vorsatztypischer Unrechtsgehalt abgeleitet werden, weil es sich insoweit um einen Akt offenkundiger und im Grundsatz unbedenklicher unternehmerischer Interessenwahrung handelt.[74]

3.2.3 Komplexität und Risiko als Auslöser für eine Offenlegung der Kalkulation

Es bleibt zu erwägen, ob die besondere Komplexität und Risikobehaftetheit des *CMS-SLS* eine Pflicht zur Offenlegung der Marge bzw. der Kalkulationsgrundlagen rechtfertigt.[75] Dies sind – wie bereits erwähnt – in der Tat diejenigen Attribute des *CMS-SLS*, die das Informationsbedürfnis des Kunden am stärksten beeinflussen. Die Komplexität und Risikobehaftetheit geben dazu Anlass, strenge Anforderungen an die Aufklärung über die Wirkungen des *CMS-SLS* zu stellen. Insbesondere müssen die aus dem *Swap* resultierenden Risiken anschaulich dargestellt und in plausibler Weise mit der Interessenlage des Kunden verknüpft werden (oben 3.1.4).

Wenn dies nicht der Fall ist, liegt ohnehin ein haftungsrelevantes Informationsdefizit vor. Ist aber eine angemessene Risikoaufklärung erfolgt, so ist eine *zusätzliche* Pflicht zur Preisgabe der Kalkulationsgrundlagen grundsätzlich kaum zu rechtfertigen. Angesichts der riskanten Struktur des *CMS-SLS* wird die Meinungsbildung des Kunden durch eine marktübliche Marge wohl typischerweise nicht wesentlich beeinflusst. Als aufklärungsrelevanter Aspekt könnte allenfalls die Kalkulation mit einer außergewöhnlich hohen Marge identifiziert

---

73 BGH NJW 2005, 1579, 1581 = BGHZ 162, 306; BGH NJW 2007, 1876, Tz. 20 = BGHZ 170, 226.

74 I.E. ebenso *Klöhn*, ZIP 2011, 762, 764 (jedenfalls vorsatzausschließender Verbotsirrtum aufgrund unklarer Rechtslage); ähnlich *Fritsche/Frische*, LKV 2011, 499, 503; *Lieder*, GWR 2011, 175; tendenziell Vorsatz bejahend *Wille/Fullenkamp*, KommJur 2012, 1, 4 f.

75 I.d.S. *Spindler*, NJW 2011, 1920, 1923.

werden,[76] so dass sich erneut der Verzicht auf Feststellungen in diesem Punkt als kritikwürdig erweist. Die negative Entwicklung des *Swap* (Schaden in Höhe von über EUR 500.000) resultierte ferner auch nicht aus dem negativen Marktwert von ursprünglich EUR 80.000, sondern vielmehr daraus, dass sich die Annahmen darüber hinaus erheblich zum Nachteil des Kunden verändert haben – dessen „Wette" aus ganz anderen Gründen nicht aufgegangen ist.

Die vom BGH verlangte Aufklärung über die Kalkulationsgrundlagen ist – wiederum vor dem Hintergrund der besonderen Komplexität des *CMS-SLS* – allenfalls mit dem Argument tragbar, dass dadurch für den Kunden ein verhältnismäßig rechtssicherer Kern der Aufklärung formuliert wird. Indessen ist diese Erwägung nicht hinreichend gewichtig, um die Preisgabe der Kalkulationsdetails auch dann zu rechtfertigen, wenn der Kunde über die einzugehenden Risiken angemessen orientiert und die Marge nicht unüblich hoch ist. Dabei sei in Erinnerung gerufen, dass die Bank mit den Kalkulationsdetails wesentliche Elemente ihrer wettbewerbsrelevanten Expertise preisgibt.

Es kommt hinzu, dass – hat man erst einmal den Gesichtspunkt des Interessenkonflikts als unfruchtbar identifiziert – eine Eingrenzung derjenigen Geschäfte, bei denen aufgrund ihrer besonderen Komplexität und Risikoneigung eine Preisgabe der Kalkulationsgrundlagen erforderlich ist, kaum rechtssicher möglich. In welcher Weise unterscheidet sich ein *CMS-SLS* von einem *Plain-Vanilla-Swap*, dieser wiederum von einem *Forward* und dieser wiederum von einem einfachen Bankkredit zu einem festen Zinssatz? Alle diese Produkte werden von Banken – im Sinne der Ausführungen des BGH – „bewusst zum Nachteil" ihrer Kunden strukturiert und bei all diesen Produkten besteht – naturgemäß – ein erheblicher Informationsvorsprung der Bank gegenüber ihren Kunden. Aus diesem Grund sollte ein derart spezifiziertes und atypisches Aufklärungselement dem Gesetzgeber vorbehalten sein (vgl. auch unten 3.4, 4.).

3.3 Schutzwürdigkeit des Anlegers

Nunmehr möchte ich mich der Frage nach der Schutzwürdigkeit des Kunden näher zuwenden. In dem der *CMS-SLS*-Entscheidung zugrundeliegenden Sachverhalt ist die individuelle Beurteilungsmöglichkeit des Kunden – wie bereits oben angedeutet (1.2) durch eine ganze Reihe von „Stärkefaktoren" geprägt: Der

---

76 So BGH NJW-RR 2010, 1064, 1065 = BGHZ 185, 185 für den Fall des grundsätzlich nicht aufklärungspflichtigen freien Anlageberaters. Kritisch zur Relevanz der Provisionshöhe *Spindler*, NJW 2011, 1920, 1922 f.

Kunde ist 1. Unternehmer und er wird 2. gegenüber der Bank von einer Diplom-Volkswirtin vertreten. Neben diesen rollenspezifischen Attributen sind besondere situative Aspekte zu berücksichtigen, nämlich dass der Kunde 3. vorbefasst ist mit (einfachen) *Swap*geschäften, er 4. auf ein „theoretisch unbegrenztes" Risiko hingewiesen wird und er 5. die Möglichkeit hat, das Risiko anhand der *Swap*bedingungen nachzuvollziehen.

3.3.1 Vorrang der konkret-individuellen gegenüber der abstrakt-typisierenden Beurteilung

Der BGH beurteilt die Frage der Schutzwürdigkeit unter Zugrundelegung einer konkret-individuellen Betrachtungsweise: Der Umstand, dass der Kunde ein Unternehmen ist – genauer: ein mittelständisches Unternehmen aus dem Bereich der Waschraumhygiene – sowie dass dieses durch eine Diplom-Volkswirtin vertreten wird, schließt die Beratung nicht grundsätzlich aus.[77] Die konkret-individuelle Betrachtungsweise entspricht der insbesondere im Bond-Urteil[78] verankerten BGH-Rechtsprechung zur Informationshaftung der Banken und auch den kapitalmarktrechtlichen Vorgaben des WpHG (§ 31 IV, V WpHG) bzw. deren europarechtlichen Grundlagen (Art. 19 IV MiFID).[79]

Die Heranziehung eines konkret-individuellen Maßstabs für die zivilrechtliche Informationshaftung ist im Grundsatz gerechtfertigt. Damit wird zum einen den allgemeinen Grundsätzen der Begründung von Aufklärungspflichten Rechnung getragen. Insbesondere der zentrale Gesichtspunkt des „Informationsgefälles" (vgl bereits oben 2.1.3), kann in einer zunehmend arbeitsteiligen Gesellschaft auch zwischen verschiedenen Unternehmen und im Kontakt mit einer Akademikerin, die dem anvisierten Geschäftstyp fachlich nahesteht, virulent werden. Ein komplexes Bankgeschäft wie ein *CMS-SLS* ist dafür ein besonders gutes Beispiel. Es kommt hinzu, dass die abstrakt-typisierende Konkretisierung der Schutzwürdigkeit aufgrund ihres formalen Charakters besonderen Rechtssicherheitsanforderungen gerecht werden muss. Aus diesem Grund sind etwa rollenspezifische Anknüpfungen des Handels-, des Verbraucherschutzrechts und auch des WpHG positivrechtlich verankert. Zu Recht ist die Rechtsprechung

77 BGH NJW 2011, 1949, Tz. 25 = BGHZ 189, 13.
78 S.o. Fn. 28.
79 Vgl. Assmann/Schneider/*Koller*, § 31 Rn. 136; *Spindler*, NW 2011, 1920, 1921 m.N. aus § 31 WpHG.

daher sehr zurückhaltend mit rechtsfortbildenden Anknüpfungen an abstrakt-typisierende Rollen.

3.3.2 Erfordernis der Berücksichtigung abstrakt-typisierender Merkmale im „beweglichen System" der Pflichtenkonkretisierung

Die konkret-individuelle Betrachtung schließt allerdings eine Berücksichtigung der abstrakten Rollen nicht aus. Diese sind wesentliche Aspekte im Rahmen der Konkretisierung der Aufklärungspflicht, die durch die gewichtende Zusammenschau verschiedener Elemente vollzogen wird (2.1.3). Die Formulierung und Berücksichtigung abstrakt-typisierender Kriterien ist im Sinne einer verlässlichen und vorhersehbaren Rechtsanwendung und damit zur Gewährleistung von Rechtssicherheit für alle Marktteilnehmer unerlässlich. Anders ausgedrückt: Die konkret-individuelle Betrachtung besteht aus der Zusammenschau verschiedener abstrakt-typisierender Merkmale. Bei der Bewertung des Informationsgefälles – unter dem Gesichtspunkt des relativen Informationszugangs – sowie der Zumutbarkeit des Informationstransfers sind Gesichtspunkte wie die Unternehmereigenschaft sowie die fachliche Qualifikation eines Kunden bzw. seines Vertreters als Diplom-Volkswirt jedenfalls zu berücksichtigen.

Aufgrund der Einzelfallabhängigkeit der maßgeblichen Erwägungen und der nur sehr eingeschränkten Sachverhaltsinformationen kann die Frage der konkreten Anforderungen an die Beratung nicht abschließend beurteilt werden. Angemerkt sei allerdings, dass das Gewicht der Gesichtspunkte, welche die Schutzwürdigkeit des Kunden herabsetzen, bei kumulierter Betrachtung erheblich ist: Ein Unternehmen, das bereits mit *Swap*geschäften befasst ist, wird gegenüber der Bank durch eine volkswirtschaftlich diplomierte Prokuristin vertreten, deren Ausbildung sie u.U. gegenüber dem Bankangestellten in eine allgemein-fachliche Überlegenheitsposition versetzt. Die Prokuristin erhält die Geschäftsbedingungen, welche die spezifischen Risiken des *CMS-SLS* widerspiegeln. Darüber hinaus wird sie auch auf das „theoretisch unbegrenzte Risiko" hingewiesen. Wenn man diese Aspekte in der Zusammenschau bewertet – was der BGH bezeichnenderweise unterlassen hat – ist die Annahme nicht ganz fernliegend, dass die Bank legitimerweise davon ausgehen durfte, dass der Kunde sein Risiko abschätzen bzw. durch weitere konkrete Nachfragen zu einer fundierten Willensbildung gelangen kann.

3.3.3 Mitverschulden

Konsequent ist es freilich, dass der BGH unter der Prämisse des Vorliegens einer Aufklärungspflichtverletzung ein Mitverschulden des Kunden ablehnt.[80] Wenn der Informationsberechtigte sich mit den notwendigen Informationen selbst hätte versorgen können und müssen, besteht regelmäßig keine Aufklärungspflicht. Eine Aufklärungspflicht kann – umgekehrt – grundsätzlich nur dann gerechtfertigt werden, wenn ein „Selbstschutz" durch den Berechtigten durch eigenständige Einholung der Informationen nicht in zumutbarer Weise möglich ist. Ist eine eigenständige Einholung von Informationen in zumutbarer Weise möglich, besteht kein schutzwürdiges Vertrauen auf Aufklärung. Eine Anwendung des § 254 BGB kommt daher regelmäßig nur insoweit in Frage, als die nachteilsbringende Informationsstörung weiter reicht als der Gegenstand der Aufklärungspflicht.[81]

3.4 Fazit: Mangelnde Eignung des Informationsmodells für eine generelle Beanstandung der Risikostruktur eines Anlagegeschäfts

Den überzogenen Aufklärungsanforderungen dürfte eine implizite, inhaltliche Missbilligung des *CMS-SLS* aufgrund von dessen komplexer Struktur und spekulativem Gehalt zugrunde liegen. Diese Missbilligung kommt vor allem in den prohibitiven Anforderungen an die Aufklärungspflicht im Allgemeinen (3.1), in der unschlüssigen Ableitung der Aufklärungspflicht aus den Kriterien „negativer Marktwert" bzw. „Interessenkonflikt" (3.2) und schließlich auch in der weitgehenden Vernachlässigung einer kumulativen Bewertung der Schutzwürdigkeit des Anlegers zum Ausdruck (3.3).

Wenn aber die Struktur eines Geschäfts als solche missbilligt wird, ist die Funktionstüchtigkeit des Informationsmodells überschritten.[82] Die Funktion einer Aufklärungspflicht liegt darin, dem Informationsberechtigten einen bedürfnisgerechten Vertragsschluss zu ermöglichen, nicht darin, Geschäfte eines

80 BGH NJW 2011, 1949, Tz. 41 = BGHZ 189, 13. Zweifelnd *Spindler*, NJW 2011, 1920, 1923.

81 Näher *Grigoleit*, Vorvertragliche Informationshaftung, 1997, S. 258 ff. I.E. ähnlich *Köndgen/Sandmann*, ZBB 2010, 77, 95; *S. Lorenz*, Der Schutz vor dem unerwünschten Vertrag, 1997, S. 442.

82 Das vom BGH verschleierte eigentliche Entscheidungskriterium der inhaltlichen Unausgewogenheit stellt auch *Köndgen*, BKR 2011, 283, 284 f. heraus; ferner *Köndgen/Sandmann*, ZBB 2010, 77, 93.

bestimmten Inhalts zu verhindern. Die Aufklärungspflicht dient dann einer Umgehung der strengen Anforderungen von allgemeinen Inhaltsverboten. Eben diese Anforderungen gebieten es aber, der Rückabwicklung von Verträgen aufgrund der Informationshaftung funktional schlüssige Grenzen zu setzen. Im Übrigen ist es auch aus Gründen der Methodenklarheit wünschenswert, dass eine generelle inhaltliche Missbilligung eines Finanzgeschäfts offen ausgesprochen und begründet wird.

Die Struktur der Urteilsbegründung pointiert dieses Begründungsdefizit in besonderer Weise: Die mehrfache Alternativbegründung und die Ausführlichkeit der beiden *obiter dicta* mögen als Ausdruck der eigenen Unsicherheit des Gerichts gedeutet werden.

4 Alternativen zum Informationsmodell

Als Alternativen zur Informationshaftung, die eine unmittelbare Beanstandung des Geschäftsinhalts zum Gegenstand haben, kommen die Regeln des AGB-Rechts sowie das Sittenwidrigkeitsverdikt in Betracht. Angesichts der Befürwortung der Informationshaftung stellt der BGH die Einschlägigkeit dieser Kriterien dahin, sie seien aber hier kurz angesprochen und durch abschließende Erwägungen zum Verhältnis von richterlicher und gesetzgeberischer Regulierung ergänzt.

4.1 AGB-rechtliches Transparenzgebot: Transparenz versus Komplexität

Eine Verwerfung nach der AGB-rechtlichen Generalklausel (§ 307 BGB) scheidet grundsätzlich deswegen aus, weil die Basis der Missbilligung – Komplexität und Risiko des *CMS-SLS* – die Beschreibung der Leistungen betrifft (§ 307 III BGB).[83] Das AGB-rechtliche Transparenzgebot (§ 307 I 2 BGB: „Bestimmung nicht klar und verständlich"), das sich auch auf Leistungsbeschreibungen bezieht (§ 307 III 2 BGB), eignet sich ebenfalls nicht zur Beanstandung des *CMS-SLS*.[84] Denn die Struktur des *Swap* als solche ist vollkommen transparent. Sie ist lediglich komplex und zwar paradoxerweise so komplex, dass eine einfachere

---

83 Ebenso *Köndgen/Sandmann*, ZBB 2010, 77, 92.
84 I.E. ebenso *Köndgen/Sandmann*, ZBB 2010, 77, 92.

Darstellung als in den vom Gericht mitgeteilten Formeln kaum ohne Transparenznachteile möglich erscheint. Das AGB-rechtliche Transparenzgebot schützt nicht vor Leistungsbeschreibungen, die angesichts des Inhalts der Leistung unvermeidlich komplex sind. Die potenziellen Zahlungsverpflichtungen lassen sich unter Anwendung mathematischer Grundkenntnisse aus der *CMS-SLS*-Formel ableiten.[85] Dass die Bestimmung des Barwertes des *Swap*geschäfts bei dynamischer Zinsentwicklung schwierig ist,[86] löst ebenso wenig das Verdikt der Intransparenz aus[87] wie der Umstand, dass die volkswirtschaftlichen Parameter für die prognostische Einschätzung nicht einfach durchsichtig sind. Die Bewertungsschwierigkeiten betreffen nicht die „Bestimmung" als solche, sondern deren Motivbereich. Der Ableitung einer zusätzlichen Pflicht zur umschreibenden Erläuterung stehen somit die systematische Funktion des Transparenzgebots und deren Kontrast zu den vorvertraglichen Aufklärungspflichten entgegen.[88] Dabei ist auch zu berücksichtigen, dass die AGB-rechtlichen Rechtsfolgen – § 307 I BGB: Unwirksamkeit ohne sinnvolle Möglichkeit einer Aufrechterhaltung des Geschäfts im Sinne von § 306 BGB – anders als diejenigen der allgemeinen Informationshaftung nicht auf die Verletzung von motivbezogenen Aufklärungspflichten zugeschnitten sind.

4.2 Sittenwidrigkeitsverdikt: Erfordernis einer Beanstandung des Preis-/Leistungsverhältnisses

Als Grundlage für eine inhaltliche Beanstandung des *CMS-SLS* kommt daher allenfalls das Sittenwidrigkeitsverdikt in Betracht, und zwar – mangels Ausbeutungslage im Sinne von § 138 Abs. 2 BGB – allein unter dem Gesichtspunkt des Auffangtatbestands von § 138 Abs. 1 BGB. Indessen weist der *CMS-SLS* nach den berichteten Rahmenbedingungen eine erhebliche Distanz zu anerkannten Fallgruppen der Sittenwidrigkeit auf. Insbesondere liegt auch der – in der Praxis verbreitet bei anderen Geschäften zur Begründung des Sittenwidrigkeitsverdikts

---

85 Ebenso OLG Bamberg, BKR 2009, 288, 294 („Berechnungsformel einfach und ohne weiteres nachvollziehbar").

86 Vgl. hierzu die Berechnungsbeispiele bei *Köndgen/Sandmann*, ZBB 2010, 77, 83 ff.

87 Ebenso *Köndgen/Sandmann*, ZBB 2010, 77, 92.

88 Ähnlich auch die Rechtsprechung, wonach das Transparenzgebot grundsätzlich keine erhänzenden Erläuterungen eindeutiger Festlegungen verlangen kann. Vgl. BGH NJW 2001, 2014, 2019 („nur soweit dies nach den Umständen gefordert werden kann"); ferner auch BGH NJW 1997, 3166 f.; BGH ZIP 1999, 103, 104; *Fuchs* in Ulmer/Brandner/Hensen, AGB-Recht, 11. Aufl. 2011, § 307 Rn. 348 ff.

herangezogene – Gesichtspunkt der sogenannten „Grenze des Doppelten“[89] fern, wenn man die – vom Gericht festgestellte und offenbar zwischen den Parteien unstreitige – Höhe der Marge von 4 % im oben beschriebenen Sinne (III 2 b) zugrundelegt. Es ist nicht erkennbar, dass damit die marktübliche Marge bei *CMS-SLS* vergleichbarer Art oder bei anderen vergleichbaren Finanzgeschäften um mehr als 100 % überschritten wäre.[90] Ein solcher Vergleich scheitert freilich nicht schon auf tatsächlicher Ebene an den Schwierigkeiten einer Objektivierung der ausgetauschten Risiken.[91] Ein tragfähiger Vergleich setzt eine perfekte Objektivierung nicht voraus, es genügen Annäherungen, deren Unsicherheiten durch Zu- bzw. Abschläge Rechnung getragen werden kann. Demgemäß legen in der vorliegenden Entscheidung das Gericht und die Parteien die Möglichkeit einer Bestimmung des „Marktwerts“ zugrunde (näher oben III 2 b), die wiederum in gewissem Maße eine Objektivierung der ausgetauschten Risiken voraussetzt.

Eine neue Fallgruppe sittenwidriger Finanzgeschäfte zu etablieren ist zwar nicht gänzlich ausgeschlossen. Indessen sind dafür im vorliegenden Fall keine deutlichen Hinweise erkennbar. Jedenfalls hätte sich das Gericht dazu näher mit den wirtschaftlichen Funktionen und den allgemeinen Marktbedingungen von *CMS-SLS* auseinandersetzen müssen. Von den insoweit erforderlichen, schwierigen Feststellungen hat das Gericht aber wohlweislich abgesehen.[92]

Zwei Aspekte bedürften hier näherer Betrachtung: Erstens wäre daran zu denken, dass die Marge unter dem Gesichtspunkt der Sittenwidrigkeit auch unterhalb der 100%-Grenze, etwa bereits bei einer 50%-igen Überschreitung der marktüblichen Marge zu beanstanden. Eine solche Absenkung der zu beanstandenden Margenüberschreitung könnte deswegen gerechtfertigt sein, weil diese durch die komplexe Struktur des *CMS-SLS* verschleiert wird. Allerdings dürfte im Streitfall eine relevante Margenüberschreitung kaum angenommen werden können, wenn man, wie das Gericht, eine Marge in Höhe von 4% annimmt.

Als zweite Anknüpfung des Sittenwidrigkeitsverdikts käme die Feststellung in Betracht, dass die Struktur *des CMS-SLS* dem Kunden in verdeckter Weise ein – aus der ex-ante Perspektive – unter keinen Umständen vertretbares Risiko

---

89 Zu dieser Fallgruppe etwa Palandt/*Ellenberger*, § 138 Rn. 67.

90 Ablehnend auch OLG Frankfurt, WM 2010, 1790, 1792; OLG Bamberg, BKR 2009, 288, 293 f. (mit ausführlichem Vergleich von Leistung und Gegenleistung beim *CMS SLS*).

91 Anders OLG Hamm, BKR 2011, 68, 73 f. unter Bestätigung von LG Essen, Urteil vom 03. September 2008, 42 O 16/08 (schon kein objektivierbarer Vergleich von Chancen und Risiken beim *CMS SLS* aufgrund dessen spekulativen Charakters möglich).

92 BGH NJW 2011, 1949, Tz. 36 = BGHZ 189, 13.

zuweist. Auch dies lässt sich allerdings den gerichtlichen Feststellungen nicht entnehmen. Insbesondere könnte diese Erwägung dadurch entkräftet werden, dass vergleichbare Risiken regelmäßig auch von professionellen Finanzmarktakteuren eingegangen werden. Eine hinreichende Nähe zu beiderseits professionellen Geschäften mag wiederum im SLS-Fall daraus abgeleitet werden, dass Parteien und Gericht die Möglichkeit einer Marktwertbestimmung annehmen und eine Distanz von „nur" 4 % zugrunde legen.

Keine tragfähige Basis für das Sittenwidrigkeitsverdikt ergibt sich aus der Unausgewogenheit der ausgetauschten Risiken.[93] Es gelten hier dieselben Erwägungen wie bei der Aufklärungspflicht (3.2.1): Für den Kunden kommt es allein darauf an, ob er für das übernommene hohe Risiko eine angemessene – ggf. auch vollkommen fixierte – Gegenleistung erhält. Die Bewertung des vom Kunden übernommenen Risikos entscheidet über die Günstigkeit des Geschäfts, nicht die Struktur des seitens der Bank übernommenen Risikos. Auch der Gesichtspunkt, dass sich der Kunde aufgrund vorausgehender Verluste mit Kapitalanlagen in einer Drucksituation befindet, vermag kaum etwas zur Begründung des Sittenwidrigkeitsverdikts beizutragen.[94] Ein bloßer Vermögensverlust aus Kapitalanlagen begründet für sich genommen keine ungewöhnliche Drucksituation. Darüber hinaus hat dieser Gesichtspunkt ohne die normative Beanstandung des Äquivalenzverhältnisses oder des übernommenen Risikos keinerlei Überzeugungskraft.

4.3 Gesetzgeberische Regulierung und die Alternative einer Respektierung von Spekulationsgeschäften auch bei Kundenverlusten

Insgesamt wäre es ratsam, wenn Gerichte Zurückhaltung bei der inhaltlichen Regulierung von Finanzprodukten auf der Basis von Generalklauseln übten. Zur Regulierung von Finanzprodukten bedarf es klarer, formalisierender Kriterien. Die Frage besonderer persönlicher Anforderungen an die Parteien hochspekulativer Derivatgeschäfte, etwa unter dem – bekanntlich auch im deutschen Recht bewusst aufgegebenen – Kriterium der Termingeschäftsfähigkeit,[95] kann ebenfalls nur durch formalisierende, statische Festsetzungen gelöst werden, für

93 Anders *Köndgen/Sandmann*, ZBB 2010, 77, 90.

94 Anders *Köndgen/Sandmann*, ZBB 2010, 77, 92; *Köndgen*, BKR 2011, 283.

95 Vgl. etwa Assmann/U.H.Schneider/*Mülbert/Assmann*, WpHG, 6. Aufl. 2012, Vor § 37e Rn. 2 ff.

deren Erlass hohe Anforderungen an den Vertrauensschutz und die Rechtssicherheit zu stellen sind. Derartige Bestimmungen sollten dem parlamentarischen Gesetzgeber bzw. dem Verordnungsgeber (vgl. § 37g WpHG) vorbehalten bleiben, sie sind für richterrechtliche Eingriffe aufgrund von Generalklauseln ungeeignet.[96] Für eine Zurückhaltung der Gerichte bei der persönlichen oder inhaltlichen Regulierung von Finanzgeschäften spricht auch der Umstand, dass im Gesetzgebungsverfahren die gebotenen finanzmarkttechnischen Beurteilungen gründlicher getroffen werden können. Der gesetzgeberische Verzicht auf eine besondere Termingeschäftsfähigkeit sowie auf konkrete Inhaltsverbote (vgl. wiederum § 37g WpHG) darf daher als beredtes Schweigen im Sinne einer grundsätzlichen Zulassung von Derivatgeschäften verstanden werden – vorbehaltlich konkreter Informationsstörungen, deren richterrechtliche Feststellung aber wiederum nicht auf ein „kaltes Inhaltsverbot" hinauslaufen darf (vgl. oben 3.4). Auch aus der Perspektive der Legislative sollte freilich ein Inhaltsverbot nur dann erwogen werden, wenn für das betreffende Geschäft bei perfekter Informationsbasis kein valides Kundeninteresse einer Kundengruppe festgestellt werden kann.

Sofern jedoch eine rechtliche Basis für ein Inhaltsverbot nicht auszumachen ist, bleibt – als am nächsten liegende Alternative zu dem vom BGH allzu sehr strapazierten Informationsmodell – der Mut dazu, die Zuweisung von Spekulationsbelastungen an Bankkunden zu ertragen. Sofern ein Geschäft zwar komplex und mit aleatorischen Risiken behaftet ist, dem Kunden aber gleichzeitig dem Ertragswert nach akzeptable Gewinnchancen bietet, gibt es keinen zwingenden Anlass, zu seinen Gunsten einzugreifen. Zwar mögen die Fehlentwicklungen im Bankwesen zu rechtlichen Eingriffen in vielfältiger Form Anlass geben. Diese sollten aber zielgenau sein. Unsachgerechte Anreizeffekte, *windfall profits* für enttäuschte Spekulanten (denen die ursprünglichen Gewinnchancen vermittels der Bankhaftung nachträglich „geschenkt" werden!) und – vor allem – gravierende Störungen des Privatrechtssystems sollten vermieden werden.

---

96 Allgemein zum Verhältnis zwischen Legislative und Judikative bei der privatrechtlichen Regelbildung sowie zu den Besonderheiten statischer Festlegungen *Grigoleit*, in: Jestaedt/Lepsius, Rechtswissenschaftstheorie, 2007, 51, 67 ff.

5 Thesenartige Zusammenfassung der wesentlichen Ergebnisse

– Allgemeine Rahmenbedingungen der Informationshaftung –

1. Die in ständiger Rechtsprechung vom BGH zugrundegelegte Lehre vom *konkludenten Beratungsvertrag* beruht auf einer nicht zu rechtfertigenden Fiktion. Die vertragliche Anknüpfung hat eine Tendenz zur eindimensionalen Überhöhung von Aufklärungspflichten zur Folge. Anstelle des konkludenten Beratungsvertrags sollte auf die Kategorie der Schutzpflichten und auf deren Maßstäbe rekurriert werden, die auf eine Abwägung der Interessen beider Parteien hinauslaufen.

2. Der BGH geht in seinen jüngeren Judikaten zu Recht davon aus, dass *das WpHG und seine europarechtlichen Vorgaben* für die zivilrechtliche Haftung weder definitive Mindeststandards noch Grenzen setzen: Den europarechtlichen Regelungen kann eine verbindliche bzw. abschließende Vereinheitlichungstendenz für zivilrechtliche Interessenkonflikte nicht entnommen werden. Auch das WpHG lässt einen hinreichend deutlichen Bezug zur zivilrechtlichen Haftung vermissen.

– Allgemeine Anforderungen an die anleger- und objektgerechte Aufklärung und Beratung –

3. Die im SLS-Urteil formulierten, *allgemeinen Anforderungen an die Aufklärungspflichten der Bank sind überzogen*: Auch bei komplexen und risikoreichen Geschäften ist ein vollständiger Informationstransfer und eine Sicherstellung des Aufklärungserfolgs kein sinnvoller Gehalt einer Aufklärungspflicht. Vielmehr ist es – wie bei anderen Geschäften – genügend und erforderlich, dass dem Kunden durch die Aufklärung eine laienhafte Plausibilitätsbewertung der Vorteile und Risiken des Geschäfts ermöglicht wird; dazu gehört etwa ein Hinweis auf wesentliche Entwicklungsparameter, auf elementare Wahrscheinlichkeiten der Entwicklung sowie auf das *Worst-Case*-Szenario.

– Konkrete Aufklärungselemente –

4. Entgegen der Position des BGH bildet eine *„Unausgewogenheit des Chance-Risiko-Profils“* (strukturell ungleiche Risiken der ausgetauschten Leistungspflichten) keinen Anlass für eine Aufklärungspflicht. Aus Sicht des Kunden kommt es allein darauf an, dass er das von ihm zu tragende Risiko einschätzen kann und dass dieses angemessen entgolten wird, nicht aber darauf, dass die Bank ein strukturell gleiches Risiko übernimmt.

5. Nicht einleuchtend ist auch die Position des BGH, wonach über den *sog. negativen Marktwert* aufzuklären ist. Dieses Kriterium ist missverständlich, weil damit ein allein auf die Refinanzierungsmöglichkeiten der Bank abstellendes, rein rechnerisches *Equilibrium* in Bezug genommen wird („Einkaufspreis der Bank"), nicht aber ein für den Kunden potenziell erzielbarer Marktpreis. Die Einpreisung einer Marge zu Lasten des Kunden – namentlich für Kosten, Bewertungsunsicherheiten, Gewinn und das Bonitätsrisiko – ist Ausdruck einer normalen unternehmerischen Kalkulation, wie sie nicht nur bei komplexen Finanzprodukten, sondern auch bei trivialen Geschäftstypen allgegenwärtig ist. Die Gesichtspunkte „bewusste Benachteiligung" und der daraus abgeleitete „Interessenkonflikt" sind daher nicht unterscheidungskräftig.

–Schutzwürdigkeit des Kunden –

6. Zutreffend bewertet der BGH die Schutzwürdigkeit des Kunden nach Maßgabe einer *konkret-individuellen Betrachtung*; die Unternehmereigenschaft des Kunden und die professionelle Vorbildung einer Diplom-Volkswirtin schließen daher eine Aufklärungspflicht nicht grundsätzlich aus. Allerdings sind bei der Konkretisierung von Aufklärungspflichten *kumulativ alle Umstände zu würdigen*, welche die Schutzwürdigkeit des Kunden in Frage stellen. Eine solche kumulative Bewertung, zu der auch die „abstrakte" Rolle des Kunden (Unternehmereigenschaft; Vorbildung) gehört, ist der SLS-Entscheidung nicht zu entnehmen.

– Grenzen und Alternativen des Informationsmodells –

7. Den überzogenen Aufklärungsanforderungen dürfte eine *implizite inhaltliche Missbilligung des CMS-SLS* aufgrund seiner komplexe, Struktur und spekulativem Gehalts zugrunde liegen. Eine allgemeine inhaltliche Beanstandung von Verträgen überschreitet allerdings den funktionalen Gehalt von Aufklärungspflichten.

8. Das *AGB-rechtliche Transparenzgebot* eignet sich ebenfalls nicht zur Beanstandung des *CMS-SLS*. Denn die Struktur des *Swap* als solche ist vollkommen transparent. Sie ist lediglich in ihren Wirkungen komplex. Das AGB-rechtliche Transparenzgebot schützt nicht vor unvermeidlich komplexen Leistungsbeschreibungen und es begründet grundsätzlich auch keine Pflicht zur umschreibenden Erläuterung.

9. Auch für die Einschlägigkeit des *Sittenwidrigkeitsverdikts* (§ 138 BGB) genügen die gerichtlichen Feststellungen nicht. Insbesondere kann das Sittenwidrigkeitsverdikt nicht allein auf das besonders hohe Risiko des Geschäfts und auf dessen besondere Komplexität gestützt werden. Vielmehr würde eine Verwerfung des Geschäfts nach § 138 BGB voraussetzen, dass die Bank die komplexe Struktur des *CMS-SLS* dazu ausgenutzt hätte, eine – nach Maßgabe der obwaltenden Wahrscheinlichkeiten/Refinanzierungsmöglichkeiten – unangemessene Marge einzupreisen.

10. Die Formulierung *allgemeiner inhaltlicher Anforderungen* an Finanzgeschäfte sollte grundsätzlich der *Gesetzgebung* überlassen bleiben. Dafür spricht der Gesichtspunkt der Rechtssicherheit sowie auch die Erwägung, dass das parlamentarische Verfahren besser als das gerichtliche dazu geeignet ist, die gebotenen finanzmarkttechnischen Beurteilungen zu treffen.

Prof. Dr. Frank A. Schäfer
Rechtsanwalt, Düsseldorf

Spread Ladder Swap- und Lehman Zertifikate-Urteile des BGH: Negativer Marktwert vs. Gewinnmarge

1 Einleitung

Der BGH hat im Jahr 2011 drei viel beachtete Urteile, eins zu einem Spread Ladder Swap und zwei zu Lehman Zertifikaten, verkündet, die zu umfangreichen Diskussionen geführt haben. Während sich das Urteil vom 22. März 2011[1] mit Fragen im Zusammenhang mit dem Abschluss eines Spread Ladder Swaps durch eine Großbank mit einer Kommune befasst, behandeln die Urteile vom 27. September 2011[2] Fragen im Zusammenhang mit dem Vertrieb von Lehman Zerti-

1 BGH, Urt. v. 22. März 2011 – XI ZR 33/10, BGHZ 189, 13 = WM 2011, 682 = BKR 2011, 293 = ZIP 2011, 756; dazu *Baumann*, EWiR 2011, 407; *Hanowski*, NZG 2011, 573; *Klausberger/Rüger*, ÖBA 2012, 97; *Klöhn*, ZIP 2011, 762; *Köndgen*, BKR 2011, 283; *A. Lange*, BB 2011, 1674; *G. Reiner*, WuB I G 1. – 21.11; *Schmitt*, BB 2011, 2824; *Spindler*, NJW 2011, 1920.

2 BGH, Urt. v. 27. September 2011 – XI ZR 182/10, WM 2011, 2268 = BKR 2011, 514 = ZIP 2011, 2237; BGH, Urt. v. 27. September 2011 – XI ZR 178/10, WM 2011, 2261 = BKR 2011, 508 = ZIP 2011, 2246; dazu *Bausch*, NJW 2012, 354; *Herresthal*, ZBB 2012, 89; *Jordans*, BKR 2011, 456; *Köndgen*, JZ 2012, 260; *V. Lang*, EWiR 2011, 763; *Schäfer*, WM 2012, 197; *Wiechers*, WM 2012, 477; *Zoller*, BB 2011, 3088.

fikaten durch eine Sparkasse an Kleinanleger[3]. Nachfolgend sollen die Urteile in der Systematik der Rechtsprechung und ihre Bedeutung für die auf dem Kapitalmarkt gehandelten Produkte betrachtet werden. Zu diesem Zweck werden von dem Spread Ladder Swap-Urteil nur die (amtlichen) Leitsätze drei und vier und von dem Lehman Zertifikate-Urteil nur die Leitsätze vier und fünf eingehender erörtert.

2 Das Spread Ladder Swap-Urteil als Weiterentwicklung der Termingeschäftsrechtsprechung

2.1 Kernaussagen des Spread Ladder Swap-Urteils und ihre Begründung

Die amtlichen Leitsätze drei und vier des BGH hinsichtlich der tragenden Urteilsgründe (im Gegensatz zu den obiter dicta darstellenden Leitsätzen eins und zwei) lauten:

„3. Bei einem CMS Spread Ladder Swap-Vertrag muss die beratende Bank über den negativen Marktwert aufklären, den sie in die Formel zur Berechnung der variablen Zinszahlungspflicht des Anlegers einstrukturiert hat, weil dieser Ausdruck ihres schwerwiegenden Interessenkonflikts ist und die konkrete Gefahr begründet, dass sie ihre Anlageempfehlung nicht allein im Kundeninteresse abgibt.

4. Eine Bank, die eigene Anlageprodukte empfiehlt, muss grundsätzlich nicht darüber aufklären, dass sie mit diesen Produkten Gewinne erzielt. Der insofern bestehende Interessenkonflikt ist derart offenkundig, dass auf ihn nicht gesondert hingewiesen werden muss, es sei denn, es treten besondere Umstände hinzu. Solche besonderen Umstände liegen beim CMS Spread Ladder Swap-Vertrag vor, weil dessen Risikostruktur von der Bank bewusst zu Lasten des Anlegers gestaltet worden ist, um unmittelbar im Zusammenhang mit dem Abschluss des Anlagegeschäfts das Risiko verkaufen zu können, das der Kunde aufgrund ihrer Beratungsleistung übernommen hat.“

3 Bestätigt durch BGH, Urt. v. 26. Juni 2012 – XI ZR 316/11, WM 2012, 1520 = BKR 2012, 421 (m. Anm. *Tiedemann*, S. 426) = ZIP 2012, 1650.

Der BGH begründet diese Kernaussagen unter Verweis auf frühere Urteile ausgehend von dem Grundsatz, dass im Rahmen eines Beratungsvertrages eine Bank „Interessenkollisionen, die das Beratungsziel in Frage stellen und die Kundeninteressen gefährden, vermeiden bzw. offenlegen“ muss (Rn. 32). Bei einem CMS Spread Ladder Swap-Vertrag sei der Gewinn der einen Seite der spiegelbildliche Verlust der anderen Seite. Es handele sich um eine Zinswette[4], bei der die Bank eine Rolle übernehme, die den Interessen des Kunden entgegengesetzt sei. Als Beraterin des Kunden habe sie jedoch dessen Interessen zu wahren. Im Falle der Interessenwahrung sei der Gewinn des Kunden jedoch ihr Verlust (Rn. 34).

Ein Absicherungsgeschäft der Bank ändert an dieser Situation nichts. Durch das Gegengeschäft sichere die Bank nur ihren durch die Konstruktion des Swap erzielten Gewinn in Form des negativen Marktwertes, der im Streitfall bei 4% der Bezugssumme lag. Wörtlich heißt es: „Bewertet der Markt ... zum Abschlusszeitpunkt das Risiko, das die Klägerin übernimmt, in Höhe von ca. 4% des Bezugsbetrages negativ, bedeutet dies für die Beklagte [Bank], dass ihre Chancen in dieser Höhe positiv bewertet werden. Diesen Vorteil konnte sie sich durch die Hedge-Geschäfte abkaufen lassen“ (Rn. 35.) Der durch die Bank einstrukturierte negative Marktwert sei damit Ausdruck ihres schwerwiegenden Interessenkonfliktes und geeignet, die Interessen des Kunden zu gefährden. Die Anlageempfehlung der Bank erscheine aus Sicht des Kunden in einem anderen Licht, wenn er wisse, dass seine Zahlung so strukturiert wurde, dass der Markt derzeit seine Risiken negativer sehe als die der gegenläufigen Risiken seiner ihn beratenden Bank (Rn. 36). Anders ausgedrückt: durch den Spread verschlechtert die beratende Bank die Risiken des Beratenen in Höhe von 4% gegenüber der Marktmeinung, ohne den Beratenen darüber aufzuklären.

Über den Einzelfall hinaus stellt der BGH in grundsätzlicher Hinsicht klar, dass eine beratende Bank nicht verpflichtet ist darüber aufzuklären, dass sie mit der Empfehlung eigener[5] Produkt Gewinne erziele, da dies offensichtlich sei. Aufklärungspflichtig sei weder die generelle Gewinnerzielungsabsicht noch die konkrete Höhe der Gewinnmarge. Zu einer Aufklärungspflicht führe jedoch ein konkret empfohlenes Produkt, dessen Risikostruktur bewusst zu Lasten des Kunden gestaltet sei. Dies könne der Kunde – anders als die allgemeine Gewinnerzielungsansicht – nicht erkennen (Rn. 38).

---

4 Zu diesem Aspekt bereits vor der Entscheidung *Roberts,* DStR 2010, 1082.

5 In der späteren Entscheidung vom 26. Juni 2012 hat der BGH zudem ausdrücklich klargestellt, dass dies auch für im Wege des Festpreisgeschäftes vertriebene Fremdprodukte gilt, WM 2012, 1520, 1522 Rn. 22.

2.2 Das Urteil im System der Rechtsprechung

Dieses Urteil ist die konsequente Weiterentwicklung der Gedanken der Rechtsprechung des BGH zu vermittelten Derivategeschäften in den beiden letzten Jahrzehnten des vergangenen Jahrhunderts. Zu – damals (noch) nicht durch Banken vermittelten – Warentermindirektgeschäften und Warenterminoptionen befand der BGH, dass den Vermittler solcher Geschäfte auf Grund ihres hoch spekulativen Charakters besonders strenge Aufklärungs- und Beratungspflichten treffen[6]. Insbesondere befand er, dass der Vermittler über die Bedeutung der Optionsprämie und die Verminderung der Gewinnchancen durch höhere als die üblichen Provisionen aufzuklären hat. Bei Warenoptionen war die Prämie aufzuschlüsseln, um dem Anleger die Möglichkeit zu geben, die Höhe der über den Marktpreisen liegenden Kosten zu erkennen und nur bei geringfügigen Prämienaufschlägen konnte die Verpflichtung entfallen, wobei ein Prämienaufschlag von 11% nicht mehr geringfügig war[7]. Gewerbliche Vermittler von Termindirektgeschäften waren verpflichtet, vor Vertragsschluss ungefragt – schriftlich (!) – über die Verminderung der Gewinnchancen durch höhere als übliche Provisionen aufzuklären[8]. Die Verringerung der Gewinnchance durch unübliche hohe Provisionen war auch einem flüchtigen Leser in unmissverständlicher Weise und in auffälliger Form ohne jede Beschönigung deutlich zu machen[9]. Selbst der wörtliche Abdruck der BGH-Rechtsprechung in einer Aufklärungsbroschüre genügte nicht, wenn im Rest der Broschüre die Warnung vor den Geschäften unterging. Diese – für durch Nichtbanken vermittelte Derivategeschäfte entwickelte – Rechtsprechung wurde in der Folgezeit auf die Vermitt-

6 Zu vermittelten Optionen: BGH, Urt. v. 27. November 1980 – XI ZR 115/89, WM 1991, 127 = ZIP 1991, 87; BGH, Urt. v. 15. Februar 1981 – II ZR 179/80, BGHZ 80, 80 = WM 1981, 374 = ZIP 1981, 376 = NJW 1981, 1266 (Silberoption); BGH, Urt. v. 16. November 1993 – XI 214/92, BGHZ 124, 151 = WM 1994, 149 = ZIP 1994, 116; BGH, Urt. v. 17. Mai 1994 – XI ZR 114/93, WM 1994, 1746 = ZIP 1994, 1102.
Zu vermittelten Termindirektgeschäften: BGH, Urt. v. 17. März 1992 – XI ZR 204/91, WM 1992, 770 = ZIP 1992, 612; BGH, Urt. v. 14. Mai 1996 – XI ZR 188/95, WM 1996, 1214 = ZIP 1996, 1161; BGH, Urt. v. 24. September 1996 – XI ZR 244/95, ZIP 1996, 2064.

7 BGH, Urt. v. 27. November 1990 – XI ZR 115/89, WM 1991, 127 = ZIP 1991, 87; OLG Düsseldorf, Urt. v. 4. Mai 1995 – 6 U 175/94, WM 1995, 1488.

8 BGH, Urt. v. 11. Juli 1988 – II ZR 355/87, BGHZ 105, 108 = WM 1988, 1255 = ZIP 1988, 1098 (Londoner Warenterminoption); BGH, Urt. v. 5. März 1991 – XI ZR 151/89, WM 1991, 667 (Penny Stocks); BGH, Urt. v. 17. März 1992 – XI ZR 204/1991, WM 1992, 770 = ZIP 1992, 612 (Warentermindirektgeschäft an US-Börse); BGH, Urt. v. 14. Mai 1996 – XI ZR 188/95, WM 1996, 1214 = ZIP 1996, 1161 (Termindirekt- und Optionsgeschäfte an US-Börse).

9 Vgl. Nachweise in vorangehender Fußnote.

lung von Aktienoptionen erstreckt sowie auf die Vermittlung von Derivaten durch Kreditinstitute[10] und damit die vielfach angenommene sektorspezifische Beschränkung auf gewerbliche Vermittler durchbrochen. Da börsengehandelte Derivate vermittelt wurden, war über Aufschläge auf den Börsenpreis bzw. auf die börslichen Erwerbskosten des Derivats aufzuklären.

Die bisherige Linie der Rechtsprechung hatte sich nur mit Vermittlern und deren Aufklärungspflichten zu befassen. Demgegenüber weist der Fall des CMS Spread Ladder Swaps drei wesentliche Unterschiede auf:

- es war kein Vermittlungs- sondern ein Beratungsvertrag geschlossen worden;
- es handelte sich nicht mehr um ein einfaches Derivat der ersten Generation, sondern um ein komplexes Derivat der zweiten oder dritten Generation[11];
- das Derivat war nicht börsennotiert, so dass ein Börsenpreis als Bezugspunkt entfiel.

Im Rahmen einer Beratungssituation sieht der BGH bei der Bank auf Grund ihrer Rolle als „Wettgegnerin“ einen besonderen und deshalb aufklärungsbedürftigen Interessenkonflikt. Er hält daher die Bank auf Grund des Beratungsvertrages[12] für verpflichtet, über die Verschiebung der Risiken in Höhe von 4% zu Lasten des Beratenen gegenüber der allgemeinen Marktmeinung aufzuklären, weil sie aus der Verschiebung Vorteile zieht. Dabei ist es allerdings unzutreffend, wenn der BGH zur Begründung ausführt, dass sich die Bank durch das Hedge-Geschäft ihren Vorteil „abkaufen“ lässt, da Banken durch die aufsichtsrechtlichen Vorschriften zur Eigenkapitalunterlegung von Geschäften praktisch gezwungen sind, die aus dem Swap resultierenden Risiken am Markt zu platzieren. Die wirtschaftlich auch in diesem Fall bestehende Vermittlungssituation ist nur insofern „abgewandelt“, als nicht ein standardisiertes, börsengehandeltes Derivat – durch Aufschläge unattraktiv gemacht – vermittelt wird, sondern von dem „Vermittler“ verschiedene Derivate zu einem neuen Derivat kombiniert werden und dieses unter wirtschaftlicher – wenn auch nicht rechtlicher – Aufgabe der eigenen Position platziert wird. Dies ändert jedoch nichts an der Richtigkeit des Kerns der Aussage des Urteils, dass die Bank gegenüber den „Markt-

---

10 BGH, Urt. v. 22. November 2005 – XI ZR 76/05, WM 2006, 84 = ZIP 2006, 171.

11 Zu der Entwicklung der Derivate und ihrer Unterscheidung nach „Generationen“ vgl. ausführlich *Clouth,* in: Ellenberger/Schäfer/Clouth/Lang, Praktikerhdb. Wertpapier- und Derivategeschäfte, 4. Aufl. 2011, Rn. 1116 ff. mit Beispielen.

12 Vgl. hierzu *Buck-Heeb,* WM 2012, 625 ff. m.w.N.; *Weller,* in: Koschyk/Leible/K. Schäfer, Anlegerschutz und Stabilität der Finanzmärkte, S. 183 ff.

preisen“ einen Aufschlag von (konkret) 4% berechnet hat – weil es letztlich irrelevant ist, ob eine Verschiebung des Chancen-Risiko-Profils eines Derivats bei einer Vermittlungssituation durch einen Aufschlag erfolgt oder bei (aus Sicht der Bank) back-to-back-Geschäften durch unterschiedliche Ausgestaltung derselben. Der Aspekt des Chancen-Risiko-Profils gewinnt besondere Bedeutung, wenn das Derivat mangels Bezugs zu einem Grundgeschäft „Wettcharakter“ oder „Glücksspielcharakter“ hat[13].

Der wirtschaftliche Vorteil von Vermittler („Aufschlag“) und beratender Bank („negativer Marktwert“) ist derselbe. Es fällt jedoch auf, dass der BGH in den Vermittlungsfällen den Schwerpunkt der Argumentation auf die Aufklärung des Kunden über die Wirkung der Verschiebung des Chancen-Risiko-Profils zu seinen Lasten durch den Aufschlag setzt, während in den Beratungsfällen der Fokus darauf liegt, dass die – für den Kunden nicht oder schwer erkennbare – Verschiebung des Profils zum Zweck der Gewinnerzielung durch die Bank erfolgt. Die zugrundeliegende Wertung der Rechtsprechung ist jedoch in der Vermittlungs- wie in der Beratungssituation dieselbe: Bei Derivaten ist über für den Anleger nicht oder nur schwer erkennbare substantielle Verschiebungen des Chancen-Risikos-Profils gegenüber dem „Markt“ unmissverständlich aufzuklären. Der „Markt“ war in den Vermittlungsfällen der „Börsenmarkt“ und dementsprechend der „Marktpreis“ der „Börsenpreis“. Bei OTC-Derivaten entfällt dieser Bezug definitionsbedingt. Hier ist „Markt“ der „Interbankenmarkt“, auf dem die Hedge-Geschäfte geschlossen werden. Die Preisbildung erfolgt auf diesem an Hand von mathematischen Modellen, die den „fair value“ errechnen[14]. Hinzu kommt, dass ein derart komplexer Swap wie der Spread Ladder Swap eine Kombination von verschiedenen Derivaten darstellt[15], was börsenpreismäßig kaum noch abzubilden ist. Daraus resultiert die Begrifflichkeit des „negativen Marktwertes“ als Differenz zwischen dem Verkaufspreis und dem mathematisch errechneten Wert im Gegensatz zu dem geradezu simpel anmutenden „Aufschlag“ auf den Börsenpreis.

Durch die Einbindung der „Zinswette“ in die Beratungssituation und die damit einhergehende Anknüpfung an die Interessenkonfliktsrechtsprechung

---

13 Vgl. dazu *Salewski*, BKR 2012, 100, 103 ff. (die bei Zertifikaten generell den Wett- oder Glücksspielcharakter verneint) m.w.N.

14 Vgl. *Roberts*, DStR 2010, 1082, 1085 f., der darauf verweist, dass der errechnete „fair value“ diejenige Anfangskondition ist, „die statistisch gesehen dazu führt, dass der Gesamtsaldo zum Laufzeitende für beide Vertragspartner sich auf 0 € beläuft“; was zugleich erklärt, dass in Derivateabteilungen von Banken heute zahlreiche promovierte Mathematiker und nur noch wenige klassische Händler vertreten sind.

15 Daher die Bezeichnung als Derivat der zweiten bzw. dritten Generation.

hat der BGH die Aufklärungspflicht auf schwerwiegende Interessenkonflikte auf Grund von „besonderen Umständen“ eingeschränkt. Hierzu wird jedoch in Rn. 38 des Urteils[16] ausdrücklich klargestellt, dass der aufklärungspflichtige Interessenkonflikt nicht in der konkreten Höhe der einkalkulierten Gewinnmarge besteht. Vielmehr soll Grund für den schwerwiegenden Interessenkonflikt die „Besonderheit des von ihr [der Bank] konkret empfohlenen Produkts, dessen Risikostruktur sie bewusst zu Lasten des Kunden gestaltet hat“, sein. Damit ist – streng genommen – i.E. über jede Abweichung des Verkaufspreises vom mathematisch errechneten Wert des von der Bank konzipierten Produkts aufzuklären. Da die Abweichung vom mathematisch errechneten Wert die Gewinnmarge der Bank darstellt (die durch Abschluss des Gegengeschäftes realisiert wird, wenn das Gegengeschäft zum mathematisch errechneten „fair value“ abgeschlossen wird), statuiert der BGH damit letztlich für Beratungssituationen über eigenstrukturierte, unverbriefte und nicht börsengehandelte Derivate mit Wettcharakter eine Aufklärungspflicht über die Gewinnmarge der Bank[17].

2.3 Erste instanzgerichtliche Reaktionen

Im Nachgang zu der Entscheidung des BGH hat sich die Frage nach den Konsequenzen für die Aufklärungspflichten bei anderen derivativen Produkten, im Wesentlichen in Form von Swaps und deren Abwandlungen, gestellt. Diese Frage hat bereits ein deutliches Echo in der Instanzrechtsprechung gefunden.

Das OLG Stuttgart schließt sich der Rechtsprechung des BGH an und hält unter Verweis auf den Interessenkonflikt eine Aufklärung über einen (geringfügigen) negativen Marktwert von Zins-[18] und Zins-Währungs-Swaps[19] sowie komplexen CMS Zins-Swaps[20] für erforderlich; ihm folgt das LG Köln[21]. Demgegenüber sieht das OLG Köln[22/23] die Rechtsprechung des BGH bei einfach

16 Vgl. FN 1.

17 Ebenso *Clouth,* in: Ellenberger/Schäfer/Clouth/Lang, Praktikerhdb. Wertpapier- und Derivategeschäft, 4. Aufl. 2011, S. 430 bei FN 1309.

18 OLG Stuttgart, Urt. v. 1. Februar 2012 – 9 U 57/11, BKR 2012, 300 = BeckRS 2012, 05142.

19 OLG Stuttgart, Urt. v. 14. Dezember 2011 – 9 U 11/11, WM 2012, 890 = BeckRS 2012, 00710; i.E ebenso bereits OLG Stuttgart, Urt. v. 27. Oktober 2010 – 9 U 148/08, WM 2010, 756.

20 OLG Stuttgart, Urt. v. 1. Februar 2012 – 9 U 57/11, BKR 2012, 300 = BeckRS 2012, 05142.

21 LG Köln, Urt. v. 27. März 2012 – 3 O 459/10, ZWH 2012, 331 (für einen nicht komplexen Zinssatz-Währungs-Swap) mit Anm. *Kraayvanger/Kast,* = BB 2012, 1053 f.

22 OLG Köln, Urteile v. 18. Januar 2012 – 13 U 37/11; 13 U 232/11, BKR 2012, 203 = BB 2012, 539; 13 U 235/11, zitiert nach juris; dazu *Ruland,* BB 2012, 539 f.; ebenso LG Köln, Urt. v. 27. März 2012 – 3 O 459/10, BB 2012, 1053 f. (für Zins-Währungs-Swap) m. Anm. *Ruland,* BB 2012, 1054 f.;

strukturierten Zinssatz-Swaps, insbesondere in Verbindung mit zugrundeliegenden Darlehensverbindlichkeiten, als nicht einschlägig an, da sich diese nur auf „rechnerisch komplex strukturierte“ Finanzprodukte beziehen. Dagegen hält das LG Stuttgart die Argumentation des BGH bei der Begrenzung der Zinslast aus einem variabel verzinslichen Darlehen durch den Abschluss eines Zinscap und -floor[24], hinsichtlich eines Bonus-Zinssatz-Swaps mit nickelbedingter Zuzahlung[25] sowie hinsichtlich eines einfach strukturierten Währungsswaps[26] für anwendbar. Das OLG München[27] und LG München[28] haben bei einem Zins-Währungs-Swap die Beratung für weder anleger- noch anlagegerecht gehalten, dies aber nicht wegen unterlassener Aufklärung über Interessenkonflikte bzw. einen negativen Marktwert sondern wegen der „Besonderheit des Cross-Currency-Interest-Swaps bzw. des Derivategeschäftes ... als Wette“. Anders als das LG Stuttgart[29] hat das LG Frankfurt[30] entschieden, dass die Begrenzung der Zinslast aus einem konkret bestehenden Darlehen durch einen Korridor-Zinssatz-Swap unter Einrechnung einer Marge der Bank von 0,53% keiner gesonderten Aufklärung bedarf. Ebenso hat das OLG Stuttgart – in Konkretisierung seiner bisherigen Rechtsprechung – jüngst entscheiden, dass es bei einer Verbindung eines Zinssatz-Swaps mit einem variabel verzinslichen Darlehen keiner Aufklärung über einen negativen Marktwert bedarf[31]. Demgegenüber sehen das LG Wuppertal[32] für einen strukturierten Zinssatz-Swap mit Kopplung an einen – von einer deutschen Bank errechneten – Long Short Momentum Index und das LG Magdeburg[33] für einen Zinssatz-Swap mit Kopplung an einen – von einer deutschen Bank errechneten – Currency Harvest Index im Anschluss an das Urteil des BGH eine Aufklärung über einen negativen Marktwert für erforderlich an. – Die Aufzählung ließe sich um eine Vielzahl von unveröf-

---

gegen ein Abstellen auf die Komplexität ausdrücklich OLG Stuttgart, Urt. v. 27. Juni 2012 – 9 U 140/11, sub 4.

23 Vgl. jedoch auch das erst jüngst ergangene Urt. des OLG Stuttgart v. 27. Juni 2012 – 9 U 140/11 (dazu sogleich).

24 LG Stuttgart, Urt. v. 24. August 2011 – 8 O 516/10, BeckRS 2011, 23664.

25 LG Stuttgart, Urt. v. 10. Mai 2011 – 21 O 116/10, BeckRS 2011, 02272.

26 LG Stuttgart, Urt. v. 12. Juli 2011 – 21 O 166/10, BeckRS 2011, 18661.

27 OLG München, Urt. v. 29. März 2012 – 5 U 216/12, WM 2012, 1716 = BKR 2012, 245.

28 LG München, Urt. v. 13. September 2011 – 34 O 26336/10, zitiert nach juris.

29 LG Stuttgart Urt. v. 24. August 2011 – 8 O 516/10, BeckRS 2011, 23664.

30 LG Frankfurt/M., Urt. v. 17. Februar 2012 – 227/11 (unveröffentlicht).

31 OLG Stuttgart, Urt. v. 27. Juni 2012 – 9 U 140/11, WM 2012, 1824 = BUR 2012, 379 = BeckRS 2012, 14700.

32 LG Wuppertal, Urt. v. 18. Januar 2012 – 3 O 270/11, zitiert nach juris.

33 LG Magdeburg, Urt. v. 13. März 2012 – 9 O 879/11, zitiert nach juris.

fentlichten Urteilen zu den genannten und weiteren Derivaten, u.a. der Landgerichte Berlin, Bielefeld, Münster und Ulm, fortsetzen.

Jedenfalls diejenigen Urteile, die trotz des Bezuges des jeweiligen Derivats auf bestehende oder fest eingeplante Kredite des Bankkunden die Rechtsprechung des BGH Anwendung finden lassen, dürften den BGH missverstanden haben. Der BGH hat den besonders schwerwiegenden, aufklärungsbedürftigen Interessenkonflikt auf Seiten der beratenden Bank im Zwei-Personen-Verhältnis darin gesehen, dass aus Sicht des Anlegers sein Wetteinsatz das „Entgelt" für das Geschäft darstellt[34]. Ein Swap, durch den konkrete Zinszahlungen des Bankkunden nach oben begrenzt (Cap) oder in eine andere Zinsberechnungsform gebracht (= fixed/floating) oder in einem Korridor gehalten (= collar = cap und floor) werden, stellen keinen Wetteinsatz dar. Durch den Bezug auf einen konkreten Darlehensvertrag als Grundgeschäft werden sie inhaltlich mit diesem verbunden und gleichen einer Vertragsänderung des Darlehensvertrages hinsichtlich der Zinsklausel. Bei dieser Gestaltung gibt es keinen besonders schwerwiegenden, aufklärungsbedürftigen Interessenkonflikt, sondern es liegt „nur" der jedem Vertragsverhältnis immanente, nicht aufklärungspflichtige „übliche" Interessenkonflikt vor[35].

Ein Teil der zitierten untergerichtlichen Urteile[36] setzt sich damit auseinander, dass der BGH in seinen Lehman-Urteilen (dazu sogleich) eine Bank nicht für verpflichtet hält, über ihre Gewinnmarge aus dem mit dem Kunden abgeschlossenen Geschäft aufzuklären. Das OLG Stuttgart[37], das LG Stuttgart[38] und das LG Wuppertal[39] halten diesen Gesichtspunkt für die Aufklärungspflicht über den negativen Marktwert einer Derivatestruktur ausdrücklich für unbeachtlich und begründen dies damit, dass es sich zum einen bei den Lehman-Fällen nicht um „Eigengeschäfte" der Bank gehandelt habe und dass zum anderen bei den von ihnen zu beurteilenden Derivaten die Leistung der Bank für die Kunden „nicht eindeutig erkennbar und bewertbar" gewesen sei.

---

34 BGH, Urt. v. 27. März 2011 – XI ZR 33/10, WM 2011, 682 Rn. 36; *Ellenbeger*, in: Ellenberger/Schäfer/Clouth/Lang, Praktikerhdb. Wertpapier- u. Derivatgeschäft, 4. Aufl. 2011, Rn. 1055.

35 Ebenso *Ellenberger*, in: Ellenberger/Schäfer/Clouth/Lang, Praktikerhdb. Wertpapier- u. Derivatgeschäft, 4. Aufl. 2011, RN. 1053 ff.; LG Frankfurt, Urt. v. 17. Februar 2012 – 25 O 227/11 (unveröffentlicht) und jüngst OLG Stuttgart, Urt. v. 27. Juni 2012 – 9 U 140/11, WM 2012, 1829 = BUR 2012, 379 = BeckRS 2012, 14700.

36 Vgl. die in Fn. 18 bis 22, 26 genannten Urteile.

37 OLG Stuttgart, Urt. v. 14. Dezember 2011 – 9 U 11/11, BeckRS 2012, 00710 und Urt. v. 1. Februar 2012 – 9 U 57/11, BeckRS 2012, 05142 = BKR 2012, 300.

38 LG Stuttgart, Urt. v. 10. Mai 2011 – 21 O 116/10, BeckRS 2012, 02272 und Urt. v. 12. Juli 2011 – 21 O 166/10, BeckRS 2011, 18661 und Urt. v. 24. August 2011 – 8 O 516/10, BeckRS 2011, 23664.

39 LG Wuppertal, Urt. v. 18. Januar 2012 – 3 O 270/11, zitiert nach juris.

3 Die Lehman Zertifikate-Urteile im Spannungsfeld zum Spread Ladder Swap-Urteil

3.1 Kernaussagen der Lehman Zertifikate-Urteile und ihre Begründung

Die amtlichen Leitsätze vier und fünf des BGH[40] lauten:
„4. Bei dem Verkauf von Indexzertifikaten im Wege des Eigengeschäfts (§ 2 Abs. 3 Satz 2 WpHG) besteht keine Aufklärungspflicht der beratenden Bank über ihre Gewinnspanne. Dem steht weder die Rechtsprechung des BGH zur Offenlegung verdeckter Innenprovisionen noch diejenige zur Aufklärungsbedürftigkeit von Rückvergütungen entgegen [...].
5. Die beratende Bank ist aufgrund des Beratungsvertrages mit ihrem Kunden nicht verpflichtet, diesen darüber zu informieren, dass der Zertifikateerwerb im Wege des Eigengeschäftes der Bank erfolgt.“

Der BGH begründet diese Kernaussagen in voller Erkenntnis der Eigenart des Produktes/Zertifikates (konkret: Bull Express Garant-Anleihe), denn er qualifiziert es als „strukturiertes Finanzprodukt“ und damit als ein Produkt, in das ein oder mehrere Derivate eingebettet sind (Rn. 26). Im weiteren entscheidet der BGH zu Gunsten der in Rechtsprechung und Literatur überwiegenden Meinung, dass nicht nur eine Bank, die eigene Anlageprodukte empfiehlt, grundsätzlich nicht verpflichtet ist, über ihre Gewinnmarge aufzuklären, sondern gleichermaßen auch nicht eine Bank, die fremde Produkte im Wege des Eigengeschäftes zu einem über dem Einkaufspreis liegenden Preis veräußert[41]. Der BGH legt unter Zurückweisung der Argumentation der Revision sodann dar, dass diese Aussage nicht im Widerspruch zu seiner Rechtsprechung zu der Pflicht zur Offenlegung verdeckter Innenprovisionen sowie zur Aufklärungsbedürftigkeit von Rückvergütungen steht (Rn. 38 bis 44)[42]. Auf die – von der Revision wohl nicht aufgeworfene – Frage, wie sich die These, dass keine Pflicht zur Aufdeckung einer Handelsspanne besteht, mit der Rechtsprechung in Einklang bringen lässt, wonach über den negativen Marktwert eines Eigenproduktes aufzuklären ist,

---

40 BGH, Urt. v. 27. September 2011 – XI ZR 182/10, WM 2011, 2268 = BKR 2011, 514 = ZIP 2011, 2237.

41 Vgl. Rn. 37 unter Verweis auf das Urteil des BGH v. 18. März 1959 – IV ZR 155/58, WM 1959, 999, 1001; bestätigt durch BGH, Urt. v. 26. Juni 2012 – XI ZR 316/11, WM 2012, 1520 = BKR 2012, 421 (m. Anm. *Tiedemann*, S. 426) = ZIP 2012, 1650, Rn. 22.

42 Vgl. dazu die in FN 2 zitierte Literatur.

geht der BGH nicht ein. Auch Wiechers[43], der Vorsitzende des XI. Zivilsenats, geht in seiner Darstellung der Urteile auf diese Frage nicht ein. Daraus wurde in der Literatur bereits der Schluss gezogen, dass Erträge aus Einkaufsrabatten keine „besonderen Umstände“ sind, die einen – aufklärungspflichtigen – schweren Interessenkonflikt begründen[44].

3.2 Die Urteile im System der Rechtsprechung

Es ist kaum davon auszugehen, dass der XI. Zivilsenat nicht erkannt haben sollte, dass der negative Marktwert von eigenemittierten und -strukturierten Produkten wirtschaftlich der Marge bzw. Handelsspanne beim Eigenhandel von Fremdprodukten entspricht. Trotzdem hat er für Beratungssituationen nur für die Erstgenannten eine Aufklärungspflicht statuiert. Die Begründung hierfür wird teilweise darin gesehen, dass nur bei derivativen Produkten, die die beratende Bank selbst emittiert, ein „besonders schwerer Interessenkonflikt“ vorliegt, weil nur bei derivativen Produkten auf Grund ihrer besonderen Komplexität die Leistung der Bank nicht eindeutig erkennbar und bewertbar sei. Diese Argumentation greift jedoch zu kurz, weil auch in den Lehman-Fällen eine für den einfachen Anleger kaum nachzurechnende Kombination von Derivaten (Bull Express Garant-Anleihe) vorlag. Im Unterschied zu den OTC-gehandelten Swaps waren die Zertifikate jedoch verbrieft, massenhaft emittiert, börsennotiert und ihr Börsenpreis war für einen Anleger jederzeit erkennbar. Liegt der Börsenpreis im Wesentlichen gleichauf mit dem Verkaufspreis der Bank, ist für den Erwerber der – mögliche und erzielbare – Verkaufspreis ersichtlich und damit ein etwaiges Aufgeld, das die Bank ihm abverlangt, transparent. Ein „besonders schwerer Interessenkonflikt“ liegt bei der beratenden Bank dann nicht vor, weil etwaige „Einkaufsrabatte“ den Börsenpreis des Produktes nicht schmälern.

Will jedoch der „Käufer“ eines Swaps mit negativem Marktwert diesen unmittelbar durch ein Gegengeschäft glattstellen („verkaufen“), könnte dies zu seiner Überraschung nur zu dem niedrigeren Marktwert geschehen. Kombiniert mit dem Aspekt, dass Anleger auch bei Eigengeschäften von Banken i.d.R. die Mitteilung „objektiver“ Börsen-/Marktpreise erwarten, dürfte im Spread Ladder Swap-Fall der aufklärungsbedürftige „besonders schwerwiegende Interessenkonflikt“ der Bank in der für den Anleger mangelnden Erkennbarkeit des vom

43 *Wiechers*, WM 2012, 477, 479 ff., 481 ff.

44 *Bausch*, NJW 2012, 354, 357; kritisch *Köndgen*, JZ 2012, 260, 261 f.

„objektiven" Börsen-/Marktpreis bzw. „mathematisch errechneten Wert" abweichenden Verkaufspreises liegen. Ob für diesen Aspekt der Topos des „Beratungsfehlers über besonderes schwere Interessenkonflikte" oder doch eher die allgemeinen Grundsätze der Vertrags- und Irrtumslehre geeignet ist, muss hier dahinstehen[45]. Jedenfalls lässt sich festhalten, dass Gewinnmargen bei erkennbarem Börsen- oder Marktpreis keinen besonders schweren Interessenkonflikt, über den aufzuklären ist, begründen, unabhängig davon, wie hoch die nicht aufgedeckte Gewinnmarge ist. Die Grenze liegt hier in einer die Sittenwidrigkeit begründenden Höhe.

Dieses Ergebnis steht auch im Einklang mit der vorstehenden Feststellung, dass bei Caps, Floors und Collars, die in Verbindung mit einem Grundgeschäft stehen[46], nicht über einen negativen Marktwert aufzuklären ist. Denn durch die Verbindung mit dem Grundgeschäft wird das wirtschaftliche Ergebnis für den Kreditnehmer/Anleger ersichtlich und es ist dieses Ergebnis vergleichbar mit alternativen Gestaltungen.

In der Praxis ist auch die Situation anzutreffen, dass strukturierte Produkte über verschiedene Vertriebsbanken verkauft werden und (noch) kein Börsenpreis besteht. Erkennt in einer derartigen Situation die Vertriebsbank nicht, dass das strukturierte Produkt einen negativen Marktwert aufweist – was der Regelfall sein dürfte –, kann sie auch nicht verpflichtet sein, auf den negativen Marktwert oder auf ihre Gewinnspanne hinzuweisen. In Erwägung ist allenfalls zu ziehen, sie für verpflichtet zu halten, darauf hinzuweisen, dass sie selber keine Marktwertbestimmung vorgenommen hat bzw. dass ein Börsenmarktpreis für die von ihr vertriebenen Produkte (noch) nicht besteht und – wenn keine Börsennotierung durch den Emittenten beabsichtigt ist – auch nicht bestehen wird.

Der „Margenrechtsprechung" – im Gegensatz zu der Rechtsprechung zum „negativen Marktwert" – unterfallen somit i.d.R. börsengehandelte, massenhaft emittierte Wertpapiere. Dies gilt unabhängig davon, in welchem Umfang in diesen Wertpapieren Derivate mit „negativem Marktwert" verbrieft sind. Beispiele sind alle Schuldverschreibungen mit Optionsstrukturen, z.B. Aktienanleihen, Discountanleihen, Reverse Floater, swapbasierte Anleihen und viele

---

45 Vgl. zu diesem in der Rechtsprechung des österreichischen OGH wesentliche größere Bedeutung entfaltenden Aspekt OGH, Urt. v. 24. Oktober 2011 – 8 Ob 11/11t, ÖBA 2012, 241, 244 (sub 1.9 m.w.n.) zu einem Quanto-Snowball-Swap.

46 Dabei kann das Grundgeschäft sowohl die „Eingrenzung" eines Zinsaufwandes auf Grund eines Kredites oder die „Absicherung" eines Zinsertrages auf Grund eines –variabel verzinslichen –Wertpapierportfolios sein.

mehr, aber auch alle Optionsscheine und Zertifikate[47] jeglicher Provenienz. Dies gilt auch bei vorbörslicher Platzierungen für einen negativen Marktwert nicht erkennende Vertriebsbanken.

4 Evolution eines dritten Anlageberatungsimperativs?

Mit seinen Ausführungen in dem Spread Ladder Swap-Urteil wirft der BGH indirekt die Frage nach einem „dritten Imperativ" der Anlageberatung auf. Anlageberatung hat – so die herkömmliche Sichtweise – anleger- und objektivgerecht zu erfolgen[48]. Man könnte den Eindruck gewinnen, dass mit der Pflicht zur Aufklärung über besonders schwere Interessenkonflikte des Beraters eine dritte Kategorie der „Beratergerechtigkeit" oder „Beraterneutralität" geschaffen worden ist. Die Begründung des Urteils des BGH vom 27. März 2011 hat jedenfalls bereits Anlass dazu gegeben, Spread Ladder Swaps als zweite Fallgruppe eines besonders schwerwiegenden Interessenkonflikts neben der der Verheimlichung von Kick-Backs im Drei-Personen-Verhältnis zu sehen[49]. Dies beantwortet jedoch nicht die Frage, ob die „Beraterneutralität" einen eigenständigen Beratungsgegenstand darstellt oder die Aufklärung über den negativen Marktwert ein Topos der Objektgerechtigkeit ist.

Die Rechtsprechung hat als Teilaspekt der „Objektgerechtigkeit" regelmäßig befunden, dass auch über diejenigen Eigenschaften und Risiken aufzuklären ist, die sich nicht aus dem Anlageobjekt selbst sondern den Umständen und Gegebenheiten des Marktes, auf dem das Objekt gehandelt wird, ergeben. So hat beispielsweise der Vermittler von OTC-gehandelten Penny Stocks darauf hinzuweisen, dass die Differenzen zwischen An- und Verkaufspreisen (Geld- und Briefkursen) bei Penny Stocks besonders groß sind und auf Grund des Vertriebes nur durch ein einziges Brokerhaus leicht ein liquider Markt entfallen

47 Vgl. Beispiel bei *Salewski,* BKR 2012, 100, 101 m.w.N.; *Entrop,* in: Koschyk/Leible/K. Schäfer, Anlegerschutz und Stabilität der Finanzmärkte, S. 111 ff.

48 Unstr., vgl. nur *Nobbe,* in: Horn/Schimansky, Bankrecht, 1998, S. 235 ff.; *Braun/Lang/Loy,* in: Ellenberger/Schäfer/Clouth/Lang, Praktikerhdb. Wertpapier- und Derivategeschäft, 4. Aufl. 2011, Rn. 302 ff. m.w.N.

49 *Ellenberger,* in: Ellenberger/Schäfer/Clouth/Lang, Praktikerhdb. Wertpapier- und Derivatgeschäft, 4. Aufl. 2011, Rn. 1054 ff.

kann[50]. In einer anderen Entscheidung hat der BGH befunden, dass der Vermögensverwalter, der marktenge, NASDAQ-gehandelte, Aktien erwerben will, darauf hinzuweisen hat, dass an der NASDAQ-Computerbörse in bestimmten Werten wegen zu weit auseinanderliegenden An- und Verkaufspreisen (sog. Spread-Risikofaktor) ggfls. kein Handel zustande kommt, und dadurch Kursmanipulationen möglich werden[51].

Die Hinweispflicht der Bank auf den negativen Marktwert eines von ihr emittierten Derivateproduktes basiert richtigerweise nicht auf dem Vorteil der Bank, den diese durch die Glattstellung ihrer Risiken aus dem Swap durch Abschluss eines gegenläufigen Geschäfts erzielt, sondern resultiert aus der fehlenden Erkennbarkeit des negativen Marktwertes für den Anleger. Unter diesem Aspekt ähnelt der Gegenstand der Aufklärung eher den sich aus besonderen Marktumständen ergebenden Produktrisiken, als dass er eine neue Kategorie einer beraterbezogenen Aufklärung darstellt. Soweit eine Pflicht zur Aufklärung über den negativen Marktwert eines Swaps besteht, ist sie Teil der objektgerechten Beratung.

5 Zusammenfassung der Ergebnisse

1. Derivategeschäfte im Zusammenhang mit Grundgeschäften (Kredit- oder Anlagegeschäften) sind in ihrer Gesamtheit zu betrachten und weisen auch bei negativem Marktwert i.d.R. keinen – aufklärungsbedürftigen – „besonderes schweren Interessenkonflikt“ auf.
2. Isolierte Derivate, die verbrieft und börsennotiert sind, oder Derivate, die in börsennotierte Schuldverschreibungen inkorporiert („imbedded“) sind, weisen – unabhängig vom Emittenten – auch bei negativem Marktwert gleichfalls keinen aufklärungsbedürftigen „besonderes schweren Interessenkonflikt“ auf.
3. Gewinnmargen oder Einkaufsrabatte bei börsennotierten Wertpapieren begründen in einem Zwei-Personen-Verhältnis keine dritte Fallgruppe von besonders schweren und damit aufklärungsbedürftigen Interessenkonflikten eines Anlageberaters.

---

50 BGH, Urt. v. 22. Januar 1991 – XI ZR 151/89, WM 1991, 315 = ZIP 1991, 297; OLG Düsseldorf, Urt. v. 26. Juni 2002 – 21 U 27/01, ZIP 2002, 1583; *Nobbe*, in: Horn/Schimansky, Bankrecht, 1998, S. 235, 256.

51 BGH, Urt. v. 4. April 2002 – III ZR 237/01, WM 2002, 913 = ZIP 2002, 795.

4. Einen besonders schweren und damit aufklärungsbedürftigen Interessenkonflikt weisen – analog der Rechtsprechung zu Aufschlägen auf Börsentermingeschäfte – Derivate auf, deren negativer Marktwert – i.d.R. mangels Börsennotierung – für den Erwerber nicht erkennbar ist und die mangels Bezugs zu einem Grundgeschäft „Wett-“ bzw. „Glückspielcharakter“ haben. Im Falle der Einschaltung von Vertriebsbanken, die ihrerseits den negativen Marktwert mangels Börsennotierung nicht erkennen, trifft diese keine Aufklärungspflicht.

6 Ausblick auf die Entwicklung der Offenlegung von Margen bei strukturierten Produkten

In den USA hat die Securities and Exchange Commission (SEC) im April 2012 Emittenten von strukturierten Produkten angeschrieben und diesen erklärt, dass sie der Auffassung ist, dass Emittenten die Unterschiede zwischen dem Angebotspreis und dem „fair value“, der dem mathematisch errechneten Wert entspricht, verdeutlichen sollten[52]. Auch wenn es sich insoweit zunächst nur um ein „Schreiben“ der SEC handelt, ist nicht auszuschließen, dass diese zukünftig die Offenlegung verbindlich fordern wird. In diesem Fall könnte es auch in Deutschland nur noch eine Frage der Zeit sein, bis der Gesetzgeber tätig wird.

---

52 Vgl. „Sample Letter sent to Financial Institutions regarding their Structured Note Offerings Disclosure“, abrufbar unter www.sec.gov/divisions/corpfin/guidance/structerednote0412.htm.

Prof. Dr. Thomas M.J. Möllers
Universität Augsburg

Die Vermutung aufklärungsgerechten Verhaltens

Inhaltliche und beweisrechtliche Fragestellungen

1 Einführung

1.1 „Krieg der Senate"

Grundsätzlich hat jeder die ihm günstigen Umstände zu beweisen.[1] Bei Verträgen, die u.a. eine Beratung schulden, bedeutet dies, dass der Kläger zu beweisen hat, dass er eine bestimmte Investitionsentscheidung bei ordnungsgemäßer Aufklärung nicht getroffen hätte. Hätte der Kläger die Entscheidung unabhängig von dem Aufklärungsfehler getroffen, wäre die Entscheidung nämlich nicht kausal für den Schaden.

Bekanntlich hatte der VII. Senat des BGH bereits 1973 in der Bastelwettbewerb-Entscheidung eine Beweislastumkehr zulasten des Aufklärungspflichtigen vorgenommen, u.a. mit dem Argument, dass der Zweck einer Aufklärung darin bestehe, dem Vertragsgegner das Risiko in seiner ganzen Tragweite bewusst zu machen und auch die Beweisnot des Klägers zu beseitigen.[2] 20 Jahre später hatte dann der IX. Senat des BGH in einem Fall, der die Steuerlast eines Gesellschafters betraf, die Möglichkeit, die inzwischen gefestigte Rechtsprechung des VII. Senates aufzugreifen. Mit deutlichen Worten lehnte er die Ansicht des VII. Senates ab, die eine Beweislastumkehr zulasten des Beraters vorsieht. Nach Ansicht des IX. Senates ist vielmehr der Anscheinsbeweis die richtige Lösung, die allerdings nur eingreife, wenn nach der Lebenserfahrung typischerweise erwartet werden könne, dass sich ein vernünftiger Mandant beratungsgemäß

1 Dieser Grundsatz fand sich bereits in § 193 S. 1 BGB–E, dem Entwurf eines bürgerlichen Gesetzbuches für das Deutsche Reich, Erste Lesung, 1888: „ Wer einen Anspruch geltend macht, hat die zur Begründung desselben erforderlichen Tatsachen zu beweisen" , dann aber wegen seiner Selbstverständlichkeit gestrichen.

2 BGH, Urt. v. 5.7.1973, VII ZR 12/73, BGHZ 61, 118, 122 – Bastelwettbewerb.

verhalten hätte, mithin nur eine Entscheidung möglich oder sinnvoll gewesen wäre (und somit kein Entscheidungskonflikt vorgelegen hätte).[3] Der Anscheinsbeweis gilt nicht bzw. wird erschüttert, wenn der Berater einen atypischen Kausalverlauf aufzeigen kann, nämlich wenn mehrere Entscheidungen möglich sind.[4] Der XI., bankenrechtliche Senat hielt dagegen wiederum formal an der Beweislastumkehr fest[5] und unterstützte den VII. Senat mit der Überlegung, dass der auf Erfahrungssätzen beruhende Anscheinsbeweis bei Aufklärungspflichten nicht passe.[6] Damit sei der Kläger nicht verpflichtet, Anhaltspunkte dafür vorzutragen, dass er bei ordnungsgemäßer Aufklärung von der Anlage abgesehen hätte.[7] Inhaltlich verlangte der XI. Senat aber bislang als Voraussetzung für die Kausalitätsvermutung, dass es für den anderen Teil nur eine bestimmte Möglichkeit aufklärungsrichtigen Verhaltens gibt, ein Entscheidungskonflikt also nicht vorliegt.[8] Im Ergebnis folgte er somit dem IX. Senat. Schließlich hatte auch der III. Senat eine Kausalitätsvermutung bejaht.[9]

1.2 Umstrittene Entscheidungen und Ansichten in der Rechtsliteratur

Im Jahre 2009 bejahte der BGH in seiner Kick-back-Rechtsprechung die Vermutung aufklärungsgerechten Verhaltens: Danach habe der Aufklärungsverpflichtete zu beweisen, dass der Anleger die Kapitalanlage auch bei richtiger Aufklärung erworben, er also den unterlassenen Hinweis unbeachtet gelassen hätte. Diese Vermutung gelte grundsätzlich für alle Aufklärungsfehler eines Anlageberaters.[10]

3 BGH, Urt. v. 30.9.1993, IX ZR 73/93, BGHZ 123, 311, 314 – Beweislast für beratungsgemäßes Handeln.

4 Von einer Vorlage an den Großen Senat für Zivilsachen sah der IX. Senat nur deshalb ab, weil er seine Rechtsprechung auf Verträge mit rechtlichen Beratern begrenzen wollte, BGH, Urt. v. 30.9.1993, IX ZR 73/93, BGHZ 123, 311, 314 – Beweislast für beratungsgemäßes Handeln.

5 Zuletzt BGH, Urt. v. 8.5.2012, XI ZR 262/10, WM 2012, 1137 Rn. 29.

6 BGH, Urt. v. 16.11.1993, XI ZR 214/92, BGHZ 124, 151, 161 – Terminoptionsgeschäfte. Hierzu auch unten 3.2.

7 BGH, Urt. v. 16.11.1993, XI ZR 214/92, BGHZ 124, 151, 161 – Terminoptionsgeschäfte.

8 BGH, Urt. v. 16.11.1993, XI ZR 214/92, BGHZ 124, 151, 161 – Terminoptionsgeschäfte.

9 BGH, Urt. v. 19.2.2009, III ZR 154/08, BeckRS 2009, 8039; BGH, Urt. v. 9.4.2009, III ZR 89/08, juris Rn. 8; BGH, Urt. v. 28.7.2005, III ZR 290/04, WM 2005, 1998; BGH, Urt. v. 9.2.2006, III ZR 20/05, WM 2006, 668, 670 f.; BGH, Urt. v. 14.6.2007, III ZR 300/05, WM 2007, 1507 Rn. 21 – Risiko eines Totalverlusts.

10 BGH, Urt. v. 12.5.2009, XI ZR 586/07, WM 2009, 1274 Rn. 22 – Kick back IV.

Die Vorinstanzen hatten dagegen noch eine Haftung abgelehnt.[11] Auch die Literatur ist dieser Entscheidung mit deutlichen Worten entgegengetreten. So wäre die Situation der Kick-back mit den Widerrufsfällen vergleichbar: In beiden Fällen müsste man davon ausgehen, dass der Anleger bei Kenntnis der Umstände an der Anlageentscheidung festgehalten hätte. Das gelte erst recht, wenn die Entscheidungen des Anlegers steuerrechtlich motiviert sind. Vor allem sei dem Anleger klar, dass die Beratungstätigkeit üblicherweise nicht unentgeltlich erbracht werde.[12] Für den Kunden stünden nicht die Rückvergütung, sondern die Qualität des Produktes und die Geeignetheit für seine Anlageziele im Vordergrund.[13] Auch gebe es in diesen Fällen mehr als nur eine bestimmte Möglichkeit aufklärungsgerechten Verhaltens.[14] Daneben gibt es in der Literatur zahlreiche weitere Vorschläge: Canaris bezieht die Kausalität der Aufklärungspflichtverletzung auf die fehlerhafte Anlageentscheidung: „Wird – wie bei Unterlassungen geboten – die Erfüllung der Aufklärungspflicht hinzugedacht, so ändert sich der Kausalverlauf. Die Entscheidung des anderen ist nunmehr „frei“ in dem Sinne, dass sie nicht von Irrtum oder Unkenntnis des Aufklärungspflichtigen beeinflusst ist. Daher ist die Ursächlichkeit auch dann zu bejahen, wenn sich der andere Teil trotz der Aufklärung genauso verhalten hätte wie ohne diese.“[15] Im Gegensatz zu den Ansichten des VI., IX. und XI. Senates des BGH sei die Vermutung aufklärungsrichtigen Verhaltens folglich auch bei einem Entscheidungskonflikt gerechtfertigt.[16] Dies solle schließlich selbst dann gelten, wenn nur Aufklärungspflichten von „geringerem Gewicht“ verletzt sind.[17] Noch einen Schritt weiter geht Dieckmann: Er sieht in einem Beratungsfehler keinen Fall des Unterlassens, sondern einen Fall des aktiven Tuns. Schon nach den allgemeinen Grundsätzen sei dann der Einwand des rechtmäßigen Alternativverhaltens, der Kunde hätte auch bei entsprechender Aufklärung

---

11 Etwa OLG München, Urt. v. 6.10.2004, 7 U 3009/04, WM 2005, 647, 650; OLG Frankfurt a.M., Urt. v. 24.6.2009, 17 U 307/08, WM 2009, 1313, 1317; s. auch OLG Köln, Beschluss v. 31.3.2006 und 16.5.2006, 13 U 17/06, WM 2006, 2130, 2132 – Entscheidungskonflikt bei Bestandprovision.

12 *Möllers/Wenninger*, LMK 2007, 220857; *Habersack*, in: Bankrechtstag 2011, S. 3, 35.

13 *Schäfer/Schäfer*, BKR 2007, 164, 166. S. auch unten 2.4.4.

14 *Piekenbrock*, WM 2012, 429, 439.

15 *Canaris*, in: FS Hadding, 2004, S. 3, 17; zustimmend für das österreichische Recht *Graf*, ecolex 2011, 391; *Wilhelm*, ecolex 2011, 892; *Bydlinski*, ÖBA 2008, 166. Vorher hatte schon *H. Roth*, ZHR 154 (1990), 513, 532 für die Beweislastumkehr plädiert, weil die Bank die „Privatautonomie des Geschädigten“ verkürzt habe.

16 *Canaris*, in: FS Hadding, 2004, S. 3, 21.

17 *Canaris*, in: FS Hadding, 2004, S. 3, 24.

dieselbe Entscheidung getroffen, durch die Bank vorzutragen.[18] Stackmann möchte eine Beweislastumkehr für Beratungsfehler bejahen, die sich auf konkret zu treffende Entscheidungen beziehen[19]; ähnlich unterscheidet Repgen zwischen erfolgs- und verhaltensbezogenen Pflichten.[20]

1.3 Die jüngste Rechtsprechungsänderung des XI. Senates – Aufgabe des Kriteriums des Entscheidungskonfliktes – BGH, XI ZR 262/10

Am Vorabend meines Vortrages für den Bankentag erreichte mich das gerade abgesetzte und damit brandfrische Urteil des XI. Senates, das als Grundsatzentscheidung von ganz maßgeblicher Bedeutung ist[21]: Der XI. Senat stützt seine Entscheidung wiederum auf die Figur der „Vermutung des aufklärungsgerechten Verhaltens“, wonach derjenige, der vorvertragliche oder vertragliche Aufklärungspflichten verletzt hat, beweispflichtig dafür ist, dass der Schaden auch eingetreten wäre, wenn er sich pflichtgemäß verhalten hätte. Er zitiert hierfür zahlreiche andere Senate des BGH.[22] Die „Vermutung aufklärungsgerechten Verhaltens“ setzte nach bisheriger Ansicht des XI. Senates voraus, dass die Aufklärung bei dem Kläger nur eine bestimmte Möglichkeit der Anlageentscheidung hätte auslösen können und damit kein Entscheidungskonflikt vorlag. In Abkehr zu seiner bisherigen Rechtsprechung gibt der XI. Senat den fehlenden Entscheidungskonflikt als Voraussetzung für eine Beweislastumkehr nun ausdrücklich auf,[23] weil der Kläger letztlich nur so erfolgreich einen Schadensersatzanspruch durchsetzen könne.[24]

Die „Vermutung aufklärungsgerechten Verhaltens“ gehört damit zu den umstrittensten Fragen des Bankrechts, ja des Rechts der freien Berufe, weil es auch im Recht der Steuerberater oder Ärzte auftaucht. Der Streit schwelt zwi-

---

18 *Dieckmann*, WM 2011, 1153, 1158. A.A. *Leupold/Ramharter*, ÖBA 2011, 718, 727; *Bydlinski*, ÖBA 2008, 159, 167, kritisiert die Unterscheidung als „übersubtil“.

19 *Stackmann*, NJW 2009, 3265, 3268.

20 *Repgen*, in: Baumgärtel/Laumen/Prütting/Repgen, Handbuch der Beweislast, BGB – Schuldrecht Allgemeinter Teil, 3. Aufl. 2008 § 280 Rn. 126 – 136.

21 BGH, Urt. v. 8.5.2012, XI ZR 262/10, WM 2012, 1137 = NJW 2012, 2427 = NZG 2012, 950. S. hierzu *Möllers*, NZG 2012, 1019.

22 BGH, Urt. v. 8.5.2012, XI ZR 262/10, WM 2012, 1137 Rn. 28 neben dem XI., den II., III., IV., VII. und VIII. Senat.

23 BGH, Urt. v. 8.5.2012, XI ZR 262/10, WM 2012, 1137 Rn. 35.

24 BGH, Urt. v. 8.5.2012, XI ZR 262/10, WM 2012, 1137 Rn. 36.

schen den verschiedenen Senaten nun seit fast 30 Jahren. Fragen der Kausalität hat der Gesetzgeber des BGB und der ZPO nur sehr rudimentär geregelt und die Klärung weitgehend der Wissenschaft überlassen. Im Folgenden sollen deshalb zuerst die verschiedenen Interessen und Motivlagen der Beteiligten vorgestellt (2.) und die beweisrechtlichen Fragestellungen erörtert werden. Abschließend wird eine eigene Lösung erarbeitet, mit deren Hilfe die verschiedenen Fälle strukturiert werden können (3.).

2 Die grundlegenden Interessen und Wertungen der Parteien

2.1 Systematischer Vergleich verschiedener Haftungslagen

2.1.1 Beweislastumkehr im Arzthaftungsrecht

Eine ärztliche Heilbehandlung ist als Eingriff in die körperliche Integrität des Patienten nur dann keine Körperverletzung, wenn der Patient in sie eingewilligt hat. Konsequent geht die Rechtsprechung nach der Einwilligungslehre[25] davon aus, dass der nicht ausreichend aufgeklärte Patient nicht einwilligen kann, der Eingriff dann rechtswidrig war und der Arzt beweisbelastet ist.[26] Wegen des hohen Wertes des Rechtsguts Gesundheit ist die Beweislastumkehr in diesen Fällen angemessen.[27] Wegen des Einwilligungskonzepts muss der Arzt sich zwar auf das rechtmäßige Alternativverhalten berufen. Der Patient muss aber plausibel vortragen, dass er sich in einem Entscheidungskonflikt befunden habe.[28] Allerdings trägt im Arztrecht der Arzt nur bei einem groben Behandlungsfehler die Beweislast dafür, dass der Behandlungsfehler den Schaden nicht verursacht

---

25 BGH, Urt. v. 9.12.1958, VI ZR 203/57, BGHZ 29, 46, 54 – Elektroschock; Erman/*Schiemann*, BGB, 12. Aufl. 2008, § 823 Rn. 135. In Österreich spricht man von Körperverletzungskonstruktion, s. OGH, Urt. v. 14.12.2011 – Gz. 3Ob225/11a.

26 Für Deutschland s. etwa die Nachweise bei Palandt/*Sprau*, BGB, 71. Aufl. 2012, § 823 Rn. 135, 151 ff. Für Österreich ebenso OGH, Urt. v. 23.11.1999, Gz. 1 Ob 254/99f; zitiert in: OGH, Urt. v. 14.12.2011, Gz. 3Ob225/11a.

27 *Möllers*, Rechtsgüterschutz im Umwelt- und Haftungsrecht, 1996, S. 112.

28 BGH, Urt. v. 15.3.2005, NJW 2005, 1718 Rn. 17 ff.; s. Erman/*Schiemann*, BGB, 12. Aufl. 2008, § 823 Rn. 141. Für Österreich ebenfalls eine Beweislastumkehr verneinend, OGH, Urt. v. 14.12.2011, ÖBA 2012, 1815.

hat.[29] Im Gegensatz dazu ist im Bankrecht kein absolutes Recht des Geschädigten betroffen.[30]

2.1.2 Gesetzlich geregelte Beweislastumkehr

Im Kapitalmarktrecht gibt es verschiedene gesetzliche Tatbestände, die eine Vermutung dafür beinhalten, dass der Anleger die Anlage bei richtiger Information nicht gekauft hätte. Das gilt vorrangig im Falle des fehlerhaften Börsenprospektes oder Verkaufsprospektes, s. §§ 22, 23 Abs. 2 Nr. 1 WpPG. Der Gesetzgeber hat die Beweislastumkehr auch für die fehlerhafte Angebotsunterlage gem. § 12 Abs. 3 Nr. 1 WpÜG übernommen.[31] Im Gegensatz dazu hat der Bundesgerichtshof die „Vermutung aufklärungsgerechten Verhaltens" für den Sekundärmarkt grundsätzlich abgelehnt. In der IKB-Entscheidung begründete er dies jüngst damit, dass sich die Ad-hoc-Publizität auf eine bestimmte Investitionsentscheidung beziehe.[32] Auch die in der Rechtsprechung entwickelte Figur der „Anlagestimmung", die der BGH für das Börsenprospekt entwickelt hatte, passt nicht, weil das Börsenprospekt bei einem Börsengang die maßgebliche Information für das Anlegerpublikum darstellt, während die Fehlinformation durch die Ad-hoc-Publizität nur eine von vielen Informationen am Sekundärmarkt darstellt. Damit kann die Kausalitätsvermutung, die für den Prospekt als umfassende Entscheidungsgrundlage gilt, nicht auf die Ad-hoc-Publizität übertragen werden.[33]

---

29 BGH, Urt. v. 21.9.1982, VI ZR 302/80, BGHZ 85, 212, 216; BGH, Urt. v. 27.4.2004 VI ZR 34/03, BGHZ 159, 48, 54. Ansonsten verbleibt es bei der normalen Beweislast, *Piekenbrock*, WM 2012, 429, 439.

30 So auch und daher die Anwendung der arzthaftungsrechtlichen Beweiserleichterungen in der Anlegerhaftung ablehnend der österreichische OGH, Urt. v. 14.12.2011, Gz. 3Ob225/11a, ÖBA 2012, 1815; OGH, Urt. v. 4.11.2005, Gz. 5Ob106/05g, ÖBA 2006, 376.

31 *Möllers*, in: Möllers/Rotter, Ad-hoc-Publizität, 2003, § 13 Rn. 67 ff.

32 BGH, Urt. v. 13.12.2011, XI ZR 51/10, WM 2012, 303 Rn. 62 – IKB: „Diese Konkretisierung auf eine bestimmte Anlageentscheidung fehlt der Ad-hoc-Mitteilung, auch wenn durch sie der Kurs eines Finanzinstruments beeinflusst werden kann und dadurch auch Reaktionen der Anleger ausgelöst werden können." Vorher schon BGH, Urt. v. 19.7.2004, II ZR 217/03, 160, 134, 138 – Infomatec II.

33 BGH, Urt. v. 19.7.2004, II ZR 217/03, BGHZ 160, 134, 138 – Infomatec II; BGH, Urt. v. 13.12.2011, XI ZR 51/10, WM 2012, 303 Rn. 63 – IKB; *Möllers/Leisch*, in: KK-WpHG, 2007, § 37b, c Rn. 319 ff.

2.1.3 Gestaltungsrechte des Anlegers: Unverbindlichkeit, Rücktritt und Widerruf

Schließlich sind noch die Fälle zu nennen, in denen der Anleger die Rückabwicklung verlangen kann, ohne den Schaden geltend machen zu müssen, etwa wenn der Vertrag unwirksam ist oder der Anleger den Widerruf oder Rücktritt als Gestaltungsrecht ausüben will. Bis 2002 gab es die sog. Börsentermingeschäftsfähigkeit kraft Information gem. § 53 Abs. 2 BörsG 1998. Danach konnten bestimmte risikoreiche Geschäfte nur abgeschlossen werden, wenn der Kunde zuvor per Unterschrift erklärte, über die entsprechenden Risiken aufgeklärt worden zu sein. Ohne diese Unterschrift blieb das Rechtsgeschäft unverbindlich und der Anleger konnte das Geleistete nach Bereicherungsrecht zurückverlangen.[34] Der Gesetzgeber hob dann diese Vorschrift auf und führte stattdessen einen Schadenersatzanspruch bei fehlerhaften Finanztermingeschäften gem. § 37d WpHG a.F. ein. Bei dieser Vorschrift waren Beweiserleichterungen über den Wortlaut der Norm hinaus höchst umstritten.[35]

2.2 Regelungszweck der Aufklärung und Beweisnot

2.2.1 Rekonstruktion einer hypothetischen Willenserklärung

Bei der Frage, wie sich der Kläger verhalten hätte, wenn er ordnungsgemäß aufgeklärt worden wäre, handelt es sich um einen Fall der hypothetischen Kausalität, mit anderen Worten: um eine fiktive Kausalität, welche versucht, eine rein hypothetische Willenserklärung zu konstruieren. Wie hätte der Anleger entschieden, wenn er richtig aufgeklärt worden wäre? Wäre er der Empfehlung gefolgt, hätte er sich aufklärungsrichtig verhalten, also etwa die Anlage nicht erworben. Für den ihm daraus entstandenen Schaden soll er nun Schadensersatz erhalten. Hätte er die Anlage trotzdem gekauft oder hätten ihm noch zahlreiche andere Alternativen offen gestanden, hätte er sich also in dem von der Rechtsprechung herausgearbeiteten Entscheidungskonflikt befunden, soll er nach Ansicht des IX. Senates und der bisherigen Rechtsprechung des XI. Senates keinen Schadenersatz verlangen können.

---

34 *G. Roth*, in. KK-WpHG, 2007, § 37d Rn. 27; *Zimmer*, in: KMRK, 3. Aufl. 2004, vor § 37d Rn. 41.

35 *Zimmer*, JZ 2003, 22, 28; *ders.*, in: KMRK, 3. Aufl. 2004, § 37d Rn. 85 ff.; *G. Roth*, in: KK-WpHG, 2007, § 37d Rn. 195. Da die Vorschrift gestrichen wurde, besteht das Problem nun im Rahmen von § 31 WpHG fort.

2.2.2 Konkrete Aufklärung und Folgen der fehlerhaften Willensbildung

Als der BGH 1973 die Vermutung aufklärungsrichtigen Verhaltens erfand, begründete er sie damit, es sei gerade der Zweck der Aufklärungs-, Beratungs- und Hinweispflichten, dem Vertragsgegner das Risiko bewusst zu machen, ihn also gegebenenfalls vor einem Schaden zu bewahren.[36] Die Vermutung sichert das Recht des Anlegers, in eigener Entscheidung und Abwägung des Für und Wider darüber zu befinden, in ein bestimmtes Projekt zu investieren.[37] In der Literatur wird betont, dass die Entscheidung wegen des Aufklärungsmangels nicht mehr frei ist.[38] Diese Überlegungen hat auch der XI. Senat aufgenommen, wenn er davon spricht, dass der ohne die erforderliche Aufklärung gefasste Anlageentschluss von den Mängeln der fehlerhaften Aufklärung beeinflusst ist.[39] Zur unterbliebenen Aufklärung über das Risiko, ein Kind mit Down-Syndrom zu bekommen, führte der BGH aus:

„In einer solchen Lage kann es nicht Sache des Geschädigten sein, seinen auf individuellen, letztlich nicht nachprüfbaren Wertungen beruhenden hypothetischen Entschluß zur Ausschaltung des befürchteten Risikos unter Inkaufnahme anderer Risiken nachzuweisen. Der Schutzzweck der Aufklärung wird vielmehr erst dann erreicht, wenn derjenige, der die von ihm geschuldete Aufklärungspflicht verletzt, entgegen einer Kausalitätsvermutung zugunsten des Geschädigten den Beweis für die Nichtursächlichkeit seiner Pflichtverletzung zu erbringen hat.“[40]

Der Schadensersatzanspruch verlöre sonst an Effektivität und würde „in seiner Substanz verkürzt“.[41]

2.2.3 Zur Relevanz der Selbstbestimmung, allgemeinen Aufklärung und Behavioral Finance

Diese Überlegungen sind für den Fall des Kindes mit Down-Syndrom ohne weiteres überzeugend. Im Bankrecht, wo es regelmäßig „nur“ um Vermögensfragen geht, erscheinen sie jedoch recht pauschal. Ein Beratungsfehler muss sich nicht

---

36 BGH, Urt. v. 5.7.1973, VII ZR 12/73, BGHZ 61, 118, 122 – Bastelwettbewerb.
37 BGH, Urt. v. 13.12.2011, XI ZR 51/10, WM 2012, 303 Rn. 62 – IKB.
38 S. oben Fn. 15; BGH, Urt. v. 8.5.2012 – XI ZR 262/10, WM 2012, 1137 Rn. 36.
39 BGH, Urt. v. 12.5.2009, XI ZR 586/07, WM 2009, 1274 Rn. 22 – Kick back IV.
40 BGH, Urt. v. 22.11.1983, VI ZR 85/82, BGHZ 89, 95, 103 – Mongolismus.
41 So *Canaris*, in: FS Hadding, 2004, S. 3, 22; BGH, Urt. v. 8.5.2012, XI ZR 262/10, WM 2012, 1137 Rn. 35.

auf die Entscheidung des Anlegers ausgewirkt haben, wenn etwa die Beratung nur allgemeiner Natur war und sich gerade nicht auf ein konkretes Anlageobjekt bezog, sondern auf mehrere Anlageobjekte. Sodann unterscheidet sich das Risikoprofil von Anlegern ganz deutlich: Ein nicht aufgeklärter risikofreudiger Anleger wird Risikomomente viel positiver aufnehmen als der nicht aufgeklärte risikoscheue Anleger. Und selbst wenn sich die Aufklärung auf ein konkretes Anlageobjekt bezieht, muss sich die fehlende Aufklärung nicht unbedingt ausgewirkt haben. Inzwischen ist immer mehr anerkannt, dass es den „homo oeconomicus", der alle Informationen sachgerecht verarbeitet, in dieser idealtypischen Form gar nicht gibt. Vielmehr handelt der Anleger oft irrational oder erstickt förmlich in der Informationsflut.[42] Folglich nimmt er Informationen nur selektiv wahr, und selten wird man mit an Sicherheit grenzender Wahrscheinlichkeit sagen können, dass der Kunde die verschwiegene Information bei seiner Anlageentscheidung berücksichtigt hätte.[43] Der Verweis auf den Willen des Anlegers erscheint folglich überhöht, geht es doch nicht um sein Affektionsinteresse, sondern ausschließlich um seine Vermögensinteressen.[44]

2.3 Praktische Auswirkungen

2.3.1 Beweisnot des Anlegers v. Beweisnot des Aufklärungspflichtigen

Grundsätzlich hat jede Partei die für sie günstigen Umstände zu beweisen; eine Beweislastumkehr ist eine Rechtsfortbildung, die einer Rechtfertigung bedarf.[45] Sie ist daher nicht ohne weiteres anzunehmen. Schon 1973 formulierte der BGH recht plastisch, „dem Ersatzberechtigten wäre wenig damit gedient, wenn er seinen Vertragspartner zwar an sich aus schuldhafter Verletzung einer solchen Hinweispflicht in Anspruch nehmen könnte, aber regelmäßig daran scheitern

42 *Habersack*, Bankrechtstag 2010, 2011, S. 3, 7; *Stodolkowitz*, VersR 1994, 11, 14. Dagegen und jedenfalls von einem „Standardverhalten" ausgehend *Grunewald*, ZIP 1994, 1162, 1165; *Lang*, WM 2000, 450, 464; s. zum Behavioral Finance *Fleischer*, in: FS Immenga, 2004, S. 575 ff.; *Möllers/Kernchen*, ZGR 2011, 1 ff.

43 *Dieckmann*, WM 2011, 1153, 1157.

44 Für das österreichische Recht treffend *Kodek*, ÖBA 2012, 11, 22; vorher schon *Wendehorst*, ÖBA 2010, 569.

45 Deutlich *Canaris*, in: FS Hadding, 2004, S. 3, 4 ff.; *Prütting*, in: MünchKommZPO, § 286 Rn. 123.

würde, dass er den meist schwer zu führenden Beweis, wie er auf den Hinweis reagiert hätte, wenn er gegeben worden wäre, nicht erbringen könnte.“[46]

Umgekehrt ist aber auch die bankrechtsspezifische Sachlage zu berücksichtigen: Eine Beweisnot liegt zwar vordergründig vor, weil eine hypothetische Willenserklärung zu konstruieren ist. Diese liegt aber nicht, wie etwa in den Produkthaftungs- oder Arzthaftungsfällen, in der Sphäre der Bank, sondern vielmehr in der Sphäre des Anlegers[47]. Vor die Anlageentscheidung tritt die Willensbildung des Anlegers, ohne die es nicht zum Schaden kommt.[48] Medicus bezeichnet es daher zutreffend als „geradezu paradox“, die Beweislast mit dem Hinweis auf die angebliche Beweisnot des Geschädigten umzukehren.[49]

2.3.2 Garantiehaftung oder Leerlaufen des Anspruchs

Auch die praktischen Auswirkungen der verschiedenen Lösungsansätze sind höchst umstritten: Während die eine Seite betont, (nur) die Beweislastumkehr würde in der Praxis dazu führen, dass der geschädigte Anleger seinen Schadensersatz erhält[50], behauptet die Gegenseite diametral entgegengesetzt: Dadurch, dass der Geschädigte beweisen müsse, dass kein Entscheidungskonflikt bestehe, er sich also höchstwahrscheinlich aufklärungsgerecht verhalten hätte, würde der Schadenersatzanspruch in der Regel leerlaufen.[51]

Hinzu kommen weitere Schwierigkeiten. Die Entscheidung des Anlegers muss Jahre später konstruiert werden und dies bereitet naturgemäß Schwierigkeiten, weil die hypothetische Perspektive ex-ante und nicht ex-post maßgeblich ist.[52] Schließlich kann eine einseitige Beweislastumkehr unbillige Ergebnisse erzeugen, weil das Schadensrecht grundsätzlich keine Schadensteilung, sondern nur das Alles- oder Nichts-Prinzip kennt und damit der Kläger vollen

---

46 BGH, Urt. v. 5.7.1973, VII ZR 12/73, BGHZ 61, 118, 122 – Bastelwettbewerb; übernommen jetzt auch in BGH, Urt. v. 8.5.2012, XI ZR 262/10, WM 2012, 1137 Rn. 35.

47 Daher ist der Anleger „näher am Beweis“, s. OGH, Urt. v. 20.10.2004, Gz. 7Ob220/04k = ÖBA 2006,60. Dagegen, da die „Nähe zum Beweis“ jedenfalls im österreichischen Recht keine anerkannte Beweislastregel sei, *Leupold/Ramharter*, ÖBA 2011, 718, 726. *Bydlinski*, ÖBA 2008, 159, 166 lehnt die größere Nähe des Anlegers tatbestandlich ab, weil ihm das dafür nötige Wissen gerade fehlt.

48 So auch *Andres*, BKR 2011, 277, 279.

49 *Medicus*, in: FS Picker, 2010, S. 619, 620.

50 *Andres*, BKR 2011, 277, 279.

51 *Canaris*, in: FS Hadding, 2004, S. 3, 12; *Zimmer*, in: KMRK, 3. Aufl. 2004, § 37d Rn. 87; *G. Roth*, in: KK-WpHG, 2007, § 37d Rn. 195.

52 Dies wird oft ignoriert, s. *Reinelt*, NJW 2009, 1, 6; *Andres*, BKR 2011, 277, 281.

Schadenersatz erhält oder aber leer ausgeht. Um ein sachgerechteres Ergebnis zu erzielen, möchte beispielsweise P. Bydlinski dieses Prinzip aufweichen und vergleicht die non-liquet-Fälle mit jenen alternativer Kausalität: Da nicht endgültig aufgeklärt werden kann, ob der Anleger sich bei ordnungsgemäßer Aufklärung für die eine oder andere Anlage entschieden, den Schaden also möglicherweise dennoch erlitten hätte, wird der Schaden zwischen dem Geschädigten und dem Schädiger geteilt, dem ja immerhin eine Pflichtverletzung vorgeworfen werden kann.[53] Bei mehr als zwei hypothetischen Anlageoptionen soll nicht jede Partei mit der Hälfte des Schadens belastet werden, sondern der Anleger so gestellt werden, als habe er sein Vermögen gleichmäßig auf die potentiellen Anlagen aufgeteilt.[54]

2.3.3 Unzulässiges Reurecht des Anlegers

Selbst wenn die Bank den Aufklärungsfehler verursacht und damit die Entscheidung des Anlegers beeinflusst hat, heißt dies nicht zwingend, dass daraus auch ein kausaler Schaden entstanden ist. Wenn der Anleger bei seiner Entscheidung auch bei ordnungsgemäßer Aufklärung geblieben wäre, ist es sachgerecht, ihm die Kausalität und damit den Schadensersatzanspruch zu versagen.[55] Alles andere würde auf ein unzulässiges Reurecht hinauslaufen.[56] Das Marktrisiko hat nämlich grundsätzlich der Anleger selbst zu tragen. Auch hier kommt im Bankrecht ein erschwerender Umstand hinzu: Es liegt nahe, dass der Anleger nur klagen wird, wenn sich der Aufklärungsfehler oder eben das Marktrisiko verwirklicht hat, also etwa die Wertpapiere weniger wert sind als bei ihrem Erwerb. Lässt man das Wertpapierunternehmen als Aufklärungspflichtigen also immer haften, würde es neben dem Schaden aus der Aufklärungspflichtverletzung zusätzlich auch das Marktrisiko tragen – das erscheint wenig sachgerecht.

---

53 *P. Bydlinski*, ÖBA 2008, 159, 169f. Kritisch dazu *Koziol*, in: FS Picker, 2010, S. 523, 544 f.

54 *P. Bydlinski*, ÖBA 2008, 159, 170.

55 So auch *Canaris*, in: FS Hadding, 2004, S. 3, 19.

56 *Herresthal*, ZBB 2009, 348, 359; *Andres*, BKR 201, 277, 280; *Habersack*, in: Bankrechtstag 2010, S. 3, 35; vorher schon *Lorenz*, Der Schutz vor dem unerwünschten Vertrag, 1997, S. 77 ff., *Canaris*, in: FS Hadding 2004, S. 3, 19.

2.3.4 Zwischenergebnis – auf der Suche nach einer vermittelnden Ansicht

Die Darstellung der Interessen und Wertungen hat gezeigt, dass einseitige Ergebnisse zugunsten oder zulasten einer Partei abzulehnen sind. Wenn Canaris die Beweislastumkehr mit der „ausgleichenden Gerechtigkeit“ begründet[57], ist dieses Argument zu einseitig. Deshalb ist auch eine pauschale Beweislastumkehr zugunsten des Anlegers, wie sie etwa Canaris, Andres und H. Roth fordern[58], abzulehnen, weil sie die Gefahr in sich birgt, als Reurecht missbraucht zu werden, indem das Marktrisiko einseitig auf den Aufklärungspflichtigen abgewälzt würde. Umgekehrt muss aber auch sichergestellt werden, dass der Anleger seinen Anspruch im Zweifel durchsetzen kann, ihm in der bestehenden Beweisnot also nichts Unmögliches abverlangt wird.

2.4 Fallgruppen

Eine Fallgruppenbildung könnte helfen, Fälle aufzuzeigen, in welchen eine Haftung bejaht oder verneint werden soll und damit Lösungen zu finden, die beiden Parteien gerecht werden.[59] Dies entspricht im Ergebnis auch der Rechtsprechung, die in den letzten Jahren die Beweislastumkehr zugunsten des Beklagten deutlich eingeschränkt hat.[60] Allerdings tat sie dies – wie noch zu zeigen sein wird – zum Teil zu weitgehend. Canaris plädiert für paradigmatische Fallkonstellationen und die Bildung von Typenreihen. Danach sei eine Beweislastumkehr zugunsten des Anlegers von vornherein unanwendbar, wenn nicht plausibel sei, dass sich der Geschädigte bei korrekter Aufklärung anders verhalten hätte. In diesen Fällen ist ein Schadenersatzanspruch abzulehnen. Umgekehrt soll ein Schadenersatz immer eingreifen, wenn nur eine bestimmte Möglichkeit aufklärungsrichtigen Verhaltens bestanden hätte, ein Entscheidungskonflikt also gar nicht bestand.[61] Mit dieser Fallgruppenbildung ist allerdings noch nicht allzu viel gewonnen, weil sie rein ergebnisorientiert ist und

---

57 *Canaris*, in: FS Hadding, 2004, S. 3, 21 f.

58 *Canaris*, in: FS Hadding 2004, S. 3 ff.; *Andres*, BKR 2011, 277 ff; *H. Roth*, ZHR 154 (1990), 513ff.

59 *Möllers*, WuB 2005, I G 6. § 31 WpHG 1.05; vorher schon *Lorenz*, Der Schutz vor dem unerwünschten Vertag 1997, S. 77.

60 *Canaris*, in: FS Hadding, 2004, S. 3, 12: „dass die vom 7. Senat begründete Vermutung aufklärungsrichtigen Verhaltens von den anderen Senaten nahezu völlig wieder abgebaut worden ist“; *Herresthal*, ZBB 2009, 348, 358: „schränkt diesen Grundsatz erheblich ein“.

61 *Canaris*, in: FS Hadding, 2004, S. 3, 19 f.; ihm folgend *Herresthal*, ZBB 2009, 348, 358.

damit die gewichtige Frage offenlässt, wann ein Entscheidungskonflikt vorliegt und wann nicht[62].

2.4.1 Wertlose Optionen und kaum zu erzielende Gewinne

Im Weiteren sollen die Fallgruppen aufgezeigt werden, die zu einem Schadenersatzanspruch führen oder einen solchen ausschließen. Der Verfall von Optionen wurde in der Rechtsprechung als Indiz dafür gewertet, dass sich der Anleger aufklärungsgerecht verhalten hätte: Ein vernünftiger Anleger – oder, wie Canaris formuliert, „ein bei Verstand befindlicher Mensch"[63] – hätte die Option rechtzeitig verkauft oder ausgeübt, sie aber nicht verfallen lassen. Damit hat die „Vermutung aufklärungsrichtigen Verhaltens" auch dann zu gelten, wenn es für den aufzuklärenden Teil vernünftigerweise zwei Handlungsalternativen gibt, deren Wahrnehmung jeweils geeignet gewesen wäre, den entstandenen Schaden zu vermeiden.[64] Ein weiteres Beispiel sind kaum zu erreichende Gewinne, etwa wenn wegen der zahlreichen Erfolgsbeteiligungen der Poolverwaltung ein Gewinn von 40% erzielt werden müsste, damit dem Anleger noch ein Gewinn von 9% verbleibt.[65]

2.4.2 Schwerwiegender Interessenkonflikt

Ein bedeutender Interessenskonflikt liegt vor, wenn eine Innenprovision an den Vermögensverwalter gezahlt wird, da eine solche Zahlung die Vertrauenswürdigkeit des Vermögensverwalters massiv tangiert.[66] Einen „schwerwiegenden Interessenkonflikt" und damit die „Vermutung aufklärungsgerechten Verhaltens" bejahte der BGH auch in der „Deutsche Bank"-Entscheidung, weil der

---

62 Der XI. Senat bejahte einen Entscheidungskonflikt bislang nur in BGH Urt. v. 13.7.2004, XI ZR 178/03, BGHZ 160, 58, 66 f. – Neuer Markt; BGH, Urt. v. 10.5.1994, XI ZR 115/93, WM 1994, 1466, 1467 f. – Scheckabfrage. S. aber unten Fn. 136 f.

63 *Canaris*, in: FS Hadding, 2004, S. 3, 20; *Herresthal*, ZBB 2009, 348, 358.

64 BGH, Urt. v. 7.5.2002, XI ZR 197/01, BGHZ 151, 5, 12 – Verfall von Optionsscheinen.

65 BGH, Urt. v. 9.6.1998, XI ZR 220/97, WM 1998, 1527, 1528 – Börsentermingeschäfte. S. auch BGH, Urt. v. 22.3.2011, XI ZR 33/10, BGHZ 189, 13 Rn. 34, 40 – Deutsche Bank/CMS Spread Ladder Swap.

66 BGH, Urt. v. 19.12.2000, XI ZR 349/99, BGHZ 146, 235, 241 – Provision beim Vermögensverwalter; zustimmend *Herresthal*, ZBB 2009, 348, 358.

Gewinn der einen Seite spiegelbildlich den Verlust der anderen Seite ausmachte.[67]

2.4.3 Steuersparmodelle

Umgekehrt soll bei Steuersparmodellen in der Regel ein Entscheidungskonflikt vorliegen und damit der Anscheinsbeweis bzw. die Kausalitätsvermutung entfallen. So hatte der IX. Senat schon 1993 einen Anscheinsbeweis abgelehnt, als der Mandant den Steuerberater wegen unrichtiger steuerrechtlicher Beratung bei seinem Ausscheiden als Gesellschafter auf Schadenersatz verklagte. Weil der Kläger noch Zuwendungen in Höhe von 325.000 DM erhielt und nach dem Ausscheiden eine Familie gründen wollte, hielt der Senat die Behauptung des Klägers, bei Kenntnis der wahren Steuerlast wäre er nicht aus der Gesellschaft ausgeschieden, durch keine Tatsachen erhärtet und damit für nicht überzeugend.[68] Auch bei einem Grundstückverkauf bestehe ein Entscheidungskonflikt, so dass bei fehlerhafter steuerrechtlicher Beratung kein aufklärungsgerechtes Verhalten vermutet werden könne.[69] Ebenso bejahte das OLG Köln einen Entscheidungskonflikt, wenn über das Risiko, den Vermarktungskostenaufwand im ersten Jahr steuerrechtlich geltend zu machen, nicht ordnungsgemäß aufgeklärt wurde.[70]

2.4.4 Innenprovisionen (Kick-back-Fälle)

Der BGH bejaht eine Haftung in den Kick-back-Fällen, weil seiner Ansicht nach ein Entscheidungskonflikt nicht schon deshalb vorliegen soll, weil die verschwiegene Rückvergütung im Vergleich zur Anlagesumme verhältnismäßig gering ist.[71] Wie oben gezeigt, wurde diese Entscheidung massiv kritisiert[72]. In

67 BGH, Urt. v. 22.3.2011, XI ZR 33/10, BGHZ 189, 13 Rn. 34, 40 – Deutsche Bank/CMS Spread Ladder Swap.

68 BGH, Urt. v. 30.9.1993, IX ZR 73/93, BGHZ 123, 311, 314 – Steuerlast bei Ausscheiden aus Gesellschaft und oben Fn. 3.

69 BGH, Urt. v. 5.2.2009, IX ZR 6/06, WM 2009, 715, 716 – Steuerlast bei Verkauf eines Grundstücks.

70vOLG Köln, Urt. v. 16.8.2006, 13 U 211/05, BeckRS 2007, 8421. Zustimmend *Andres*, BKR 2011, 277, 281; Rn. 955; *Medicus*, in: FS Picker, 2010, S. 619 f.

71 BGH, Urt. v. 9.3.2011, XI ZR 191/10, WM 2011, 925 Rn. 34 – Kick back. S. oben 1.2.

72 S. oben 1.2.

diesen Fällen wird man jedoch kaum einen massiven Interessenskonflikt bejahen können. Zudem stünde die Entscheidung im Widerspruch zu früheren Entscheidungen des BGH, in welchen dieser eine solche „Vermutung aufklärungsgerechten Verhaltens" auf eng begrenzte Ausnahmefälle beschränkt hatte.[73] Der Anleger weiß, dass die Bank nicht völlig uneigennützig handelt.[74] Er habe i.d.R. ganz eigene, individuelle Gründe für die Zeichnung.[75] Eine geringe Höhe der Provision im Verhältnis zur Anlagesumme spräche gegen die Kausalität.[76] Schließlich zeige sich die mangelnde Relevanz der Provision auch daran, dass es nicht wegen der Provisionszahlung zum Streit komme, sondern weil die Kapitalanlage sich negativ entwickelt habe.[77] Zahlreiche unterinstanzliche Gerichte haben insoweit auch die hypothetische Kausalität abgelehnt, etwa weil durch die Innenprovision der Vertragszweck nicht vereitelt würde[78] oder ein Entscheidungskonflikt bestanden hätte.[79] Im Gegensatz zum BGH lehnt auch der österreichische OGH Beweiserleichterungen in den Kick-back-Fällen ab und belässt es bei der regulären Beweislastverteilung, so dass der Kläger den Beweis für die Kausalität erbringen muss.[80]

73 *Habersack*, Anlegerschutz im Wertpapiergeschäft, in: Bankrechtstag 2010, 2011, S. 3, 34 f. Vorher schon *Grys/Geist*, BKR 2009, 344, 345.

74 *Jansen/Rensen*, MDR 2010, 661, 664; *Edelmann*, BB 2010, 1163, 1168 f.; *Casper*, ZIP 2009, 2409, 2416.

75 *Edelmann*, BB 2010, 1163, 1168 f., demzufolge hier der Anscheinsbeweis zugunsten der Bank greifen müsse. Dieses Argument überzeugt allerdings nicht: Dass jeder Anleger aus individuellen Gründen handelt, die nicht bewiesen werden können, ist ja gerade das zugrundeliegende Dilemma und gilt für alle Willensentscheidungen.

76 OLG Köln, Urt. v. 30.2.2002, 8 U 30/02, WM 2003, 338, 340 f.; Zweifel am Kausalzusammenhang im Einzelfall hält auch *Geibel*, ZBB 2003, 349, 358 für angemessen.

77 *Edelmann*, BB 2010, 1163, 1169.

78 OLG München, Urt. v. 6.10.2004, 7 U 3009/04, WM 2005, 647, 650; LG Potsdam, Urt. v. 29.7.2009 – 8 O 427/08, WM 2009, 2043.

79vOLG Köln, Beschluss v. 31.3.2006 und 16.5.2006, 13 U 17/06, WM 2006, 2130, 2132 – Entscheidungskonflikt bei Bestandprovision.

80 OGH, Urt. v. 14.12.2011, Gz. 3Ob225/11a, ÖBA 2012, 1815 – Kick back.

2.5 Verallgemeinerungsfähige Kriterien zur Prüfung der hypothetischen Kausalität

2.5.1 Ansichten in der Literatur

Wie festgestellt, setzte die „Vermutung aufklärungsgemäßen Verhaltens" nach der Rechtsprechung zahlreicher Senate des BGH jedenfalls bis zu dem Urteil XI ZR 262/10[81] voraus, dass die Aufklärung auf ein bestimmtes Verhalten zielte und aus den Umständen deutlich wurde, dass der Aufzuklärende sich aufklärungsgemäß verhalten hätte, also nur eine Möglichkeit der Reaktion und damit kein Entscheidungskonflikt existierte.[82] Diese Kriterien haben den Nachteil, dass sie bereits das Ergebnis der Subsumtion darstellen. Es besteht mithin die Gefahr, dass Gerichte einem Zirkelschluss folgen und vorschnell die Voraussetzungen bejahen. Es sind deshalb neben den Fallgruppen Kriterien herauszuarbeiten, welche Anhaltspunkte dafür geben, wann die Voraussetzungen vorliegen.

In Rechtsprechung und Literatur wird vorgetragen, dass sich eine Beweislastumkehr nur ergibt, soweit eine Aufklärung geschuldet ist, die sich auf ein konkretes Verhalten bezieht.[83] Stoll bildet etwa den Fall, dass der Arzt es unterlässt, den Patienten darüber aufzuklären, dass er nach einer Penicillin-Behandlung nicht Auto fahren darf. Auch wenn hier ein Entscheidungskonflikt vorläge, trüge der Arzt die Verantwortung dafür, dass der Patient das Auto nicht verwendet. Diese Verantwortung könne er nur durch entsprechende Aufklärung abwenden.[84]

An dieser Lehre ist kritisiert worden, dass im Einzelfall die Abgrenzung schwer zu ziehen sei, etwa weil viele Aufklärungspflichten einen Erfolg bezweckten, aber gleichwohl den Entscheidungskonflikt in sich trügen.[85] So wollen nahezu alle ärztlichen Aufklärungspflichten dem Patienten die Möglichkeit einräumen, dass sich der Erfolg nicht realisiert. Ein Entscheidungskonflikt besteht im Zweifel weiterhin. Mit diesem Ansatz lässt sich etwa auch die Problematik der Finanztermingeschäfte nicht lösen. Hier forderte die Literatur bisher eine Beweislastumkehr, obwohl ein Entscheidungskonflikt vorlag.[86] Beim Bör-

---

81 BGH, Urt. v. 8.5.2012 – XI ZR 262/10, WM 2012, 1137.

82 S. oben Fn. 4 und 8.

83 *Stoll*, AcP 176 (1976), 145, 160; BGH, Urt. v. 2.12.1980, VI ZR 175/78, NJW 1981, 630 – Sterilisation; BGH, Urt. v. 8.6.1989, III ZR 63/88, NJW 1989, 2946; BGH, Urt. v. 6.12.2001, IX ZR 124/00, NJW 2002, 593; So auch Palandt/*Grüneberg*, BGB, 71. Aufl. 2012, § 280 Rn. 39.

84 *Stoll*, AcP 176 (1976), 145, 160.

85 In diese Richtung bereits *H. Roth*, ZHR 154 (1990), 513, 530.

86 *G. Roth*, in: KK-WpHG, 2007, § 37d Rn. 176; *Zimmer*, in: KMRK, 3. Aufl. 2004, § 37d Rn. 87.

senprospekt wird ebenfalls die Kausalität bejaht, obwohl sich der Anleger etwa nach einer ausreichenden Beratung anders entscheiden kann.

2.5.2 Vertragsvereitelung bei wesentlicher Informationsverletzung

Wesentliche Informationsverpflichtungen sind solche, bei denen durch Informationspflichtverletzung der Vertragszweck vereitelt werden kann. Ist die Pflichtverletzung besonders groß, wird im Zweifel die Frage des Entscheidungskonfliktes zurücktreten. Mit anderen Worten wird dem Kläger mit einem Schadenersatzanspruch auch dann geholfen, wenn er sich eigentlich auch anders hätte entscheiden können. Das zeigt sich recht klar an der CMS Spread Ladder Swap-Entscheidung des BGH. Obwohl die Klägerin Prokuristin und Volkswirtin war, wurde ihr Rechtsschutz zuteil.[87] Im Ergebnis war schon der Vertragszweck vereitelt. Systematisch lässt sich vortragen, dass auch in den Fällen einer gesetzlich angeordneten Beweislastumkehr der Fehler nur dann rechtlich relevant ist, wenn wesentliche Angaben unrichtig oder unvollständig sind.[88] In § 127 InvG präzisiert der Gesetzgeber solche Angaben als rechtlich relevant für die Haftung, die für die „Beurteilung der Anteile von wesentlicher Bedeutung" sind.

2.5.3 Vertragsvereitelung bei schwerwiegendem Interessenskonflikt

In der Literatur möchte man die „Vermutung aufklärungsgerechten Verhaltens" allenfalls dann anwenden, wenn nicht aufgeklärt wurde und die Vergütung überhöht ist.[89] Das soll vorliegen, wenn der Vertragszweck vereitelt würde oder der wirtschaftliche Sinn der Vermögensanlage entfiele, etwa weil die Rentabilität ernsthaft fraglich wäre. Hierfür wird eine Rückvergütung von 15% genannt.[90] Zudem wird man eine Kausalität bejahen müssen, wenn für die Beratung schon gezahlt wurde, weil der Anleger dann mit weiterem Provisionsinteresse nicht zu rechnen braucht.[91] Umgekehrt gehören unwesentliche oder weniger schwerwie-

87 BGH, Urt. v. 22.3.2011, XI ZR 33/10, BGHZ 189, 13 Rn. 25 – Deutsche Bank CMS Spread Ladder Swap.

88 § 45 Abs. 1 S. 1 BörsG; § 12 Abs. 1 WpÜG.

89 *Möllers/Wenninger*, LMK 2007, 220857; in diese Richtung tendiert auch *Casper*, ZIP 2009, 2409, 2417.

90 Vgl. *Herresthal*, ZBB 2009, 348, 359; BGH, Urt. v. 28.7.2005, III ZR 290/04, NJW 2005, 3208, 3210.

91 *Habersack*, in: Bankrechtstag 2010, 2011, S. 3, 35.

gende Interessenskonflikte, bei denen man zudem davon ausgehen muss, dass der Anleger sie kennt, nicht zu Umständen, die den Vertragszweck vereiteln. So ist ein solcher Konflikt abzulehnen, wenn die Aufklärung nur hinsichtlich des Interessenkonflikts der Bank, nicht aber über das Risiko der Anlage fehlerhaft ist.[92]

2.5.4 Kenntnis und Wille des Anlegers als subjektive haftungsausschließende Indizien

In der Rechtsprechung findet sich zum Teil die Formulierung, dass der Maßstab, ob der Aufklärungsberechtigte vernünftigerweise nur eine Entscheidungsmöglichkeit hatte und damit kein Entscheidungskonflikt vorlag, objektiv zu bestimmen sei.[93] Diese Ansicht ist jedoch als zu einseitig abzulehnen. Schon der BGH hat in der Bond-Entscheidung verlangt, dass die Beratung anlage- und anlegergerecht zu erfolgen hat.[94] Damit kommt der Perspektive des Anlegers ein entscheidender Parameter zu, um die Beratungstiefe zu umschreiben.

Damit kann es vorkommen, dass das Anlageobjekt zwar objektiv eine Beratung verlangt, der Anleger aber nicht schutzbedürftig ist. Grundsätzlich ist der Anleger dann nicht schutzbedürftig, wenn er die unterbliebene Information bereits kennt. Bei Kenntnis ist eine entsprechende Information überflüssig.[95] Konsequenterweise lässt der Gesetzgeber bei der gesetzlich angeordneten Beweislastumkehr der Prospekthaftung diesen Gegenbeweis auch zu: Eine Haftung scheidet aus, wenn der Erwerber die Unrichtigkeit des Prospektes kannte, § 23 Abs. 2 Nr. 3 WpPG.[96] Diese gesetzgeberische Wertung lässt sich auf klassische Beratungsfälle übertragen. Die Aufklärungspflicht verfolgt hier denselben Zweck wie bei der Prospekthaftung und verliert an Relevanz, wenn der Anleger bereits informiert ist. Vergleichbares muss gelten, wenn der Anleger seine Entscheidung unabhängig von der Aufklärung trifft. Denn auch dann war die fehlende Aufklärung für den Erwerb des Wertpapiers nicht kausal. Auch hier zeigt der Gesetzgeber die Richtung auf, wenn er in § 23 Abs. 1 S. 1 WpPG formuliert,

---

92 *Casper*, ZIP 2009, 2409, 2416.

93 BGH, Urt. v. 30.9.1993, IX ZR 73/93, BGH, WM 1994, 127.

94 BGH, Urt. v. 6.7.1993, XI ZR 12/93, BGHZ 123, 126.

95 *Schäfer*, in: FS Immenga, 2005, S. 689, 700; für die Frage des § 37d s. *G. Roth*, in: KK-WpHG, 2007, § 37d Rn. 173.

96 Vormals § 45 Abs. 1 Nr. 3 BörsG. Vergleichbares gilt auch für das Prospekt bei einer Übernahme, s. § 12 Abs. 3 Nr. 2 WpÜG.

dass die Wertpapiere nicht auf Grund des Prospektes erworben wurden.[97] Schließlich ist der risikobereite Anleger nicht schutzwürdig, wenn er eine risikoreiche Anlage kauft und sich (nur) das in der Anlage steckende Risiko realisiert.[98]

3 Die unterschiedlichen Lösungsansätze auf Beweisebene

In einem dritten Schritt lässt sich nun fragen, wie diese Überlegungen beweisrechtlich umzusetzen sind.

3.1 Anscheinsbeweis (IX. Senat)

Der Anscheinsbeweis setzt einen typischen Geschehensablauf voraus, der nach der allgemeinen Lebenserfahrung auf eine bestimmte Ursache oder Folge hinweist und derart gewöhnlich und üblich erscheint, dass die besonderen Umstände des Einzelfalls in ihrer Bedeutung zurücktreten.[99] Der Anscheinsbeweis gehört zur freien Beweiswürdigung des Gerichts gem. § 286 ZPO. Ist der Anscheinsbeweis gelungen, muss der Gegner nicht das Gegenteil beweisen, sondern nur einen Sachverhalt vortragen, aus dem sich die ernsthafte Möglichkeit eines abweichenden Geschehensablaufs ergibt.[100] Gegen die Anwendung der Figur des Anscheinsbeweises in Bezug auf die „Vermutung aufklärungsgerechten Verhaltens“ spricht, dass innere Tatsachen nicht auf einem typischen Geschehensablauf beruhen.[101] Willensentschlüsse sind dem Anscheinsbeweis daher grundsätzlich nicht zugänglich.[102] Zimmer kritisiert, dass der Anscheinsbeweis bei unterlassener Ausgabe des Informationsblattes bei Finanztermingeschäften nach § 37d WpHG a.F. nicht greift, denn der Anleger solle nur in die

97 Vormals § 45 Abs. 1 Nr. 1 BörsG. , für das Übernahmeprospekt § 12 Abs. 3 Nr. 1 WpÜG.
98 BGH, Urt. v. 13.7.2004, XI ZR 178/03, WM 2004, 1774 – Indexzertifikate m. Anm. *Möllers*.
99 BVerfG, Beschl. v. 30.6.1993, 2 BvR 459/93, NJW 1993, 2165; BGH, Urt. v. 4.12.2000, II ZR 293/99, NJW 2001, 1140, 1141; Musielak/*Foerste*, ZPO, 9. Aufl. 2012, § 286, Rn. 23.
100 BGH, Urt. v. 3.7.1990, VI ZR 239/89, NJW 1991, 230, 231; *Dieckmann*, WM 2011, 1153, 1154.
101 BGH, Urt. v. 3.7.1990, VI ZR 239/89, BGHZ 31, 351, 357; BGH, Urt. v. 20.9.1968, V ZR 137/65, NJW 1968, 2139; BGH, Urt. v. 18.3.1984, BGHZ 100, 214, 216 – Freitod; *Stackmann*, NJW 2009, 3265, 3268; für das österreichische Recht s. *Kodek*, ÖBA 2012, 11, 23.
102 *Prütting*, in: MünchKommZPO, 3. Aufl. 2008, § 286 Rn. 79.

Lage versetzt werden, eine eigenverantwortliche Entscheidung zu treffen. Es bestehe ein klassischer Entscheidungskonflikt, weil nicht zwingend ist, dass der Anleger nach Lektüre des Informationsblattes von der Anlage Abstand genommen hätte.[103]

Ein Anscheinsbeweis soll dann aber möglich sein, wenn aus Sicht eines vernünftigen Dritten nur eine Entscheidung des Beratenen möglich oder sinnvoll erscheint.[104] Mit anderen Worten gibt es zahlreiche Situationen, bei denen ein Standardverhalten wahrscheinlich ist.[105]

3.2 Beweislastumkehr und fehlender Entscheidungskonflikt

Gegen die Beweislastumkehr lässt sich einwenden, sie sei überflüssig, weil in den Fällen, in denen sich ein vernünftiger Anleger nur für das aufklärungsgerechte Verhalten entschieden hätte, dem Anleger üblicherweise mit dem Anscheinsbeweis geholfen werden kann.[106] Zudem dürfe der Richter die Beweislast nicht einzelfallbezogen, sondern ausschließlich aufgrund einer allgemeingültigen Regel umkehren.[107] Damit würde die auf die Typizität eines bestimmten Geschehensablaufs gegründete Beweisregel keine volle Beweislastumkehr rechtfertigen.[108] Gegen die Bejahung einer Beweislastumkehr spricht vor allem, dass sich der Kläger eigentlich nicht daher in Beweisnot befindet, weil die zu beweisende Tatsache in der Sphäre des Beklagten liegt. Damit unterscheidet sich dieser Fall von den sonstigen Fällen, in denen die Rechtsprechung die Beweislastumkehr bejaht.[109] Selbst in den Arzthaftungshaftungsfällen wird grundsätzlich keine Beweislastumkehr bezüglich der Kausalität vorgenommen.[110] Die Beweislastumkehr ist vor allem dann überschießend, wenn der Kläger die Anlage trotz Aufklärungsmangel sicher gekauft hätte.[111] Damit besteht

---

103 *Zimmer*, in: KMRK, 3. Aufl. 2004, vor § 37d Rn. 84 ff.

104 *Stackmann*, NJW 2009, 3265, 3268.

105 *Grunewald*, ZIP 1994, 1162, 1165; *Zimmer*, in: KMRK, 3. Aufl. 2004, vor § 37d Rn. 84.

106 *G. Roth*, ZHR 154 (1990), 513, 528; *Canaris*, in: FS Hadding, 2004, S. 3, 20; *Herresthal*, ZBB 2009, 348, 358; *Zimmer*, in: KMRK, 3. Aufl. 2004, vor § 37d Rn. 87.

107 *Prütting*, in: MünchKommZPO, 3. Aufl. 2008, § 286 Rn. 123; Musielak/*Foerste*, ZPO, 9. Aufl. 2012, § 286, Rn. 37; *Dieckmann*, WM 2011, 1153, 1154.

108 So bereits BGH Urt. v. 30.9.1993, XI ZR 73/93, BGHZ 123, 311, 315 – Beweislast für beratungsgemäßes Handeln.

109 *Medicus*, in: FS Picker, 2010, S. 610, 620.

110 S. oben 2.1.1.

111 Ebenso *Canaris*, in: FS Hadding, 2004, S. 3, 19 f.

die Gefahr, dass zugunsten des Klägers das Marktrisiko einseitig auf die Bank abgewälzt wird.[112]

3.3 Reduzierung des Beweismaßes als Alternativkonzept

3.3.1 Anforderungen an die Beweisführung des Klägers

Das Problem liegt auf der Ebene der Beweiswürdigung,[113] in der das Gericht gemäß § 286 Abs. 1 ZPO frei ist. Anscheinsbeweis und Beweislastumkehr haben die gerade genannten Schwächen. Als Mittelweg erscheint es denkbar, die Anforderungen an den Vollbeweis zu senken und dem Kläger nur die Verpflichtung aufzuerlegen, die Kausalität substantiiert vorzutragen. Damit würde man auf die „Vermutung aufklärungsgerechten Verhaltens" verzichten, aber die Vorgaben an die Beweiserbringung senken. Statt einer Beweislast zugunsten des Klägers umzukehren, wie es der BGH bejaht, könnte man das Beweismaß senken. Damit wäre für das Vorbringen des Klägers nicht die volle Beweislast erforderlich, sondern es würde ausreichen, dass der Kläger substantiiert vorträgt bzw. der Beklagte substantiiert bestreitet. Einen ähnlichen Maßstab setzt der BGH in der Entscheidung über die Geburt eines Kindes mit Down-Syndrom an, wenn er verlangt, dass die Entscheidung des Klägers „nachvollziehbar und plausibel erscheint".[114] Das heißt umgekehrt aber auch, dass schlichtes Behaupten regelmäßig für das Klägervorbringen nicht ausreicht.

Im ersten Schritt hätte der Anleger substantiiert vorzutragen, dass er bei ordnungsgemäßer Aufklärung von der Anlage Abstand genommen hätte oder aber bei einer anderen Investition bzw. Entscheidung keinen oder einen geringeren Schaden erlitten hätte. Die hypothetische Kausalität ist zu bejahen, wenn über wesentliche Information nicht aufgeklärt wurde und so etwa der Vertragszweck vereitelt wurde, wie dies bei einer Äquivalenzstörung oder einem schwerwiegenden Interessenkonflikt der Fall ist. Aus der subjektiven Perspektive des Anlegers ist ein Anspruch zu verneinen, wenn der Schaden mit hoher Wahrscheinlichkeit trotz Aufklärung eingetreten wäre. Sodann ist nach differenzierenden Fallgruppen zu suchen: Der geschädigte Anleger soll etwa grundsätzlich einen Schadenersatzanspruch durchsetzen können, wenn er wertlose

---

112 S. oben 2.3.3.

113 *Medicus*, in: FS Picker, 2010, S. 619, 622; *Piekenbrock*, WM 2012, 429, 433.

114 BGH, Urt. v. 22.11.1983, VI ZR 85/82, BGHZ 89, 95, 103; zustimmend *Stodolkowitz*, VersR 1994, 11.

Optionen erwirbt oder ein schwerwiegender Interessenkonflikt besteht, nicht dagegen im Rahmen reiner Steuersparmodelle oder – so die Literatur – im Falle der unterlassenen Aufklärung über Innenprovisionen (Kick-backs). Zudem kann ein Dritter vernommen werden, soweit der Anleger dem Dritten gegenüber seine Absichten geäußert hat.[115] Schließlich bleibt dem geschädigten Anleger die Möglichkeit, seine Ansprüche (etwa an seinen Rechtsanwalt) abzutreten und im folgenden Prozess zwischen Zessionar und Bank als Zeuge aufzutreten.[116]

3.3.2 Anforderungen an den substantiierten Vortrag des Beklagten

Für die Beweisnot des Anlegers gilt ferner, dass sie durch eine Beweislastumkehr zwar behoben wird, dies aber umgekehrt zu einer Beweisnot des Aufklärungspflichtigen führt.[117] Die Hürde ist dann noch höher, weil es ja um die innere Einstellung des Kunden – und damit der Gegenpartei – geht.[118] In Deutschland besteht die Möglichkeit der Parteivernehmung von Amts wegen gem. § 448 ZPO. Diese verlangt allerdings, dass bereits eine gewisse Wahrscheinlichkeit für die Richtigkeit der streitgegenständlichen Behauptung spricht.[119] Eine Parteivernehmung kann außerdem auf Antrag bzw. mit Zustimmung der Gegenpartei erfolgen, §§ 445 Abs. 1, 447 ZPO. Besondere Anforderungen an die Wahrscheinlichkeit bestehen dann nicht.[120] Die Subsidiarität der Parteivernehmung[121] spielt in den behandelten Fällen wohl regelmäßig ebenfalls keine Rolle, da keine anderen Beweismittel zur Verfügung stehen werden.

Damit steht dem Aufklärungsverpflichteten in einem zweiten Schritt die Möglichkeit offen, vorzutragen, dass der Schaden auch bei ordnungsgemäßer Aufklärung eingetreten wäre, etwa weil der Anleger mit hoher Wahrscheinlich-

---

115 *Sethe*, in: Assmann/Schneider, WpHG, 6. Aufl. 2012 § 37b, c Rn. 147.

116 Diese Möglichkeit besteht und ist nicht rechtsmissbräuchlich, s. OLG München, Urt. v. 1.10.2002, 30 U 855/01, ZIP 2002, 1989; OLG Frankfurt, Urt. v. 17.3.2005, 1 U 149/04, NZG 2005, 516 – Comroad; *Möllers/Leisch*, WpHG, 2007, §§ 37b, c Rn. 335; *Rotter*, in: Möllers/Rotter, Ad-hoc-Publizität, 2003, § 18 Rn. 426.

117 *Stodolkowitz*, VersR 1994, 11, 13; *Greger*, Beweis und Wahrscheinlichkeit, 1978, S. 158 f.; *Lorenz*, Der Schutz vor dem unerwünschten Vertrag, 1997, S. 75; *Lieb*, in: FS Universität Köln, 1988, S. 251, 265; *Grunewald*, AcP 190 (1990) 609, 615.

118 BGH, Urt. v. 30.9.1993, IX ZR 73/93, BGHZ 123, 311, 314 – Steuerlast. S. auch oben 2.3.1.

119 Vertiefend BGH, Urt. v. 19.7.2004, II ZR 218/03, BGHZ 160, 134, 147 f. – Infomatec II; *Möllers/Leisch*, WpHG, 2007, §§ 37b, c Rn. 334; Zöller/*Greger*, ZPO, 29. Aufl. 2012, § 448 ZPO Rn. 2a; *Rotter/Placzek*, Bankrecht, 2009, § 19 Rn. 27.

120 *Schreiber*, in: MünchKommZPO, 3. Aufl. 2008, § 445 Rn. 6.

121 *Schreiber*, in: MünchKommZPO, 3. Aufl. 2008, § 445 Rn. 6.

keit eine ebenso risikobehaftete Entscheidung getroffen hätte. Der Kläger bzw. Beklagte kann sein Vorbringen substantiieren, indem er objektive und subjektive Indizien benennt. Diese sind für die Beweiswürdigung relevant, ob der Kläger bei ordnungsgemäßer Aufklärung eine Entscheidung getroffen hätte, bei welcher er den Schaden hätte vermeiden können oder dieser geringer ausgefallen wäre. Schließlich dienen die Kriterien dazu, dem Schädiger ein substantiiertes Bestreiten zu ermöglichen, dass mit hoher Wahrscheinlichkeit der Schaden auch bei ordnungsgemäßer Aufklärung eingetreten wäre.

3.3.3 Rechtsvergleichender Überblick – Österreich und die Schweiz

Die soeben dargestellte Lösung entspricht interessanterweise der Rechtslage in Österreich. Anders als die verschiedenen Senate des BGH geht die neuere Rechtsprechung in Österreich grundsätzlich von der Beweislast des Geschädigten aus, weil dieser beweisnäher ist als der Schädiger.[122] Auch das schweizerische Recht kennt die „Vermutung aufklärungsgerechten Verhaltens“ nicht.[123] So hat der österreichische OGH eine Beweislastumkehr zugunsten des Klägers ausdrücklich abgelehnt, in einem zweiten Schritt die Beweisanforderungen zu seinen Gunsten aber gesenkt, so dass er nur noch plausibel vortragen muss, dass der Schaden durch die fehlerhafte Beratung eingetreten ist.[124] Plausibles Darlegen soll also genügen,[125] sodass der Beweis schon bei Belegen einer überwiegenden Wahrscheinlichkeit erbracht wäre.[126] In Österreich wird vorgetragen, dass der Beweis des hypothetischen Alternativverhaltens für den Kläger zumutbar sei, weil er schließlich als Partei vernommen werden könne.[127] In einem

---

122 OGH, Urt. v. 20.10.2004, Gz. 7 Ob 220/04k, zustimmend *Kodek*, ÖBA 2012, 11, 22.

123 BGer 4A_168/2008, E.2.7, BGE 124 III 155, E.3.d); *Sethe*, AcP 212 (2012), 80, 147. Allerdings ist der Effektenhändler verpflichtet, die Beratung zu dokumentieren; unterlässt er dies, ist dies bei der Beweiswürdigung zu berücksichtigen, *Gutzwiller*, AJP 2004, 411, 416; *Sethe*, AcP 212 (2012), 80, 148.

124 OGH, Urt. v. 28.1.2011, Gz. 6Ob231/10d, ÖBA 2011, 1729, 513; OGH, Urt. v. 30.3.2011, Gz. 7Ob77/10i, ÖBA 2011, 1724, 501; zustimmend *Dullinger*, JBl. 2011, 693, 696.

125 OGH, Urt. v. 28.1.2011, ÖBA 2011, 1729 unter 5.2: „Der Geschädigte hat daher (lediglich) ein Vorbringen zu erstatten, mit dem die Verursachung eines Schadens plausibel gemacht wird“; OGH, Urt. v. 30.3.2011, ÖBA 2011, 1724 unter II.3.1.2: „Die Problematik der Beweisbarkeit des bloß hypothetischen Kausalverlaufs trägt die Judikatur dadurch Rechnung, als daran nicht so strenge Anforderungen gestellt werden.“

126 Zustimmend *Dullinger*, JBl. 2011, 693, 696; *Leupold/Ramharter*, ÖBA 2011, 718, 729.

127 *Kodek*, ÖBA 2012, 11, 23 der darin einen Unterschied zum deutschen Recht sieht.

zweiten Schritt müsse der Schädiger dann nachweisen, dass ein anderer Verlauf wahrscheinlich sei.[128]

4 Zusammenfassung und Ausblick

4.1 Beweislastumkehr ohne Entscheidungskonflikt als Voraussetzung - die Rechtsprechungsänderung des XI. Senates in XI ZR 262/10

4.1.1 Aufgabe des Kriteriums des fehlenden Entscheidungskonfliktes

An dem Urteil XI ZR 262/10 positiv zu werten ist sicherlich, dass der XI. Senat künftig darauf verzichtet, dass eine Beweislastumkehr nur eintreten soll, wenn kein Entscheidungskonflikt vorliegt. Ein Verzicht auf diese Voraussetzung ist schon deshalb sinnvoll, weil die bisherige Rechtsprechung des XI. Senates nur bedingt überzeugte. Bereits theoretisch war eine Beweislastumkehr wenig nachvollziehbar, da sie zugleich mit der hohen Hürde verbunden war, nur dann zu gelten, wenn nur eine Entscheidungsmöglichkeit des Kunden sich aufdrängte. Rein praktisch gab sie dem Kläger letztlich Steine statt Brot, da ein Anspruch mit der Vorgabe, die Beweislastumkehr lediglich dann zu gewähren, wenn sich der Kläger nur aufklärungsgemäß verhalten konnte, oft scheiterte.[129] Mit einer Beweislastumkehr wird der BGH nun dem schon immer vorgetragenen Regelungszweck gerecht, dass eine Aufklärungspflichtverletzung auch mit einem Schadenersatzanspruch durchgesetzt werden kann[130], ohne dass der Kausalitätsbeweis dem entgegensteht. Mit dem Verzicht auf die Voraussetzung des fehlenden Entscheidungskonfliktes werden die Rechte des Klägers deutlich gestärkt, weil nun immer von einer Beweislastumkehr zugunsten des Klägers auszugehen ist. Dass der BGH früher trotz des Entscheidungskonfliktes die „Vermutung aufklärungsgerechten Verhaltens" bejahte, wurde ihm von der

128 OGH, Urt. v. 28.1.2011, Gz. 6Ob231/10d, ÖBA 2011, 1729, 513; OGH, Urt. v. 30.3.2011, Gz. 7Ob77/10i, ÖBA 2011, 1724, 501; zustimmend *Dullinger*, JBl. 2011, 693, 696.

129 *Canaris*, in: FS Hadding, 2004, S. 3, 12: „dass die Vermutung von den anderen Senaten nahezu völlig abgebaut worden ist"; Zimmer, in: KMRK, 3. Aufl. 2004, § 37d Rn. 87; *G. Roth*, in: KK-WpHG, 2007, § 37d Rn. 195; positiver aber *Andres*, BKR 2011, 277, 279. S. oben 2.3.2.

130 S. oben 2.2.2. Der BGH beruft sich hier ausdrücklich auf *H. Roth*, ZHR 154 (1990), 513, 530 ff.; *Canaris*, in: FS Hadding, 2004, S. 3, 21 ff.

Literatur mit deutlichen Worten vorgeworfen.[131] Mit der Aufgabe dieser Voraussetzung wird die frühere Ungereimtheit aufgehoben und die Kick-Back-Fälle nun stimmig sind, weil in diesen Fällen oft ein Entscheidungskonflikt vorliegt. Schließlich hat der XI. Senat, wie er selbst betont, seinen Konflikt mit den anderen Senaten aufgegeben.[132]

Allerdings „glättet" der XI. Senat seine Argumentation doch nicht unwesentlich: Zum einen behauptet er, die beklagte Bank hätte den Entscheidungskonflikt darzutun.[133] Tatsächlich lag diese Pflicht, wenn man mit dem VII. Senat nur einen Anscheinsbeweis bejaht, regelmäßig auf Seiten des Klägers[134], so dass der vom XI. Senat vorgetragene Widerspruch zum Arzthaftungsrecht so nicht zutrifft. Zum anderen soll nach Ansicht des XI. Senates überhaupt nur in zwei „Ausnahmefällen" ein solcher Entscheidungskonflikt bejaht worden sein.[135] Er unterschlägt damit aber die Rechtsprechung des VII. Senates, der in zahlreichen weiteren Fällen einen solchen Entscheidungskonflikt bejahte[136] und gerade umgekehrt die Vermutung aufklärungsgerechten Verhaltens als Ausnahme bezeichnete.[137]

4.1.2 Indizien zur Substantiierung des Beweisantrages der beklagten Bank

In einem eigenen Teil der Entscheidung hebt der BGH die Beweiswürdigung der Vorinstanz auf, welche die Beweisanträge der beklagten Bank für unerheblich erachtet hatte. Der BGH präzisiert insoweit die Substantiierungspflicht des Beweisantrages. So reicht es für den Antrag der beklagten Bank auf Vernehmung des Klägers als Partei gem. § 445 Abs. 1 ZPO aus, wenn der Beklagte vorträgt, warum die Pflichtverletzung nicht kausal für den Schaden war. Eine unzulässige Ausforschung liege nicht vor, wenn der Beklagte Anhaltspunkte vortrage, welche einzeln oder in ihrer Gesamtschau die Pflichtverletzung für den Schaden

---

131 S. oben 1.2. und II.4.e). S. auch *Piekenbrock*, WM 2012, 429, 433: „Das passt nicht zusammen."

132 S. oben 2.3.2.

133 BGH, Urt. v. 8.5.2012, XI ZR 262/10, WM 2012, 1337 Rn. 31.

134 S. unten Fn. 136.

135 BGH, Urt. v. 8.5.2012, XI ZR 262/10, WM 2012, 1337 Rn. 32; s. oben Fn. 62.

136 Etwa BGH, Urt. v. 30.9.1993, IX ZR 73/93, BGHZ 123, 311, 314 – Ausscheiden aus der Gesellschaft; BGH, Urt. v. 18.5.2006, XI ZR 53/05, WM 2006, 1736 Rn. 15 – Kirchensteuer; BGH, Urt. v. 5.2.2009, IX ZR 6/06, NJW 2009, 715 Rn. 10 – Verkauf eines Grundstückes.

137 BGH, Urt. v. 18.5.2006, XI ZR 53/05, WM 2006, 1736 Rn. 15 – Kirchensteuer; BGH, Urt. v. 5.2.2009, IX ZR 6/06, WM 2009, 715 Rn. 13.

nicht kausal erscheinen lassen, weil der Kläger auch bei Kenntnis der Rückvergütung die Anlage gezeichnet hätte. Dafür spreche das Anlageziel und die bereits früher in Kenntnis der Provision gezeichnete Beteiligung.[138] Der Tatrichter habe insoweit in die Beweisaufnahme einzutreten, unabhängig davon, wie wahrscheinlich das Vorbringen sei.[139]

An der Entscheidung positiv hervorzuheben sind zudem die umfangreichen Ausführungen zur Beweiswürdigung des Sachvortrages der beklagten Bank. Künftig hat das erstinstanzliche Gericht das Vorbringen umfangreich zu würdigen und bereits dann den Kläger und die Beklagte als Partei zu vernehmen, wenn die Bank Indizien vorbringt, wonach der Kläger auch bei entsprechender Belehrung die Anlage erworben hätte. Die zwei vorgetragenen Indizien, dass der Kläger schon früher trotz Kenntnis der hohen Provision die Anlage erworben hatte und dass bestimmte renditestarke Anlageobjekte nur mit einer entsprechend hohen Provision am Markt zu erwerben sind[140], sind dabei durchaus überzeugend und stimmen mit den oben herausgearbeiteten Fallgruppen überein[141].

Erfreulich an der Entscheidung ist vor allem der Umstand, dass der XI. Senat nicht nur die Rechte des Klägers stärkt, sondern auch die der beklagten Bank. Damit vermeidet er es, einseitig nur auf die Interessen einer Partei abzustellen. Ein einseitiges Abstellen auf eine Beweislastumkehr hätte die Gefahr heraufbeschworen, dass der Kläger ein unzulässiges Reurecht geltend macht und damit das Marktrisiko auf die beklagte Bank abwälzt.[142] Insoweit zielt die Entscheidung darauf ab, mit einer eindeutigen Beweislastverteilung Kläger und Beklagten klare Vorgaben an die Substantiierungslast ihres Vorbringens im Prozess an die Hand zu geben.

138 BGH, Urt. v. 8.5.2012, XI ZR 262/10, WM 2012, 1337 Rn. 41.

139 BGH, Urt. v. 8.5.2012, XI ZR 262/10, WM 2012, 1337 Rn. 43.

140 BGH, Urt. v. 8.5.2012, XI ZR 262/10, WM 2012, 1337 Rn. 53.

141 S. oben 2.4.4 und 2.5.3.

142 *Herresthal*, ZBB 2009, 348, 359; Andres, BKR 2011, 277, 280; *Habersack*, in: Bankrechtstag 2010, 2011, S. 3, 35; vorher schon *Lorenz*, Der Schutz vor dem unerwünschten Vertrag, 1997, S. 77 ff., *Canaris*, in: FS Hadding 2004, S. 3, 19 und oben 2.3.

4.2 Lücken und Unterschiede zu der Entscheidung XI ZR 262/10

4.2.1 Fehlende Auseinandersetzung mit dem IX. Senat – Schwächen der Beweislastumkehr auf materieller Ebene

Der IX. Senat geht in ständiger Rechtsprechung von einem Anscheinsbeweis aus[143]. Der XI. Senat betont stattdessen die Beweislastumkehr zugunsten des Klägers und begünstigt damit den Kläger deutlich stärker als die Vertreter der anderen Ansichten. Der durchaus mit deutlichen Worten geführte Streit zwischen den Senaten wird in dem Urteil XI ZR 262/10 galant umgangen. Stattdessen wird nur eine Literaturstelle als gegenteilige Ansicht erwähnt.[144] Die Argumente, die gegen die Bejahung einer Beweislastumkehr sprechen, wurden oben vorgetragen.[145] Damit unterscheidet sich dieser Fall von den sonstigen Fällen, in denen die Rechtsprechung die Beweislastumkehr bejaht. Selbst in den Arzthaftungshaftungsfällen wird grundsätzlich keine Beweislastumkehr bezüglich der Kausalität vorgenommen.[146] Die Beweislastumkehr ist vor allem dann überschießend, wenn der Kläger die Anlage trotz Aufklärungsmangel sicher gekauft hätte.[147]

4.2.2 Schwächen der Beweislastumkehr aus prozessualer Sicht

Die „Waffengleichheit" zwischen Kunden und Berater hängt damit entscheidend von der Bereitschaft der Instanzgerichte ab, dem Antrag der Bank durch Parteivernehmung ernsthaft nachzugehen. Dabei ist die Gefahr nicht von der Hand zu weisen, dass eine nicht ausdrückliche Aufklärung über die Provisionen einen Schadenersatzanspruch nach sich ziehen wird, obwohl der Kunde die Anlage auf jeden Fall gezeichnet hätte.[148] Sollte sich zeigen, dass die Ausgangs-

---

143 S. oben Fn. 3 und 2.4.4.

144 BGH, Urt. v. 8.5.2012, XI ZR 262/10, WM 2012, 1337 Rn. 29 unter Hinweis auf *Piekenbrock*, WM 2012, 429, 439 als andere Ansicht.

145 S. oben 3.2.

146 S. oben 2.1.1.

147 Ebenso *Canaris*, in: FS Hadding, 2004, S. 3, 19 f.

148 Dafür spricht, dass die Höhe der Provision nicht relevant für Kausalität sein soll, s. *Ellenberger*, in: Ellenberger/Schäfer/Clouth/Lang, Praktikerhandbuch Wertpapier- und Derivategeschäft, 3. Aufl. 2010, E., Rn. 955. Der österreichische OGH lehnt insoweit bei Kick-Back-Fällen auch eine Beweislastumkehr ab, s. OGH, Urt. v. 14.12.2011, ÖBA 2012, 1815.

gerichte nicht bereit sind, den Weg des BGH zu gehen, wäre die Beweislastumkehr zulasten des Aufklärungspflichtigen überschießend und unbillig.[149] Die Ansicht des IX. Senates oder die vorgestellte Fallgruppenbildung, die bereits in einem ersten Schritt die Substantiierungspflicht beim Kläger belässt, aber die volle Beweislast abmildert und damit eine pauschale Beweislastumkehr vermeidet, wären dann der gerechtere Weg.

149 S. oben 2.3.3.

2. Abteilung: **Verantwortlichkeit der Organmitglieder von Kreditinstituten**

Leitung: Dr. *Volker Groß*, Chefsyndikus, Kreditanstalt für Wiederaufbau, Frankfurt am Main

Prof. Dr. Wulf Goette
Vorsitzender Richter am Bundesgerichtshof a.D.[1]

Zivilrechtliche Verantwortlichkeit der Organmitglieder von Kreditinstituten

1 Einleitung

Für die Einladung, am diesjährigen Bankrechtstag zu Ihnen über die „Zivilrechtliche Verantwortlichkeit der Organmitglieder von Kreditinstituten" sprechen zu dürfen, danke ich Ihnen auf das herzlichste, es ist eine große Ehre für mich, zumal ich über vertiefte Kenntnisse des eigentlichen Bankgeschäfts nicht verfüge, dessen haftungsrechtliche Seite ja Gegenstand meines Vortrags sein soll. Ich hoffe, dass Sie am Ende meiner Ausführungen meinen Eindruck bestätigt finden werden, dass dies nicht unbedingt nachteilig ist, weil es um die Herausarbeitung der großen Linien,[2] weniger jedoch um die kleine Münze geht. Sie kann nämlich nur auf der Grundlage des Gesamtsystems regelgerecht und unter Beachtung der Besonderheiten des Bankgeschäfts geprägt werden.

In einem ersten Abschnitt werde ich mich mit den Grundlagen der organschaftlichen Haftung bei einem als AG verfassten Kreditinstitut einschließlich deren Durchsetzung durch den Aufsichtsrat nach den ARAG/GARMENBECK[3]-Regeln beschäftigen und dabei einen Seitenblick auf Genossenschaftsbanken, Landesbanken und Sparkassen werfen. Dann möchte ich mich der Frage zuwenden, ob und inwieweit § 25a KWG und seine Umsetzung eine Konkretisierung des Pflichtenstandards enthält, ehe ich mit einem Kurzreferat über die höchstrichterlich entschiedenen, aber nicht immer publizierten Fälle von

---

1 Um wenige Fußnoten ergänzter Vortrag, gehalten beim Bankrechtstag 2012 – die Vortragsform ist beibehalten worden.

2 Vgl. die unverzichtbare, alle Aspekte einbeziehende Darstellung von *Hopt* und *Roth* in GK-AktG, 4. Aufl. § 93 und § 93 Abs. 1 S. 2, 4 nF (Bd. 3); ferner *Verf.* FS 50 Jahre BGH (2000) S. 123 ff. und in *Hommelhoff/Hopt/v. Werder* Handbuch Corporate Governance, 2. Aufl. (2009) S. 713 ff.

3 BGHZ 135, 244, dazu *Verf.* in Liber Amicorum Martin Winter (2011), S. 153 ff.

organschaftlicher Haftung im Bankensektor fortfahre. In der Zusammenfassung wird zu zeigen sein, dass die so viel beschworene business judgement rule (§ 93 Abs. 1 S. 2 AktG) einen sicheren Hafen vor Regressnahme erst viel später, als die Betroffenen meinen, gewährt, dass andererseits aber zu beachten ist, dass Schadenersatzhaftung Wiedergutmachung eines Vermögensschadens zu sein hat und dass es ein – wenn auch weit verbreitetes - Missverständnis darstellt, in ihr eine Bestrafung für organschaftliche Fehler zu sehen.

2 Grundlagen der organschaftlichen Haftung[4]

Vorstandsmitglieder einer AG haben nach § 93 Abs. 1 Satz 1 AktG „bei ihrer Geschäftsführung die Sorgfalt eines ordentlichen und gewissenhaften Geschäftsleiters anzuwenden". Verletzen sie ihre Pflichten – so bestimmt es § 93 Abs. 2 S. 1 AktG -, sind sie der Gesellschaft zum Ersatz des daraus entstehenden Schadens als Gesamtschuldner verpflichtet. Für die Aufsichtsratsmitglieder fasst sich das Gesetz in § 116 AktG kürzer und ordnet – den Selbstbehalt bei der D&O-Versicherung ausnehmend – die „sinngemäße" Geltung des § 93 AktG hinsichtlich der „Sorgfaltspflicht und Verantwortlichkeit" an; mit der Verwendung des Wortes sinngemäß trägt der Gesetzgeber dem Umstand Rechnung, dass für die beiden Organe ein nur teilweise identisches Pflichtenprogramm besteht, das sich jedenfalls auch bei der „Verantwortlichkeit" genannten Haftung für Pflichtwidrigkeiten auswirken muss.

Grob unterscheiden lassen sich die beiden organschaftlichen Bereiche dahin, dass dem Vorstand die – wie § 76 AktG betont - eigenverantwortliche Leitung übertragen ist, während der Aufsichtsrat überwachen soll, ob er dabei die nach Gesetz und Satzung gezogenen Grenzen beachtet. Indessen lässt sich diese grobe Trennung nicht strikt durchhalten, vielmehr hat auch der Aufsichtsrat in gewissem Umfang unternehmerische Entscheidungen zu treffen und entsprechende Verantwortung zu tragen. Das zeigt sich u.a. in der prospektiven, mehr Beratungscharakter enthaltenden Überwachung, wie sie z.B. in § 111 Abs. 4 AktG mit den Zustimmungsvorbehalten ausgedrückt wird; noch deutlicher wird dies aber bei der Entscheidung des Aufsichtsrats, welche Personen er in das Vorstandsamt berufen und mit welchen dienstrechtlichen Verträgen er sie versehen will bzw. umgekehrt, ob Anlass zu einem Widerruf der Bestellung oder gar der vorzeitigen Beendigung des Dienstverhältnisses besteht.

4 s. Fn. 2.

Teil der reaktiven Überwachung ist dann auch die Entscheidung, ob der Vorstand für schuldhafte, einen Schaden verursachende Pflichtverletzungen in Regress genommen werden muss; hier ist entgegen verbreitetem Missverständnis der einschlägigen höchstrichterlichen Rechtsprechung nicht ausschließlich eine gebundene, am Legalitätsprinzip orientierte, sondern auf einer weiteren Stufe der Prüfung eine genuin unternehmerische Entscheidung gefragt – ich komme darauf noch zurück.

Zurück zum Vorstand: ihn trifft die Leitungsverantwortung für das gesamte Unternehmen, d.h. er hat die durch den Verbandszweck bestimmte Unternehmerfunktion wahrzunehmen. Dazu gehört zunächst, dass er für die Beachtung von Gesetz und Satzung zu sorgen, Loyalität und Treue zu wahren und sich strikt an die bestehende Kompetenzverteilung zu halten hat. Delegation – horizontal wie vertikal – ist nicht nur erlaubt, sondern bei sachgerechter Organisation sogar geboten, aber: Sie befreit nicht von Verantwortung bei Auswahl und Überwachung und bei der Gestaltung der Abläufe.[5]

Das alles ist gebundene Verantwortlichkeit, es gilt also das Legalitätsprinzip und Pflichtverletzungen in diesem Bereich lösen u.U. Haftungsfolgen aus, ohne dass sich die Leitungsorgane darauf berufen könnten, sie hätten schließlich als Unternehmer gehandelt und genössen die Haftungsprivilegien der business judgement rule. Um unternehmerische Entscheidungen geht es dagegen in dem zweiten Feld, wenn – natürlich in den von Gesetz und Satzung gezogenen Schranken – die Unternehmensziele bestimmt und geplant werden und die Umsetzung dieser Planung ins Werk gesetzt wird. Auch hier ist der Vorstand nicht völlig frei gestellt, darf also nicht etwa – wie dies in den von den Gerichten entschiedenen Fällen immer wieder geschieht – sich auf sein „Bauchgefühl" als langjährig erfahrener Bankmanager berufen, sondern hat sich umfassend über den Gegenstand, auf den sich sein Handeln oder Unterlassen bezieht, zu informieren und die Risiken wie die Chancen zu identifizieren und gegeneinander abzuwägen. Das setzt selbstverständlich voraus, dass das in Rede stehende Geschäftsmodell von dem Verantwortlichen, zumindest in seinen Grundzügen, verstanden wird. Erst dann ist er berechtigt, sein unternehmerisches Ermessen auszuüben, Vor- und Nachteile der verschiedenen Handlungsoptionen zu wägen und sich für eine Variante zu entscheiden. Dass sie – auch – mit Risiken behaftet ist, begründet keine Pflichtwidrigkeit, und die Gerichte – in letzter Instanz der Bundesgerichtshof – haben sich davor zu hüten, „postmortal klug

---

5 Vgl. *Verf.* ZHR 175 [2001], 388, 394 – 396 m.w.N.

zu sein“[6] und einen Pflichtverstoß und eine daran anknüpfende Haftung nur deswegen zu bejahen, weil sich im Nachhinein herausgestellt hat, dass sich nicht, wie erhofft, die Chancen, sondern die Risiken verwirklicht haben. Auf dieses ganz zentrale Gebot der Selbstinformation werde ich später noch näher eingehen.

Für das Überwachungsorgan Aufsichtsrat ist einer der Eckpunkte seines Pflichtenprogramms die Beachtung der Kompetenzverteilung. Aufsichtsräte, besetzt mit hochkarätigen Unternehmensführern anderer Gesellschaften stehen mitunter in der Versuchung, es „besser“ zu wissen als der zur Leitung berufene Vorstand, ihn einzuengen und u.U. auch mit Hilfe der ihm übertragenen Personalkompetenz eigene Vorstellungen durchzudrücken. Indessen zeigt selbst das der präventiven Kontrolle dienende Recht des Aufsichtsrats, Zustimmungsvorbehalte nach § 111 Abs. 4 AktG einzuführen, dass dem Aufsichtsrat bei der Beratung der Führung Grenzen gezogen sind und u.U. der „Souverän“, die Hauptversammlung, eingeschaltet werden muss, um den Konflikt auszuräumen. Das ändert aber nichts daran, dass die Formulierung von Zustimmungsvorbehalten der Sache nach eine in die prospektive Überwachung gehörende unternehmerische Entscheidung ist, für die deswegen der Sache nach keine anderen Regeln gelten als für den Vorstand: Auch hier geht es um Informationsbeschaffung, Risiken- und Chancenanalyse und Abwägung unter verschiedenen Optionen. Dasselbe gilt bei gemeinsamen Entscheidungen von Vorstand und Aufsichtsrat etwa bei der Ausübung der Ermächtigung zu einer Kapitalerhöhung mit Bezugsrechtsausschluss und natürlich auf dem ureigenen Kompetenzfeld des Aufsichtsrates, der Ausübung der Personalhoheit über den Vorstand.

Diese Personalhoheit besteht in einem umfassenden Sinn, sie beschränkt sich nicht allein – so wichtig dies für das Wohlergehen der Gesellschaft ist – auf die Auswahl der für das Vorstandsamt geeigneten Personen und auf die Formulierung der Anstellungsbedingungen. Sie umfasst im Sinne der reaktiven Überwachung vor allem die Prüfung, ob der Vorstand die in ihn gesetzten Erwartungen erfüllt, ob er eine „glückliche Hand“[7] hat oder ob er das Unternehmen schlecht führt und gar in Schwierigkeiten bringt. Das bedeutet allerdings nicht, dass jeder Fehlschlag zu haftungsrechtlichen Konsequenzen führt. Eine Erfolgshaftung[8] ist unserem Rechtssystem ebenso fremd wie der Einsatz des Schadenersatzrechts zur Bestrafung. Dennoch: Am Ende der Skala der Auf-

---

6 BGHZ 75, 96, 113; BGHZ 126, 181, 199; BGH ZIP 1981, 858; BGH DStR 2006, 384; BGH DStR 2008, 1104 UMTS.

7 BGHZ 135, 244 (253).

8 s. *Verf.* ZGR 1995, 648, 668 ff. im Zusammenhang mit der Beweislastverteilung, ferner BGH, DStR 2003, 124 ff.; BGHZ 173, 246 Tz 27 TRIHOTEL.

sichtsratsaufgeben in diesem Zusammenhang steht die Frage, ob nicht nur die „glückliche Hand“ gefehlt hat, sondern ob es sogar zu schuldhaften Pflichtverletzungen gekommen ist, durch die die Gesellschaft einen Schaden erlitten hat, dessen Ausgleichsfähigkeit nunmehr durch den Aufsichtsrat zu prüfen ist. Die Schadenabwendungspflicht und mehr noch die Pflicht, nach Möglichkeit für die Kompensation eines schon eingetretenen Schadens zu sorgen, gehört zu den zentralen organschaftlichen Aufgaben des Aufsichtsrates. Die berühmte ARAG/GARMENBECK-Entscheidung des II. Zivilsenats des Bundesgerichtshofes[9] hat dies vor dem Hintergrund einer lässigen, mitunter als Auswirkung der so genannten „Krähentheorie“ bezeichneten unternehmerischen Praxis besonders betont und damit bei den Betroffenen und ihren Beratern die Auffassung befördert, nur **der** Aufsichtsrat verhalte sich pflichtgemäß und entgehe deswegen eigener Inanspruchnahme, der die Kompensation des Schadens durch strikte und konsequente Verfolgung von Regressansprüchen gegen Vorstandsmitglieder betreibe.

Ich halte diese Sicht, wie Sie dem in die Tagungsmappe aufgenommenen Beitrag aus der Gedächtnisschrift für Martin Winter[10] entnehmen können, in dieser Undifferenziertheit nicht für richtig; mir ist dabei bewusst, dass mein Verständnis der genannten Entscheidung für die Aufsichtsräte unbequem und belastend sein kann und dass sie an Durchblick, Integrität und Mut der Mitglieder des Überwachungsgremiums sehr hohe Anforderungen stellt. Ich glaube aber, dass das Legalitätsprinzip – auch hier im Übrigen nur mit gewissen Einschränkungen – allein auf der ersten Stufe der dem Aufsichtsrat abverlangten Prüfung steht. Die genannte Entscheidung sagt, kein Aufsichtsrat dürfe sich darauf zurückziehen, „so etwas“ – d.h. einen Vorstand auf Schadenersatz in Anspruch zu nehmen – „tue man nicht“; gefordert ist vielmehr eine gewissenhafte, objektive Prüfung, ob der Vorstand seine organschaftlichen Pflichten schuldhaft verletzt, ob er dadurch der Gesellschaft einen Schaden zugefügt hat, ob diese Beurteilung auch ein etwa zur Entscheidung berufenes Gericht teilen wird und ob und in welchem Umfang er im Falle einer Verurteilung imstande wäre, allein oder unter Einbeziehung einer etwa bestehenden D&O-Versicherung, den Schaden auszugleichen. Gelangt der Aufsichtsrat zu der Überzeugung, dass durchsetzbare Ansprüche bestehen, muss er sich entscheiden, ob er den Vorstand belangt.

Hier ist – m.E. entgegen dem landläufigen Verständnis – eine unternehmerische Entscheidung zu treffen. Denn es geht darum, ob die Regressnahme im

9 BGHZ 135, 244 ff.

10 s. Fn. 3, vgl. ferner *Verf.* ZHR 176 (2012) Heft 6.

Interesse des Unternehmens liegt. Das Unternehmenswohl mit der Kompensation eines entstandenen Schadens gleichzusetzen, greift im Allgemeinen zu kurz, und die unreflektierte Annahme des Aufsichtsrats, mit der Anspruchsverfolgung sei er „auf der sicheren Seite“, kann gerade die zu seiner eigenen Haftung führende organschaftliche Pflichtwidrigkeit sein. Vielmehr gilt: Vor seiner Entscheidung hat der Aufsichtsrat den Sachverhalt nach allen Richtungen aufzuklären und sich Gewissheit darüber zu verschaffen, welche Risiken mit einer Regressnahme für die Gesellschaft verbunden sind und wie deren Verhältnis zu den Chancen einer voraussichtlich erfolgreichen Vollstreckung aus einem zu erwartenden Urteil zu Lasten der Manager zu bewerten ist. U.U. stellt sich bei dieser komplexen, zahlreiche Gesichtspunkte einbeziehenden unternehmenswohlbezogenen Prüfung heraus, dass der Nutzen einer Anspruchsverfolgung – selbst wenn sie isoliert betrachtet zu einer vollständigen oder jedenfalls nennenswerten Kompensation des Schadens führt – außer Verhältnis zu den hierdurch gleichzeitig eintretenden Nachteilen steht.[11] Dann ist es eine Organpflichtverletzung, die falsche unternehmerische Entscheidung getroffen zu haben, mit der Konsequenz, dass nunmehr das Verhalten der Aufsichtsratsmitglieder auf dem regressrechtlichen Prüfstand steht. Um etwaigen Missverständnissen vorzubeugen: Die dem Aufsichtsrat abverlangte, differenzierte Prüfung dient nicht etwa dazu, Gründe zu finden, im Sinne eines „Weißwaschens“ einen pflichtvergessenen Vorstand zu schonen, sondern sie hat sich in gewissenhafter Erfüllung der Pflichten eines ordnungsgemäß vorgehenden Überwachungsorgans streng am Wohl der Gesellschaft in der konkreten und eben deswegen genau zu analysierenden Lage zu orientieren.

Das, was ich hier am Beispiel der AG skizziert habe, gilt in ähnlicher Weise für Kreditinstitute mit anderer Rechtsform. Das Genossenschaftsgesetz enthält ähnliche Haftungsregeln, die historisch sogar älter als diejenigen des Aktienrechts sind. Wie das Entscheidungsmaterial des Bundesgerichtshofes zeigt – genossenschaftsrechtlich organisierte Banken sind aus verschiedenen strukturbedingten Gründen die typischen Kläger in Managerhaftungsfällen im Bankensektor -, gelten hier im Prinzip dieselben Regeln. Neben fehlerhaften Kreditentscheidungen z.B. geht es öfter auch um die Beachtung der Kompetenznormen und in diesem Zusammenhang um die wahrheitsgemäße und vollständige Information der anderen Organe; betrifft die unzureichende Information die Gene-

---

11 Man denke nur an Fallgestaltungen, in denen es um die Regressnahme wegen eines Kartellverstoßes geht und der Rückgriffsprozess nicht nur die Aussichten auf eine nennenswerte Reduzierung des Bußgeldes (vgl. FAZ v. 30.06.2012 S. 13) schmälert, sondern die Gefahr heraufbeschwört, dass Kunden des Kartellsünders Material für ihre auf § 33 GWB gestützten Schadenersatzansprüche „auf dem silbernen Tablett“ geliefert bekommen.

ralversammlung, nimmt dies nach der gefestigten höchstrichterlichen Rechtsprechung Entlastungsbeschlüssen die erhoffte Wirkung, weil diese auf unzureichender Tatsachengrundlage entscheidet. Ähnlich kann eine nicht wahrheitsgemäße oder unvollständige Unterrichtung des zu beteiligenden Kreditausschusses Schadenersatzansprüche gegen den verantwortlichen Vorstand nach sich ziehen. Beispiele werde ich später noch behandeln.

Landesbanken sind teilweise rechtlich anders organisiert. Inwieweit dann die aktienrechtlichen Regeln entsprechend herangezogen werden können, erproben im Moment in Bayern die Beteiligten bei ihrem eingeleiteten Marsch durch die Instanzen. Bezogen auf Sparkassendirektoren jedenfalls hat der II. Zivilsenat die für Organe von Kapitalgesellschaften geltenden Regeln entsprechend herangezogen, als es um die Beurteilung einer fristlosen Kündigung des Dienstvertrages wegen mit fehlender Integrität einhergehenden Kreditentscheidungen ging.[12] Zumindest hinsichtlich des Pflichtenstandards wird man hier keine Unterschiede mit Rücksicht auf die Rechtsform machen dürfen; ob das auch für den jeweiligen Verschuldensmaßstab gilt, ist eine andere Frage.

3 Besonderheiten bei Kreditinstituten?

Speziell für den Bankensektor stellt sich die Frage, ob mit Rücksicht auf die in diesem Bereich geltenden Regulierungsbestimmungen Besonderheiten gelten. Wenn man einen Blick in den § 25a KWG und die dazu erlassenen Verwaltungsvorschriften wirft, eröffnet sich ein weites Feld von Organisationspflichten, deren Verletzung haftungsauslösend sein kann. Betrachtet man diese Spezialreglungen indessen aus der Warte des allgemein geltenden Rechts, sehen wir eine Auflistung von einzelnen Handlungspflichten, die sich unter dem übergeordneten Gesichtspunkt, dass das Leitungsorgan für einen ordnungsgemäßen, an der Prosperität des Unternehmens orientierten und mit dem Recht in Einklang stehenden Geschäftsablauf zu sorgen hat und dass der Aufsichtsrat sich von der ordnungsgemäßen Erfüllung dieser u.U. besondere organisatorische Vorkehrungen erfordernden Pflicht überzeugt, eigentlich Selbstverständliches anordnet. Für die regressrechtliche Prüfung kann die fehlende Beachtung dieser Vorgaben einen Aufgreifpunkt für eine eingehendere Prüfung bilden. Das steht im Einklang damit, dass das Regelwerk ja auch nicht dazu dient, einen Pflichten- und Handlungskatalog aufzustellen, um die Regressprüfung zu ermögli-

---

12 BGH, Urt. v. 10.1.2000 – II ZR 251/98, DStR 2000, 564 m.Anm. *W.Goette*

chen oder zu erleichtern, sondern dass es sich um ein Instrument handelt, die präventive staatliche Überwachung der Kreditinstitute und das Eingreifen von hoher Hand zu erleichtern oder gar erst zu eröffnen.[13] Bei der Erfüllung dieses Zwecks der Gefahrenabwehr liegt es nahe, formale Anforderungen aufzustellen, deren Nichtbeachtung allein bereits Eingriffsbefugnisse eröffnet. Für die wesentlich differenziertere regressrechtliche Prüfung kann dies dagegen wohl nur reflexartige Bedeutung haben; das gilt vor allem dann, wenn es um das Verschulden und die in diesem Zusammenhang bedeutsame Beweislastverteilung[14] geht.

4 Höchstrichterlich entschiedene Fälle – Überblick

Publizierte höchstrichterliche Entscheidungen zur organschaftlichen Haftung im Bankenbereich sind rar. Soweit es um Fälle geht, an denen Aktiengesellschaften beteiligt sind, bedeutet sie – wie allgemein bei der Vorstands- und Aufsichtsratshaftung im Aktienrecht – nicht, dass es solche Haftungsfälle nicht gäbe – sie werden lediglich ohne Einschaltung der staatlichen Gerichte erledigt. In dem IKB-Fall ist ein Verfahren zwar bis vor den Bundesgerichtshof gelangt, es hat aber nicht zu einer inhaltlichen Auseinandersetzung mit der durchaus überdenkenswerten Beurteilung des Sachverhalts durch das Oberlandesgericht geführt, weil der Weg in die dritte Instanz nicht eröffnet war.[15] Inwieweit aus dem Landesbanken-Sektor das Revisionsgericht gefordert sein wird, zu Pflichtenkreis und Verschulden im Zusammenhang mit den Folgen der weltweiten Finanzmarktkrise Stellung zu nehmen, bleibt abzuwarten. Wenn es dazu kommen sollte, trifft dies die höchstrichterliche Rechtsprechung jedenfalls nicht unvorbereitet, denn aus dem Feld der genossenschaftlich organisierten Institute hat es in der Vergangenheit verschiedentlich Fälle gegeben, in denen über die Pflichtverletzung von Bankorganen zu befinden war. Dass gerade aus diesem Segment verhältnismäßig häufig Fälle vor die Gerichte gelangen, hängt mit der besonderen Struktur dieser Institute zusammen: Fehler von Vorstandsmitgliedern führen hier einerseits öfter zu Schieflagen, die ein Eingreifen der genossenschaftlichen Sicherungseinrichtungen erfordern. In diesem Zusammenhang

---

13 Vgl. Langen KWG § 25a Rn. 3.
14 *Verf.* ZGR 1995, 648 ff.; BGHZ 152, 280.
15 BGH, Bes. v. 1.3.2010 – II ZB 1/10, DStR 2010, 610.

gehört zum Sanierungskonzept häufig auch die Verpflichtung der die solidarische Hilfe in Anspruch nehmenden Institute, bestehende Regressansprüche gegen Organe mit Nachdruck zu verfolgen. Andererseits deckt die Durchleuchtung der Geschäfte durch den genossenschaftlichen Prüfungsverband offenbar leichter als bei anders strukturierten Banken Fehler und Fehlverhaltensweisen auf, die in den der Generalversammlung vorgelegten Jahresberichten so deutlich adressiert werden, dass deren Mitglieder aufmerksam werden, Nachfragen stellen und – angesichts der persönlichen Nähe zu „ihrer" Bank – Konsequenzen fordern. Wenn ich also jetzt u.a. unter Rückgriffnahme auf meinen „Zettelkasten" für die häufig mit einer Nichtzulassung der Revision endenden Beratungssachen über einige Haftungsfälle aus dem Bankenbereich berichte, die den II. Zivilsenat in den letzten Jahren beschäftigt haben, finden sich dort verhältnismäßig häufig genossenschaftlich organisierte Banken als Prozessbeteiligte. Auch wenn es dabei nicht um die ganz großen Summen geht, lassen sich doch vielleicht Fehler identifizieren, die typisch und – auch für die „großen" Fälle – durchaus verallgemeinerungsfähig sind.

- In einem im Dezember 2003 entschiedenen genossenschaftsrechtlichen Fall[16] – außerhalb des Bankenbereich – brachte das in Anspruch genommene Vorstandsmitglied zu seiner Entlastung Argumente, die nicht untypisch sind: Zum einen verwies er darauf, auch andere Organe hätten gefehlt: Das andere, ressortmäßig verantwortliche Vorstandsmitglied, außerdem der Aufsichtsrat und die Generalversammlung hätten ihre Pflichten verletzt, und der Prüfungsverband habe nicht deutlich genug zur Pflichterfüllung angehalten; andererseits glaubte er, sich auf die ihm erteilte Entlastung berufen zu können. Beides hatte keinen Erfolg, weil eine Ressortaufteilung nicht von der fortbestehenden Gesamtverantwortung und damit Pflicht entbindet, den Verantwortlichen hinsichtlich der ordnungsgemäßen Erfüllung seiner Pflichten zu überwachen. Ferner führt eine schuldhafte Pflichtverletzung mehrerer je in ihrem Bereich versagender Organe nach dem Gesetz zur gesamtschuldnerischen Haftung im Außenverhältnis, so dass der Verteidigungseinwand allenfalls Bedeutung für das Innenverhältnis haben kann. Recht bekommen hat der Beklagte jedoch insofern, als es ihm nach den Gesamtschuldregeln zugutekommen musste, dass die Genossenschaft einzelnen Verantwortlichen gegenüber einen Haftungsverzicht ausgesprochen hatte. Solche Eingriffe des gemeinsamen Gläubigers in das Ausgleichsverhältnis der mehreren Gesamtschuldner sind in Haftungsfällen nicht selten, sie können in einem gänzlichen

16 BGH, Urt. v. 1.12.2003 – II ZR 216/01, DStR 2004, 513.

oder teilweisen Verzicht, im Verstreichenlassen von Ausschluss- oder Verjährungsfristen oder u.U. auch in einer dienstvertraglich vereinbarten Privilegierung beim subjektiven Haftungsmaßstab liegen. Einen solchen Eingriff muss der Schuldner nicht hinnehmen, und zur Vermeidung eines sog. Kreiselregresses ist der Anspruch im Außenverhältnis um die interne Haftungsquote zu kürzen.

- Soweit es um Kreditentscheidungen geht, ist Aufgreifpunkt für die organschaftliche Haftung sehr häufig ein fehlgeschlagenes Kreditengagement, das die Bank zu erheblichen Abschreibungen, mitunter auch zur Annahme von Hilfe zwingt. Im Rahmen der Regressprüfung – in ähnlicher Weise aber auch dann, wenn die zuständigen Organe von ihrer Personalhoheit Gebrauch machen, und das Vorstandsmitglied abberufen oder/und ihm fristlos kündigen und dieses wenig einsichtig hiergegen gerichtlich vorgeht – stößt man immer wieder darauf, dass die Kreditentscheidung nicht ordnungsgemäß vorbereitet oder/und später nicht lege artis umgesetzt worden ist. Wenn sich solche Fehler in einem Einzelfall häufen und dann noch Kompetenzverstöße und -überschreitungen hinzutreten, drängt sich auch einem normalerweise dem tatsächlichen Geschehen etwas ferner stehenden Bundesrichter der Verdacht auf, dass als Ursache für das Desaster auch mangelnde Integrität in Betracht kommt. Lässt man diesen Aspekt einer u.U. zu großen Nähe zu dem Kreditnehmer außer Betracht und möchte man auch an der idealistischen Vorstellung festhalten, dass solche Pflichtverletzungen nicht davon motiviert sind, die Bilanzsumme des Instituts auszuweiten oder früher begangene Fehler zu verschleiern, dann bleiben doch in vielen Fällen gravierende Mängel bei der Einholung der gebotenen Informationen. M.a.W. das organschaftliche Versagen betrifft zwar eine unternehmerische Entscheidung, es ist indessen ein häufiger Trugschluss der handelnden Personen, zu meinen, dass deswegen eine Haftung ausgeschlossen sei. Denn den „sicheren Hafen“ der business judgement rule gewinnt nur dasjenige Organ, das auf der Grundlage „angemessener“[17] Information zum Wohle der Gesellschaft handelt, also vor seiner Entschlussfassung alle hier bestehenden organschaftlichen Pflichten sorgsam erfüllt hat.

17 Mit Rücksicht auf das in § 93 Abs. 1 S. 2 AktG verwandte Wort „vernünftigerweise“ ist ungeachtet des missverständlichen Gesetzestextes der Maßstab für „angemessen“ kein subjektiver, sondern ein objektivierter; es kann ja schwerlich von der lässigen Vorstellung des Handelnden abhängen, wie weit er seiner Informationspflicht nachkommt. Richtig ist allerdings, dass er Nutzen und Kosten der Informationsbeschaffung abwägen oder das Zeitmoment berücksichtigen darf – insofern ist ein subjektiver Einschlag bei der Interpretation der Vorschrift gegeben.

- Was hier in der Praxis geschieht, ist schon verwunderlich: In dem am 3.12.2001 entschiedenen Fall[18] wurde einer nicht kapitaldienstfähigen und mit einer Kreditschuld von mehr als 1 Mio. DM belasteten GmbH ein weiterer Kredit von 600.000 DM bewilligt; die zur Sicherung angebotene Grundschuld von 360.000 DM betraf ein Grundstück, dessen Wert im Rahmen des späteren Gesamtvollstreckungsverfahrens mit nur 174.000 DM ermittelt wurde und dessen Werthaltigkeitsprüfung in einer schlichten Besichtigung des Grundstücks durch den beklagten Vorstand und den Aufsichtsrat bestand. In einem weiteren Kreditfall derselben Bank hatte der Vorstand einen ungesicherten Kredit gewährt und eine ihm angebotene werthaltige Grundschuld von 300.000 DM nicht hereingenommen, der Kreditausfall machte später 440.000 DM aus. Auch in diesem Fall stand im Übrigen der Entlastungsbeschluss auf tönernen Füssen, und der Entscheidung lassen sich Anhaltspunkte dafür entnehmen, dass auch der Aufsichtsrat sich möglicherweise schadenersatzpflichtig gemacht, jedenfalls pflichtwidrig gehandelt hat, weil er die Generalversammlung über den Inhalt der ihm vorliegenden, eindeutigen Prüfberichte des Verbandes nicht vollständig und wahrheitsgemäß unterrichtet hat.

- In dem am 21.3.2005 entschiedenen Fall[19] hatte ein Vorstand einem Kunden, für den er selbst ehrenamtlich tätig war, einen Kredit mit einem Blankoanteil von 75% bewilligt, was der II. Zivilsenat als Kreditausreichung ohne die erforderlichen banküblichen Sicherheiten qualifiziert hat. Schwierige wirtschaftliche Verhältnisse im Geschäftsgebiet einer solchen Bank rechtfertigen nach der Entscheidung keinesfalls eine Absenkung der Sicherheitsvorsorge, sondern verpflichten im Gegenteil die Organe zu erhöhter Vorsicht.

- Ein Zusammentreffen zahlreicher Pflichtverstöße findet sich in dem Verfahren II ZR 304/04,[20] in dem ein Vorstandsmitglied einer Genossenschaftsbank auf Schadenersatz in Anspruch genommen wurde, dieser sich aber für gänzlich unschuldig hielt und die Bank auf Auszahlung des Guthabens seines bei dem Institut unterhaltenen Geldmarktkontos und Herausgabe von Wertpapieren verklagte. Vor dem Oberlandesgericht hat der Kläger obsiegt, die auf Schadenersatz gerichtete Widerklage der Bank hat das Berufungsge-

18 BGH, Urt. v. 3.12.2001 – II ZR 308/99, DStR 2002, 597 ff.
19 BGH, Urt. v. 21.3.2005 – II ZR 54/03, DStR 2005, 934.
20 BGH, Bes. v. 8.1.2007 – II ZR 304/04 DStR 2007, 402 ff. sowie II ZA 5/08.

richt abgewiesen. Der II. Zivilsenat hat das Berufungsurteil durch Beschluss wegen Verletzung des rechtlichen Gehörs (§ 544 Abs. 7 ZPO) aufgehoben und die Sache an einen anderen Senat zurückverwiesen, der später auf der Linie dieses Beschlusses den Kläger verurteilt hat. Ungeachtet dessen hat dieser ehemalige Vorstand den nur als traurig zu bezeichnenden Mut besessen, um die Bewilligung von Prozesskostenhilfe für die Durchführung eines Nichtzulassungsbeschwerdeverfahrens nachzusuchen. Urteilen Sie selbst: Das klagende Vorstandsmitglied war für das Ressort „Markt" zuständig, während die Kreditabwicklung („Marktfolge") in den Händen seines Kollegen X lag. In dessen und des anderen Vorstandskollegen Abwesenheit veranlasste er die Bewilligung eines Großkredits über mehr als 11 Mio. DM, erklärte wahrheitswidrig dem Kreditausschuss, die beiden anderen Vorstandsmitglieder seien einverstanden und versicherte die Risikolosigkeit des Engagements, weil bereits 40 von 94 Wohneinheiten verkauft seien. In Wahrheit lagen nur unverbindliche Reservierungsanfragen vor. Unrichtig war ferner die Information, der Kreditnehmer sei bereits Eigentümer der Immobilie, es bestehe ein Vertrag mit einem anderen Unternehmen, das eine werthaltige Abnahmeverpflichtung eingegangen sei, so dass ein Erlös von mehr als 13,4 Mio DM zu erwarten sei, während selbst bei Bestehen eines allerdings nicht geschlossenen Vertriebsvertrages allenfalls ein Gewinn in einer Größenordnung von 100.000 DM zu erwarten gewesen wäre. Nicht genug damit, nach Fassen des Kreditbeschlusses zog der Kläger alle Zuständigkeiten der Abteilung Marktfolge an sich und ließ die Abwicklung einen seiner Mitarbeiter durchführen. Wäre die zuständige Abteilung mit der Kreditabwicklung befasst worden, hätte sie die Brisanz und Fehlerhaftigkeit der Entscheidung erkannt und den späteren Schaden des Instituts noch verhindern können.

Der Kläger hatte damit aber noch nicht genügend Unheil angerichtet, sondern sorgte dafür, dass in einem Stadium, als deutlich geworden war, dass die erste Kreditentscheidung verfehlt war, ein weiteres Darlehen an denselben Kreditnehmer ausgereicht wurde.

In seiner zurückverweisenden Entscheidung hatte der II. Zivilsenat zudem Anlass zu dem Hinweis, das Berufungsgericht müsse dem Vorbringen der Bank nachgehen, dass der Kläger bei dem ersten Kredit eine 100%-Finanzierungszusage erteilt, die Werthaltigkeit der Bürgschaften der Gesellschafter der Kreditnehmerin – einer soll viele Jahre arbeitslos gewesen sein, der andere mehrfach die Offenbarungsversicherung abgelegt habe – nicht sorgfältig geprüft haben und obendrein einen Quadratmeterpreis zugrunde gelegt hat, der den vom zuständigen Gutachterausschuss für das im Gewerbemischgebiet zwischen Zementwerk und Bahnlinie liegende, für die Errichtung von besonders schön und ruhig gelegenen Appartementwohnungen vorgesehene Grundstück festgesetzten Preis um das Doppelte überstieg.

- In einem anderen Fall[21] hat der Vorstand einer Landesbank ohne Vorstandsbeschluss, ohne Einschaltung des Kreditausschusses und ohne Dokumentation der Komplementärin einer Immobiliengesellschaft die Freistellung jeder Haftung zugesagt und damit die Gefahr heraufbeschworen, dass die Finanzverwaltung das zugrunde liegende Steuersparmodell nicht anerkennt. Hier hat der Senat schon in dem Kompetenzverstoß die zur Haftung führende Pflichtverletzung gesehen.

- In einem weiteren Fall[22] schlug der Kreditvorstand dem Kreditausschuss mit unvollständiger Information vor, den von einer anderen Bank gewährten, notleidend gewordenen und gekündigten Kredit zu übernehmen. Diese pflichtwidrige und die Kompetenzordnung missachtende – der Sache nach wurde der Ausschuss nur pro forma eingeschaltet, seine Zuständigkeit vom Vorstand usurpiert – Vorgehensweise betrieb der Vorstand nur, um eigenes früheres Fehlverhalten zu bemänteln und Zeit zu gewinnen.

- Der Vorstand einer Hypothekenbank[23] hat sich vergeblich gegen die fristlose Kündigung seines Anstellungsvertrages gewandt, die darauf gestützt wurde, dass er kein Krisenmanagement eingerichtet, bei einer Kreditentscheidung krass versagt, seine Zuständigkeitsgrenzen hierbei – Einschaltung des Kreditausschusses war nötig – missachtet und die Auszahlung des Darlehens frei gegeben hatte, obwohl ihm mitgeteilt worden war, dass die vertraglichen Voraussetzungen dafür nicht erfüllt waren.

- Ein letztes Beispiel[24] für schuldhafte Pflichtverletzung bei einer Kreditentscheidung: Der Vorstand hatte ein Darlehen für eine Baumaßnahme gewährt, das Grundstück lag hunderte Kilometer entfernt, ein Wertgutachten war ebenso wenig wie eine Nachfrage bei der Baubehörde über die Bebaubarkeit eingeholt worden. Später stellte sich heraus, dass die kreditierten Einfamilienhäuser in einem der Naherholung dienenden Teichgebiet errich-

21 B. v. 8.1.2007 – II ZR 261/07.
22 B v. 26.9.2005 – II ZR 276/04.
23 B v. 16.10.2006 – II ZR 211/05.
24 B v. 12.12.2006 – II ZR 26/06.

tet werden sollten und dass die Kapitaldienstfähigkeit im Jahr 1999 nach Einkommensnachweisen des Jahres 1994 beurteilt worden waren.

5 Zusammenfassendes Fazit

Will man – gerade vor dem Hintergrund der noch nicht überwundenen Krise – ein zusammenfassendes Fazit ziehen, so ist folgendes zu bedenken: Schadenersatzhaftung, auch wenn es um diejenige für organschaftliche Pflichtverletzungen von Vorstand oder Aufsichtsrat geht, ist Wiedergutmachung eines Vermögensschadens. Sie verfehlt ihren Sinn, wenn sie – so populär das in der Presse oftmals dargestellt wird - als Sanktion für das Versagen hoch bezahlter Manager eingesetzt wird; für Letzteres gibt es andere Instrumente auf der dienstrechtlichen – zu verweisen ist auf Kündigung, Bonuskürzung, versagte Vertragsverlängerung – und auf der organschaftlichen (Abberufung) Ebene.

Die Entscheidung, ob und in welcher Höhe gegen ein Gesellschaftsorgan eine bestehende und beitreibbare Schadenersatzforderung durchgesetzt wird, darf nicht schematisch, etwa in dem Sinn, die Kompensation des Schadens erfordere zwingend die Verfolgung, getroffen werden. Gefordert ist vielmehr eine gewissenhafte, differenzierte Einzelfallprüfung, die sich an der Wahrung und Förderung des Unternehmenswohls orientiert.

Für den Aufsichtsrat bei der Entscheidung über die Regressnahme wie für den Vorstand bei der Wahrnehmung seiner Leitungsaufgabe gilt: Er vermeidet zur eigenen Haftung führende schuldhaft pflichtwidrige Fehler, wenn er sich bewusst ist, dass er eine Aufgabe im Interesse Dritter wahrzunehmen, seine eigenen Interessen – z.B. hinsichtlich der Erzielung eines höheren Vergütung oder bezüglich der Steigerung seines Ansehens als besonders tüchtiger Bankmanager – hintanzustellen hat, dass er sich vor Kritiklosigkeit und Selbstüberschätzung („Bauchgefühl“) zu bewahren, die gesetzliche und von der Satzung vorgegebene Kompetenzordnung nicht nur formal, sondern auch ihrem Inhalt nach zu beachten hat und dass er vor einer jeden unternehmerischen Entscheidung den Sachverhalt nach allen Richtungen[25] zu ermitteln hat, dass er sodann die Chancen und Risiken zu identifizieren und ihr Gewicht gegeneinander abzuwägen hat. Bei der Sachverhaltsermittlung, die ihn in den Stand versetzen

25 Um Missverständnissen vorzubeugen: der II. Zivilsenat hat (B v. 14.7.2008 – II ZR 202/07, DStR 2008, 1839) ausdrücklich die Einschränkung gemacht. „alle in der konkreten Entscheidungssituation“ verfügbaren Informationsquellen seien auszuschöpfen; in einer Insolvenzlage stehen dafür selbstverständlich u.U. nur Stunden zur Verfügung.

muss, das Geschäftsmodell zu verstehen, kann ihn die Einholung von fachmännischem Rat entlasten, er darf dem Ratgeber indessen nicht blind vertrauen oder allein deswegen handeln, weil „alle dies tun". Verfährt er so, darf er auch Risiken in Kauf nehmen, deren Verwirklichung nach der bereits mehrfach erwähnten business judgement rule ihn nicht der Gefahr aussetzt, in Haftung genommen zu werden.

Prof. Dr. Thomas Fischer
Richter am Bundesgerichtshof

Strafrechtliche Verantwortlichkeit der Organmitglieder von Kreditinstituten*

1 Einleitung

Herzlichen Dank für die ehrenvolle Einladung, bei Ihrer diesjährigen Tagung zu sprechen. Das Thema meines Vortrags: „Strafrechtliche Verantwortung der Organmitglieder von Kreditinstituten" ist natürlich zu weit, um es in 50 Minuten erschöpfend abhandeln zu können. Es ist vielleicht auch ein wenig zu unspezifisch. Ich werde mich im Folgenden wesentlich auf einige Fragen des Kernstrafrechts beschränken. Im Übrigen muss man dem Thema – wie den allermeisten der derzeit bei ähnlichen Gelegenheiten abgehandelten – in Klammern hinzufügen: „...vor dem Hintergrund der Finanzkrise".[1]

---

* Vortrag bei der Tagung der Bankrechtlichen Vereinigung am 29. Juni 2012 in Frankfurt am Main. Das Manuskript ist im Wesentlichen unverändert. Hinzugefügt sind einige wenige Fundstellen in den Fußnoten.

1 Es gibt inzwischen eine Vielzahl von Veröffentlichungen aus dem Bereich der Strafrechtswissenschaften zum Thema. Hinzuweisen ist namentlich auf die auch in der Sachverhalts-Beschreibung vorbildlich präzise Darstellung von *Christian Schröder*, Handbuch Kapitalmarktstrafrecht, 2. Aufl. 2010. Vgl. auch ders., Das erlaubte Risiko im Bankgeschäft am Beispiel der

Ich bin Mitglied des 2. Strafsenats des Bundesgerichtshofs. Zur Zuständigkeit des Senats gehört der OLG-Bezirk Frankfurt am Main; damit könnte grundsätzlich die Möglichkeit naheliegen, dass der Senat über strafrechtliche Verantwortlichkeiten von Organmitgliedern von Kreditinstituten zu entscheiden hat. Es ist Ihnen aber, meine Damen und Herren, gewiss bekannt, dass eine Rechtsprechung des Senats hierzu bislang nicht existiert. Mir persönlich oder dem Senat ist auch nicht bekannt, wie sich die nächste Finanzkrise vermeiden lässt. Den Mitteln und dem – stets retrospektiven – Blickwinkel des Strafrechts am ehesten zugänglich und allein angemessen wäre eine so genannte Aufarbeitung der gerade vergangenen Finanzkrise – sagen wir: der Lehmann-induzierten Krise. Wenn seine Annahme stimmen würde, dass eine wie auch immer symbolische formelle Ahndung vergangenen kriminellen Unrechts geeignet ist, zukünftigen Schutz von Rechtsgütern zu befördern, läge es angesichts der allgemein berichteten Schadens-Dimensionen und das gesamte gesellschaftliche Gefüge betreffenden Auswirkungen der als Finanzkrise umschriebenen Vorkommnisse nahe, dass die Fragen, die zu stellen sind, mit höchstem Nachdruck und ohne Rücksicht auf Kosten oder Schwierigkeiten geklärt werden. Denn es geht, wie wir täglich erfahren, um nichts weniger als um die Legitimität des Gesamtsystems. Hierfür sollte zu klären sein, ob es sich bei den Folgen der Krise um ein naturwüchsiges, jedenfalls einzelnen Personen nicht (mehr) zurechenbares Versagen eines „Systems", um das Ausnutzen des Systems für jedenfalls in Teilen kriminelle Machenschaften oder um keines von beidem gehandelt hat: um das schlichte Funktionieren des Systems.

Fünf Jahre nach der Verstaatlichung der IKB Deutsche Industriebank AG[2] und vier Jahre nach der Insolvenz der Lehmann Brothers Inc. hat das Strafrecht in Deutschland aber – für manchen vielleicht überraschenderweise – kaum wirklich durchgreifende Ergebnisse vorzuweisen. Dabei soll die Bedeutung einzelner wichtiger Verfahren keinesfalls gering geschätzt werden; auf ihre Funktion komme ich zurück. Das IKB-Verfahren hat mit einer Verurteilung des Vorstandsvorsitzenden wegen Verstoßes gegen das WpHG geendet.[3] Manche sagen, in der Nichtverfolgung des ABS-Geschäfts unter dem Gesichtspunkt der Untreue sei das entscheidende Zurückweichen des Rechtsstaats vor den Diktaten faktischer „Systemrelevanz" zu erblicken. Ich will das hier vorab nicht

---

Pflichtwidrigkeit von ABS-Investitionen im Vorfeld der Finanzkrise, in: Kempf/Lüderssen/Volk (Hrsg.), Ökonomie versus Recht im Finanzmarkt?, 2011, S. 59 ff.; vgl. auch *Schröder/Wohlers/Fischer*, Die strafrechtliche Bewältigung der Finanzkrise am Beispiel der Untreue, ZStW Bd. 123 (2011), S. 771 (*Schröder*), 791 (*Wohlers*), 816 (*Fischer*).

2 Kosten aus Steuermitteln: 10 Mrd. Euro; aus Mitteln der Bankenverbände: 1,4 Mrd. Euro.

3 BGH, Urt. v. 20. 7. 2011 – 3 StR 506/10.

kommentieren. Jedenfalls schiene es mir verfrüht, schon jetzt vom Ende und vom Scheitern einer auch strafrechtlich angemessenen und sorgfältigen Aufarbeitung zu sprechen.

2 „Finanzkrise" und Strafrecht

Die einfachste Variante der Deutung, jedenfalls im ersten Zugriff, ist eine radikale Herangehensweise, die auch in der Strafrechtswissenschaft durchaus prominent vertreten wird.[4] Danach lässt sich das sog. Phänomen der Finanzkrise durchaus auch als tatbestandlicher Erfolg (oder jedenfalls Zwischenerfolg, oder: Tatfolge) eines weltweiten, grundsätzlich „kriminell" orientierten Systems beschreiben.[5] Hierfür gibt es immerhin Anhaltspunkte: Ein jeder verzweifelte Crash von Schuldnern muss, irgendwo, ein glückliches Pendant auf der Gläubigerseite haben; und alles Gerede vom „bloß virtuellen" Geld, das die so genannten „Zocker" zunächst erschaffen und dann verspielt haben, ändert nichts daran, dass es sich mitnichten um Spielgeld handelte: Die Währungskrise in Europa scheint mir im Ergebnis nicht viel anderes zu sein als der Versuch, die angeblich „virtuellen" Schulden der Finanzkrise in einen Markt real existierender Menschen – sagen wir: Griechen, Portugiesen, Spanier; im Hintergrund aber stets: Somalier, Nigerianer, Mexikaner – zu drücken, während die Gläubiger – die in die Veranstaltung ein unglaubliches Maß an Mut, Intelligenz, Know-How, Kreativität und Menschenverachtung[6] investiert haben – schon immer wussten, dass die Gewinne in den Bilanzen und die Boni auf den Sonderkonten niemals wieder verschwinden würden, solange der Wind weht, der Regen fällt und Art. 14 Abs. 1 Grundgesetz gilt.

Für ein kriminelles System spricht auch die offenkundige Geltung eines – freilich sich selbst ridikülisierenden, belanglosen, bodenlosen – Gebots der Omertà: Niemals sage, was die anderen Vorstandskollegen wussten, solange nicht sie sagen, was Du selbst wusstest. Der Rest ist: Schwarze-Schafe-Suchen; Anwaltshonorar-Vereinbarungen-Schließen; Privatkonten-Schützen; Gierige-Mitarbeiter-Bashing. Wir sagen: „Das konnte niemand voraussehen", oder: „Wir

4 Vgl. zum Thema etwa die Beiträge in: Schünemann (Hrsg), Die sogenannte Finanzkrise – Systemversagen oder global organisierte Kriminalität?, 2010.

5 Vgl. etwa auch: *Wagenknecht*, Wahnsinn mit Methode – Finanzcrash und Weltwirtschaft, 2008.

6 Für Literaturfreunde (Roman: *Bret Easton Ellis*) und Cineasten (Regie: *David Cronenberg*): American Psycho, 2000.

alle haben Fehler gemacht". Ein anständiger Gangsterboss oder Kartell-Pate wäre vermutlich ehrlicher. Es gibt noch mehr Gesichtspunkte, die uns nach einer geheimen Folie suchen lassen können, welche den Untergang der Deutschen Industrie Bank AG und den Triumpf der Maulerschen Schlachthöfe gleichermaßen nachzeichnet.[7]

Gegen ein kriminelles „System" spricht vor allem der Umstand, dass eine „Absprache", welcher Art auch immer, sich weder als beweisbar gezeigt hat noch überhaupt nahe liegt. Es gibt keine „Weltverschwörung" des Finanzkapitals, die sozusagen oberhalb der Ebene rationalen Wirtschaftens ein geheimes System der Einverständlichkeit installiert hätte. Entsprechende Behauptungen sind Unsinn, geeignet und bestimmt, das allzu Komplizierte[8] auf nahe liegende, aber rapide verfallende Konzepte der Zuschreibung zu reduzieren.

Entscheidend gegen das Vorliegen eines allgemein als „kriminell" zu bezeichnenden Systems – mit welchen Zielen auch immer – sprechen natürlich die Konstruktion und die Aufgaben unseres Strafrechtssystems insgesamt, das – jedenfalls so, wie wir es bislang verstehen – nur einen engen Ausschnittbereich dessen sinnhaft strukturieren und erfassen kann, was populär als Phänomen zwischen System-Notwendigkeit, Naturgewalt kapitalistischen Wirtschaftens und individueller Fehlsamkeit (Stichwort: „Gier") verortet (und erlitten) wird. Unser Strafrecht ist nicht für „Systeme" gemacht, sondern für einzelne Menschen, konkrete Handlungen, individuelle Schuld. Dies in Bereichen des sozialen Lebens anzuwenden, die strukturell auf das Verschwinden individueller Verantwortung angelegt sind, muss zu erheblichen Problemen führen. Gleichwohl wird man sagen können: So kompliziert und dem menschlichen Verstand unzugänglich, wie viele meinen und manche behaupten, sind die Vorgänge der so genannten Finanzkrise nicht; und auch die Erfassung von möglichen individuellen Verantwortlichkeiten mit den begrifflichen Instrumenten des geltenden Rechts scheint mir kein Hexenwerk.

Insoweit befinden wir uns im Bereich allgemeiner Zurechnungs-Normen; es stellt sich insoweit vor allem die Frage, welche individuellen Verantwortlichkeiten – im Sinne strafrechtlicher Schuld – sich aus einer vielfach verschalteten „Struktur" herausfiltern lassen, welche sich einerseits auf hochkomplexe Aufgaben in einem System hoch differenzierter Arbeitsteilung bezieht, andererseits darauf ausgerichtet ist, „Verantwortung" nach immanenten, dem Strafrechts-

---

7 *Bertolt Brecht*, Die Heilige Johanna der Schachthofe (1931):
"Unverrückbar über uns / stehen die Gesetze der Wirtschaft, unbekannte / Wiederkehren in furchbaren Zyklen / Katastrophen der Natur."

8 In der Terminologie des Crashs, der es *einerlei* ist, was die Systemtheorie daran auszusetzen haben könnte: Das Komplexe.

system eher fernen Regeln zu bestimmen und Entscheidungsstrukturen zu benutzen, die – vorsichtig ausgedrückt – eine strafrechtliche „Erfassung nicht eben erleichtern".

3 Differenzierung von schwarzen, weißen und grauen Schafen

Eine Bemerkung zum Einsatz des Strafrechts im Grundsatz: Vielfach wird, gerade auch im Bereich des Finanzmarkts, die Verfolgung und Sanktionierung regelverletzenden Verhaltens mit Hilfe des Strafrechts scharf kritisiert, ja geradezu als auf Verkennung von „Realität" beruhende Zumutung gegeißelt:
- weil die – angeblich – groben Raster des Strafrechts den Besonderheiten des Lebens- und Wirtschaftsbereiches des Finanzwesen nicht entsprächen;
- weil die Herausfilterung „schwarzer Schafe" nur eher zufällig gelinge und daher substanziell ungerecht sei;
- weil andere, eher system-immanente Instrumente der Kontrolle wirksamer und sachgerechter seien – etwa Ansätze der Regulierung; der Fachaufsicht; der zivilrechtlichen Haftung.

Dem ist zu widersprechen. Derlei Aufgeregtheiten sind nach meiner Ansicht auch nicht ansatzweise gerechtfertigt.

Strafrecht ist – eindeutig und ohne Abstriche, auch entgegen manchen dogmatisch und intentional zweifelhaften Relativierungen – die schärfste Waffe der Sanktionierung. Sie ist nach unserem Verständnis gegen individuelle Schuld, also zurechenbare Verantwortung für sozialschädliche Erfolgsverursachungen gerichtet. Ihr Einsatz ist Ausdruck sozialer Ausgrenzung; er ist mit einem gravierenden moralischen Vorwurf verbunden, der stigmatisierend – und insoweit auch abschreckend – wirkt. Strafrechtliche Sanktionierung hat – aus diesen sehr oberflächlich angedeuteten Gründen – eine außerordentlich wichtige Funktion für die Stabilität und Stabilisierung des sozialen Systems insgesamt. Das ist, was wir mit der positiv generalpräventiven Wirkung des Strafrechts beschreiben: Stabilisierung von Norm-Geltung und Vertrauen. Zugespitzt: Strafrecht ist nicht um der 2 % Straftäter willen da, sondern um der 98 % anderen willen.

Es gibt keinen sachlichen Anlass, den Bereich der Finanzwirtschaft als derart „eigenständig" oder gar selbstreguliert anzusehen, dass die Regeln des allgemeinen Strafrechts hier nicht anwendbar sein sollten. Hierzu muss man keineswegs erst an die besonderen Verantwortlichkeiten anknüpfen, die sich aus den außerordentlichen Anstrengungen ergeben, die von der öffentlichen Hand zum Ausgleich offenkundig fehlsamer Entscheidungen in der (privaten und öffentlichen) Finanzwirtschaft unternommen worden sind. Es sollte vielmehr bereits der Blick auf die grundsätzlichen Anwendungsbedingungen des Kern-Strafrechts ausreichen.

Nur eine kurze Randbemerkung zum Verhältnis von Strafrecht und Compliance auf dieser allgemeinen Ebene: Das Ausmaß, in welchem Systeme – und zwar interne wie externe – der so genannten Compliance auch im Bereich der Finanzwirtschaft implementiert worden sind, erscheint einem Außenstehenden oft atemberaubend und jedenfalls übertrieben. Insoweit kann ich Ihnen, aus dem vielleicht naiven Blickwinkel eines Außenstehenden[9], versichern:

Es ist – wie in den letzten 100 Jahren – auch weiterhin möglich, als Vorstand oder Aufsichtsrat eines Finanzdienstleistungsunternehmens keinen Betrug und keine Untreue zu begehen, ohne ein Team von 20 Syndici und Beratern nach dieser Rechtslage zuvor wochenlang forschen zu lassen!

Dieser kleine Scherz, mit dem ich Ihre Aufmerksamkeit an diesem schönen Junivormittag zu erlangen versuche, ist – erkennbar – reine Polemik. Aber wer wie ich seit Jahren mit der steigenden Flut von „Compliance"-Angeboten und -Nachfrage lebt, zugleich aber die Erfahrung macht, dass im Ergebnis dieser Bemühungen viel Compliance-Organisation oft nicht höhere Sicherheit und jedenfalls nicht stets ein höheres Maß an Rechtstreue, beinahe immer aber jedenfalls ein Bedürfnis nach noch mehr Compliance-Organisation hervorzurufen scheint, ist den Verheißungen der Branche gegenüber misstrauisch. Das System der Compliance erscheint teilweise als eine selbsttragende Konstruktion. Sie ähnelt insoweit recht stark dem System der Geldwäsche-Bekämpfung und -Verfolgung, dessen grandiose Ineffektivität in einem absurden Missverhältnis zu seinen Kosten steht.[10]

Zur „Compliance" im weitesten Sinne rechne ich insoweit auch eine Vielzahl von Sekundär-Normen, auf die ich – teilweise – in der Übersicht hingewiesen habe, die Sie in den Tagungsunterlagen finden.[11] Ich möchte mich in meinem Beitrag mit dem weiten Feld dieser absichernden, überwiegend abstrakten Gefährdungstatbestände nicht näher und im Einzelnen befassen. Sie bergen

---

9 Es sei verwiesen auf: *Christian Andersen*, Des Kaisers neue Kleider (1837). Die Erzählung stammt aus einer spanischen Sammlung aus dem dem 14. Jhd. (Libro de los ejemplos del conde Lucanor y de patronio, ca. 1330) und hatte dort keine Implikationen von Unschuld. Es gibt bekanntlich keine Garantie für die *Wirklichkeit* der Wahrnehmung; erst Recht nicht für deren *Richtigkeit*.

10 Vgl. dazu *Fischer* StGB 60. Auflage § 261 Rn. 4 ff.

11 Vgl. Anhang.

zweifellos eine Vielzahl spezifischer Probleme praktischer und rechtlicher Art; Einzelheiten hierzu sind aber nicht mein Thema.

Strafrechtliche Organ-Verantwortlichkeit betrifft Vorstände und Aufsichtsräte; beide sind – im Hinblick auf Funktion, Handlungspflichten und Handlungsmöglichkeiten – unterschiedlich zu behandeln.

Dabei ist freilich im Grundsatz klar, dass zwischen Strafbarkeits-Risiken aufgrund professionellen, sozusagen system-nahen Verhaltens und Risiken hinsichtlich system-verletztenden, „innovativen“ Verhaltens zu unterscheiden ist: An der Strafbarkeit eines Bankvorstandsmitglieds z.B. wegen Untreue gegebenenfalls in Tateinheit mit Bestechlichkeit im geschäftlichen Verkehr besteht kein Zweifel, wenn der Betreffende – etwa gegen Zahlung von Schmiergeld – einen ungesicherten Kredit an einen guten Freund genehmigt. Ebenso wenig in Zweifel steht eine Strafbarkeit wegen Betrugs und Untreue, wenn z.B. ein für „Compliance“ verantwortliches Vorstandsmitglied durch manipulative Angaben und Vorlage fehlerhafter Eigenbelege über angeblich „geheime“ Compliance-Maßnahmen die Zahlung von erheblichen Geldbeträgen an sich selbst erwirkt und die Beträge jeweils für eigene Zwecke verbraucht.[12] Dies sind Fälle sozusagen „klassischer“ Kriminalität, die als solche leicht zu erkennen sind und deren Verfolgung nicht in Zweifel steht. Die Verfahren können gleichwohl im Einzelfall schwierig sein.

Bildlich gesprochen im Mittelfeld finden wir Sachverhalte, die etwa demjenigen des Falles Mannesmann/Vodafone[13] entsprechen: Kollektives Handeln von Organen juristischer Personen im Rahmen des namentlich durch § 76 AktG abgesicherten rechtlichen Könnens unter Missachtung normativer Grenzen, insbesondere aus §§ 93 (Vorstand), 116 (Aufsichtsrat) AktG und Verletzung einer internen Treuepflicht gegenüber der treugebenden juristischen Person. In diese zweite Gruppe dürften auch Risiko-Geschäfte gehören, insbesondere im Bereich von Kreditvergaben.

Eine dritte Gruppe von Sachverhalten würde ich im Gesamtzusammenhang der sog. „Finanzkrise“ ansiedeln. Hier meine ich – neben denkbaren Bilanzdelikten – Delikte nach § 38 WpHG (Insider) u.a. – namentlich spekulative Eigengeschäfte im Investment-Bereich, Fremdgeschäfte außerhalb eines vom jeweiligen Kunden überschauten (oder überschaubaren) Risikos; möglicherweise täuschungsgeförderter Vertrieb spekulativer Finanzprodukte.

---

12 Vgl. dazu jetzt auch BGH, Urt. vom 10. Oktober 2012 – 2 StR 591/11.

13 Urteil des LG Düsseldorf 2004; Revisionsurteil des BGH v. 21. 12. 2005 – 3 StR 470/04, BGHSt 50, 331; Einstellung gem. § 153a StPO durch das LG Düsseldorf am 29. 11. 2006.

Ich bin mir nicht sicher, ob zwischen den beiden zuletzt genannten Gruppen überhaupt ein klar definierbarer Unterschied besteht; es dürfte sich vielmehr, namentlich im Bereich von Risikogeschäften, um fließende Übergänge handeln. Ein substanzieller Unterschied kann insoweit bestehen oder diskutiert werden, als sich Verfahrensgegenstände – „Sachverhalte" – entweder auf einzelne, gegebenenfalls spekulative Fehlleistungen beziehen oder auf ein Verhalten, das in den betroffenen Wirtschaftskreisen – hier also: Finanzwirtschaft – als „sozial adäquat", „üblich", oder jedenfalls: notwendig angesehen oder zumindest ausgegeben wird.

Hier ist der Ort, an welchem über die eingangs erwähnte These nachzudenken ist, die „Finanzkrise" – also die durch ein Schneeball-artiges Geldschöpfungssystem durch vielstufige Derivate auf der Grundlage zweifelhafter, aber mittels immer neuer Transformationen "reingewaschener" Kreditforderungen verursachte Illiquidität erheblicher, „systemrelevanter" Teile der Finanzwirtschaft – sei nicht wesentlich mehr als eine Kette von Straftaten eines global vernetzten kriminellen Systems. Ich will das hier nicht abschließend bewerten; selbstverständlich sind die Dinge im Einzelnen wesentlich differenzierter. Sicher ist aber auch, dass an der grundsätzlichen Strafbarkeit oder zumindest Strafwürdigkeit von Schneeballsystemen kaum jemand Zweifel hat. Ob man Organmitglieder einzelner Banken[14] insoweit zivil- und insbesondere strafrechtlich verantwortlich machen kann, steht dahin; möglicherweise werden uns die derzeit noch laufenden Verfahren eine Antwort hierauf geben.

Eine andere Frage ist diejenige nach einer möglichen Strafbarkeit wegen Untreue gegenüber der treugebenden juristischen Person, also der eigenen Bank. Der entscheidende Moment einer möglichen pflichtwidrigen Handlung, auf welche auch die Feststellung eines Vermögensnachteils zu beziehen wäre, liegt nach meiner Ansicht nicht bereits in der Herausgabe von ABS, sondern in der Verlagerung des Ausfallrisikos auf praktisch vermögenslose Zweckgesellschaften, deren Papiere allein aufgrund der im Hintergrund laufenden Garantien verkäuflich waren. Soweit dies eine gezielte Umgehung der bankrechtlichen Beschränkungen, insbesondere auch der Erfordernisse der Liquiditätssicherung und der Eigenkapitalunterlegung, darstellte, halte ich es jedenfalls dann für pflichtwidrig im Sinne von § 266 Abs. 1 StGB, wenn damit existenzbedrohende Risiken eingegangen wurden. Insoweit kann ohne Weiteres an die Rechtsprechung des BGH zum existenzbedrohenden Risikogeschäft

14 Die entsprechenden Geschäfte wurden ja in sehr unterschiedlichem und daher auch strafrechtlich zu differenzierenden Umfang gemacht.

durch den Geschäftsführer einer GmbH angeknüpft werden.[15] Eine Verschiebung der Verantwortung hierfür ist jedenfalls nicht durch bloßen Hinweis auf positive Bewertungen von Rating-Agenturen möglich, die ja, nach allen Erkenntnissen, nur Teile (Funktionseinheiten) des Systems waren und daher von denjenigen Personen, die das System zum eigenen Nutzen entwarfen und leitend tätig waren, als solche auch verstanden werden mussten.[16]

Hier sind freilich im Einzelfall auch strafrechtlich schwierige Probleme des Verbotsirrtums oder des Tatbestandsirrtums bei normativen Tatbestandsmerkmalen, der Sozialadäquanz, der Treuepflicht iS von § 266 Abs. 1 StGB und gegebenenfalls von Garantenpflichten iS von § 13 StGB angesiedelt. Selbstverständlich ist jeder Einzelfall individuell zu prüfen.

4 Verantwortungs-Zuschreibung bei Organhandeln

Einige allgemeine Grundsätze zur strafrechtlichen Verantwortlichkeit von Organen (Organmitgliedern): Festzustellen ist zunächst, dass der Rechtsprechung des BGH zur Strafbarkeit von Organen juristischer Personen durchweg nicht Fälle aus dem Bereich der Finanzwirtschaft zugrunde lagen. Die von der Rechtsprechung entwickelten Grundsätze sind daher gegebenenfalls spezifisch zu modifizieren:

4.1 Allgemeines

Wenn in einem Unternehmen Straftaten begangen werden, handeln oft mehrere Personen in unterschiedlichen Unternehmenshierarchien. Täter strafrechtlich oder ordnungsrechtlich relevanter Taten ist grundsätzlich derjenige, der bei tatherrschaftlichem „In-den-Händen-Halten“ des tatbestandlichen Geschehens

---

15 Vgl. etwa BGHSt 35, 335 f.; 49, 147, 158;; 54, 52, 57 ff.; Fischer StGB 60. Auflage § 266 Rn. 94a ff. m. w. Nachw.

16 Mitteilungen des Inhalts, "man" (Bankvorstände!) habe den Gesamtzusammenhang des Verbriefungskarussels "selbst nicht verstanden", nicht "überschauen können"; man habe "den Fehler gemacht, dass man "zu viel Vertrauen" in Dritte (insbesondere: Ratingagenturen; BaFin) gehabt habe, konnte man seit dem Jahr 2007 immer wieder hören und lesen. Sie zeugen (auch) von einer erheblichen Chuzpe. Als Einlassungen zur eigenen Unschuld sind sie untauglich: Wer gar nicht verstanden hat, was er tat, durfte es *erst Recht* nicht tun.

den Eintritt des tatbestandlichen Erfolgs selbst kausal herbeiführt. Sind mehrere Personen im Unternehmen an Taten beteiligt, ist für jede Person die Frage der Tatbeteiligung eigenständig zu prüfen.[17] Beteiligte, die sich an der unmittelbaren Ausführung einer Tat nicht mehr beteiligen, jedoch bereits fördernde Tatbeiträge im Vorfeld erbrachten, können Mittäter (§ 25 Abs. 2 StGB) sein, denen die Handlungen anderer Täter zugerechnet werden.[18]

Kausalität hinsichtlich des Eintritts strafrechtlich relevanter Erfolge kann daher für einzelne, unmittelbar handelnde Mitarbeiter, aber auch für die Geschäftsleitung und für alle weiteren – nach dem hierarchischen Aufbau des Unternehmens – Verantwortliche begründet sein. Auf der Grundlage der Rechtsprechung des BGH zum Produktstrafrecht bleibt auch bei Delegation von Aufgaben(bereichen) im Unternehmen ein strafrechtlich kausal zurechenbarer Ursachenzusammenhang begründbar, wenn Überwachungs- oder Organisationspflichten nicht eingehalten werden. Strafrechtliche Verantwortung kann also jedenfalls in ihrem Kernbereich nicht „wegdelegiert" werden.

Aufbau und Struktur von Finanzdienstleistungsunternehmen sind durch Arbeitsteilung und damit durch Einschränkungen der Zuständigkeiten und Entscheidungsbefugnisse einzelner Personen bestimmt. In der Ermittlung und Abgrenzung der einzelnen Verantwortungsbereiche liegt – im Hinblick auf die strafrechtliche Verantwortung – die Hauptschwierigkeit der Beurteilung. Im Grundsatz gilt, dass sich jeder Mitarbeiter vom Vorstand bis zum Ausführungsorgan auf unterster Ebene in seinem Zuständigkeitsbereich im Hinblick auf die durch das Strafrecht geschützten Rechtsgüter sorgfältig verhalten muss.[19] Besonderheiten gelten für Mitglieder der Geschäftsführung/des Vorstandes. Diese können zwar ihre Pflichten zur Erfüllung grundsätzlich auf Dritte übertragen und haften – auch strafrechtlich – dann gegebenenfalls nur für eine fehlerhafte Organisation, Auswahl, Anleitung oder Überwachung. In Krisen- und Ausnahmesituationen ist die Geschäftsführung jedoch unabhängig von Zuständigkeitsgrenzen zum eigenen Tätig werden verpflichtet (Prinzip der Allzuständigkeit).[20] Für die Geschäftsleitung besteht daher eine Pflicht zur „sicheren", d.h. nicht auf Verletzung eines strafrechtlich geschützten Rechtsgutes ausgerichtete oder sie in Kauf nehmende oder begünstigende Organisation betrieblichen Geschehens. Auch ungeachtet der Möglichkeit, im normalen Geschäftsbetrieb die Aufgaben (horizontal) zu verteilen[21], bleibt von mehreren Vorstandsmitgliedern/Ge-

17 BGH wistra 2001, S. 336 ff.
18 Vgl. etwa BGH NStZ 1997, S. 121.
19 Vgl. BGHSt 37, 106, 114; BGH NJW 1990, 2560, 2568.
20 BGHSt 37, 106, 123.
21 Vgl. dazu etwa BayObLG wistra 1993, 237 ff.

schäftsführern jeder im Rahmen der Gesamtverantwortung (siehe z.B. § 114 HGB) grundsätzlich in eigener Person verantwortlich. In diesem Zusammenhang sind weiterhin die vom Bundesgerichtshof in der sog. „Ledersprayentscheidung"[22] (zur strafrechtlichen Produktverantwortung) aufgestellten Grundsätze bedeutsam:

Hervorzuheben ist hier, trotz des eher entfernt erscheinenden Lebenszusammenhangs, das „Lederspray-Urteil" des BGH, das sich, über die strafrechtliche Produzentenhaftung hinaus, erstmals umfassend mit der strafrechtlichen Verantwortung bei Arbeitsteilung innerhalb von Unternehmen und die Frage der Kausalität bei Gremienentscheidungen grundlegend befasst hat.

Der Sachverhalt jener Entscheidung in Kürze: Eine GmbH stellte Lederspray her und vertrieb dieses über zwei Tochtergesellschaften. Im Herbst 1980 erreichten das Unternehmen erste Meldungen über gesundheitliche Schäden, die beim Benutzen des Sprays aufgetreten waren. Trotz intensiver Nachforschungen konnte kein Fabrikationsfehler festgestellt werden. Unter dem Eindruck weiterer Schadensmeldungen fand eine Sondersitzung der Geschäftsführung der Produktions-GmbH statt. Ein Rückruf des Produkts wurde abgelehnt; er erfolgte erst, nachdem sich die Gesundheitsbehörde eingeschaltet hatte; die Geschäftsführer der Tochtergesellschaften wurden über diesen Beschluss informiert. In dem Strafverfahren wegen Körperverletzung einer Vielzahl von Endverbrauchern wurden die Geschäftsführer der Mutter- und beider Tochter-Unternehmen hinsichtlich solcher Gesundheitsschäden, die vor der Sondersitzung der Geschäftsleitung bekannt geworden waren, vom LG wegen fahrlässiger Körperverletzung, für solche, die nach der Sondersitzung auftraten, wegen vorsätzlicher (gefährlicher) Körperverletzung verurteilt.

Der 2. Strafsenat des BGH hat das Urteil in den wesentlichen Punkten bestätigt. Er hat entschieden, jeder einzelne Geschäftsführer sei verpflichtet gewesen, auf einen Beschluss der Gesamtgeschäftsführung über Anordnung und Vollzug des Rückrufs hinzuwirken; das Unterlassen jedes Einzelnen sei schadenursächlich gewesen. Die (aus Ingerenz) garantenpflichtigen Mitglieder der Geschäftsleitung, die gemeinschaftlich den Entschluss fassten, ihr Pflicht nicht zu erfüllen, waren Mittäter (§ 25 Abs. 2 StGB); jeder musste sich daher das Unterlassen der anderen wie eigenes Handeln zurechnen lassen.

Folgeentscheidungen, namentlich die Entscheidungen „Weinverschnitt"[23] und „Holzschutzmittel"[24], enthielten wichtige Konkretisierungen hinsichtlich

---

22 BGHSt 37, 106 (2. Strafsenat).

23 BGH NJW 1995, 2930.

24 BGH NStZ 1995, 590.

der strafrechtlichen Verantwortung von Geschäftsleitungsmitgliedern; namentlich im Hinblick auf die Erfassung horizontaler und vertikaler Arbeitsteilungen. Der BGH hat in den zitierten Entscheidungen klargestellt, dass bei innerbetrieblichen Vorgängen eine täterschaftliche Zurechnung auf Geschäftsleitungsebene nicht die eigenhändige Verwirklichung des Straftatbestandes erfordert. Es genügt vielmehr eine mittelbare Beziehung zum konkreten betrieblichen Geschehen, sofern sich das Verhalten des Geschäftsleitungsmitglieds als Verletzung ihm obliegender Sorgfaltspflichten darstellt.[25] Diese Pflicht kann durch Tun oder Unterlassen verletzt werden.

Aufgaben können delegiert werden. Für ihre jeweiligen Zuständigkeitsbereiche übernehmen die Delegationsempfänger konkrete Pflichten, somit auch strafrechtliche Verantwortlichkeiten. Für alle Pflichtebenen gilt jedoch, dass eine Delegation nach unten nur dann strafbarkeitsausschließende Wirkung haben kann, wenn die delegierende Ebene ihre weiterhin bestehenden Auswahl-, Aufsichts-, Kontroll- und Organisationspflichten erfüllt; durch Delegation allein entfällt nicht die strafrechtliche Verantwortlichkeit. Die delegierende Person muss regelmäßig – je nach Bedeutung der Aufgabe – überprüfen, ob die übertragenen Aufgaben ordnungsgemäß ausgeführt werden. In Ausnahmefällen besteht trotz Delegation eine Pflicht zum Eingreifen; unterbleibt dies, ist eine Strafbarkeit wegen Unterlassungsdelikts möglich.

In Krisensituationen sowie für Grundsatz-Entscheidungen (z. B. Drittbeschwerden) bleibt die gesamte Leitungsebene – unabhängig von Ressortzuständigkeit und Delegation – verantwortlich.

4.2 Einzelfragen strafrechtlicher Verantwortung der Unternehmensleitung

Die Anzahl der streitigen Einzelfragen ist groß. Ich will hier nur vier kurz ansprechen:

25 Vgl. hierzu auch *Schmidt-Salzer*, NJW 1996, S. 1 ff.; *ders.*, NJW 1988, S. 1937 ff.; *Kuhlen*, NStZ 1990, S. 566 ff.; *Volk*, NStZ 1996, S. 105 ff.

4.2.1 Strafrechtliche Pflichtenbegründung aus allgemeinen gesellschaftsrechtlichen Normen

Gesellschaftsrechtliche Pflichten ergeben sich beispielsweise für den Vorstand aus den §§ 76, 93 AktG. Nach diesen allgemeinen Regeln hat der Vorstand die Gesellschaft unter eigener Verantwortung zu leiten und hierbei die Sorgfalt eines ordentlichen und gewissenhaften Geschäftsleiters anzuwenden. Satzungsrechtlich können Konkretisierungen dieser Pflichtenstellung bestehen, die freilich nicht hinter die gesetzlichen Regeln zurückfallen dürfen.[26]

In mehreren von Strafsenaten des BGH entschiedenen Fällen ist diskutiert worden, ob und wenn ja welche auch strafrechtlich relevanten Pflichtenstellungen sich aus § 93 AktG, § 43 GmbHG ableiten lassen. Das gilt namentlich für den (hier: zivilrechts)akzessorischen Straftatbestand der Untreue (§ 266 StGB); es ist unbestritten, dass zur Prüfung des Tatbestandsmerkmals der (Treue)Pflichtverletzung auf Kriterien anzustellen ist, welche sich aus dem konkreten Rechtsverhältnis – und den dafür geltenden zivilrechtlichen oder öffentlich-rechtlichen Regelungen – ergeben.

In mehreren Verfahren[27] hat namentlich der 2. Strafsenat angesprochen, dass sich eine Treupflichtverletzung von Organen einer juristischen Person „unmittelbar" aus der Verletzung der allgemeinen Regeln der §§ 43 GmbHG, 93 AktG ergeben könne. Insoweit sind noch mancherlei Fragen offen; es ist auch fraglich, ob die Senate hier zu „allgemeinen" Formeln gelangen werden. Im Hinblick auf den – meist als besonders problematisch angesehenen – Tatbestand der Untreue wird man, insbesondere nach dem Beschluss des BVerfG vom 23. Juni 2010 (2 BvR 2559/08, NJW 2010, 3209), mit Rücksicht auf das so genannte „Verschleifungsverbot"[28] davon auszugehen haben, dass nicht jeder Verstoß gegen die Pflichten eines ordentlichen Geschäftsleiters ein Treupflichtverstoß im Sinne von § 266 Abs. 1 StGB ist; erforderlich ist vielmehr, dass die Pflicht,

26 Die Formulierung des 1. Strafsenats im "Kölner-Parteispenden-Fall" (BGH, Beschl. v. 13.04.2011 – 1 StR 94/10, NJW 2011, 1747; vgl. dazu *Bittmann* wistra 2011, 343; *Brand* NJW 2011, 1751; *Corsten* wistra 2011, 389; *Rönnau* StV 2011, 753; *Saliger* ZIS 2011, 902), wonach "die Parteien z.B. durch Satzungen bestimmen (können)", dass die Beachtung externer Regelungen (hier: des ParteienG) eine selbständige, das Vermögen der Treugeberin schützenden Hauptpflicht im Sinne von § 266 Abs.1 StGB ist (Leitsatz 2), erscheint mir missverständlich. Treupflichten und Garantenstellungen können nicht durch bloße formale Erklärung "geschaffen" werden; vielmehr kommt es darauf an, wie die jeweilige Pflicht *materiell* ausgestaltet ist.

27 Insb. *Siemens*-Verfahren (2 StR 587/07, BGHSt 52, 323); Kölner Müll / Trienekens (2 StR 111/09 – BGHSt 55, 266).

28 Vgl. dort Rdn. 109 ff.

gegen welche verstoßen wird, gerade auch der Sicherung des Vermögens des Treugebers dient (Rechtsgutsbezogenheit), darüber hinaus, dass ein von der Pflichtverletzung trennbarer, sich in ihr nicht „erschöpfender" wirtschaftlicher Nachteil eintritt (wirtschaftlicher Vermögens- bzw. Nachteilsbegriff). Hieraus kann freilich nicht geschlossen werden, dass man in jedem Einzelfall eine solche strikte Trennung durchführen müsste oder könnte:

Stellt sich der Vorstand einer Bank ans Fenster seines Büros im 30. Stockwerk und wirft aus vor ihm stehenden Wäschekörben Geld der Bank mit bloßen Händen – im buchstäblichsten Sinne – „zum Fenster heraus"[29], hat niemand einen ernstlichen Zweifel daran, dass dies ein Fall der Untreue ist, auch wenn sich Pflichtverletzung und Schadenseintritt nicht unterscheiden lassen (Verschleifung!) und eine Konkretisierung der allgemeinen Pflicht aus § 76 Abs. 1 AktG für solche Fälle nicht existiert. Dasselbe gilt – ein wenig realitätsnäher – etwa für Fälle der Erteilung gesetzwidriger Aufträge zu verbotenen, gar kriminellen Handlungen und der Bezahlung solcher oder aus anderen Gründen der §§ 134, 138 BGB nichtiger Forderungen.[30]

Tatsache ist darüber hinaus, dass über die Generalklauseln der §§ 93, 116 AktG (43 GmbHG) normative Öffnungen/Wertungen zur Verfügung stehen, die insbesondere mit den allgemeinen Treuepflicht-Merkmalen des § 266 StGB (Untreue) wirken können und von der Rechtsprechung herangezogen werden: Selbstverständlich nicht durch „freie" Schöpfung moralisch aufgeladener Sonderpflichten; aber als wichtiger Auslegungshinweis für die Anwendung des Vermögensschutz-Tatbestand des § 266 StGB im Einzelfall. § 266 StGB ist eine zivilrechtsakzessorische Norm: Was pflichtwidrig ist, ergibt sich auch aus § 93 AktG.

4.2.2 „Gravierende" Pflichtverletzung als Voraussetzung von Untreuestrafbarkeit?

Nur hinweisen will ich an dieser Stelle darauf, dass Streitfragen um das Erfordernis einer so genannten „gravierenden" Pflichtverletzung noch nicht geklärt sind. Ausgangspunkt ist die Überlegung, dass nicht jede gesellschafts- oder unternehmensrechtliche Pflichtverletzung zugleich strafrechtliche Relevanz im Rahmen des § 266 StGB haben soll. Es muss sich nach Entscheidungen des 1.

---

29 Vielleicht gar, um der Bank etwas Gutes zu tun: Ihr Ansehen beim unten laufenden Volk zu steigern.

30 Vgl. jetzt BGH, Urt. vom 10. Oktober 2012 – 2 StR 591/11.

und 5. Strafsenats[31] vielmehr um eine „gravierende“ Pflichtverletzungen handeln; das soll sich anhand einer Gesamtbewertung insbesondere der Pflichtenstellung, der gesellschaftsrechtlichen Kriterien und der konkreten Untreuehandlung bestimmen[32] Entscheidungen anderer Senate[33] haben eher darauf abgestellt, dass (in welchem Ausmaß auch immer) gegen eine gravierende Pflicht verstoßen wurde.[34] Dass es sich bei dem Merkmal der „gravierenden Pflichtverletzung“ überhaupt um ein eigenständiges Merkmal im Tatbestand des § 266 Abs. 1 StGB handelt, kann bezweifelt werden. Einiges spricht dafür, dass mithilfe dieser auf normative „Abwägungen“ verweisenden Formel ein Bereich des „erlaubten Risikos“ schon tatbestandlich aus § 266 StGB ausgeschieden werden soll, ohne dass dem substanziell mehr zugrunde liegt als eine am Normzweck und Rechtsgüterschutz orientierte Auslegung des Pflichtwidrigkeits-Merkmals.

4.2.3 Zur strafrechtlichen Zurechnung bei hierarchischer Struktur

Nach den Grundsätzen der Rechtsprechung ist der auf der operativen Ebene innerbetrieblich Zuständige in erster Linie strafrechtlich verantwortlich. Die primäre Verantwortung für schadensverhindernde bzw. fehlervermeidende Maßnahmen obliegt daher dem jeweiligen Ressortinhaber. Auch nicht förmlich bestellte Personen (faktische Geschäftsführer) sind verantwortlich, wenn sie tatsächliche Entscheidungsmacht haben. Bedient sich der Geschäftsführer/das Vorstandsmitglied zur Erfüllung seiner Pflichten fachkundiger Hilfe, entbindet ihn dies nicht von der Verpflichtung, sich innerhalb des Möglichen und Zumutbaren zu vergewissern, ob die mit den Aufgaben betrauten Personen diese ordnungsgemäß ausführen und zuverlässig sind. Ist der Geschäftsführer hierzu nicht in der Lage, darf er sich nicht auf die beauftragte Person verlassen, sondern muss gegebenenfalls einen zuverlässigen Dritten zur Kontrolle heranziehen.[35]

Auf den Ressortinhaber dürfen sich die übrigen Vorstands- und Geschäftsführungsmitglieder grundsätzlich im Rahmen der Arbeitsteilung verlassen („Vertrauensprinzip“), wenn hinsichtlich dessen Qualifikation und Zuver-

---

31 BGHSt 47, 148, 150; 47, 187; 49, 147, 155.

32 Vgl. etwa BGH, NJW 2002, S. 1558 ff. zur Pflichtwidrigkeit von Vorständen durch Sponsoring.

33 BGHSt 50, 331, 336 (3. Strafsenat);

34 Vgl. dazu Fischer StGB 60. Auflage § 266 Rdn. 61 f.

35 Ständ. Rspr.; vgl. etwa BGH, NStZ 2000, S. 203 ff.

lässigkeit keine Zweifel nahe liegen und Anhaltspunkte auf Missstände im Aufgabenbereich nicht gegeben sind. Werden solche Anhaltspunkte bekannt, muss diesen nachgegangen und müssen gegebenenfalls schadensabwendende Maßnahmen ergriffen werden.[36] Dies kann namentlich Aufgabe von Compliance-Abteilungen oder einer Innenrevision sein[37]; diese haben in der Regel keine eigenen Anordnungsbefugnisse, jedoch besteht eine Eskalationspflicht, also die Verpflichtung zur Vorlage an die Geschäftsleitung/den Vorstand. Die Mitglieder des Vorstands können als Täter eines Organisationsfehlers strafrechtlich verantwortlich sein, wenn und soweit – unabhängig von der individuellen Verantwortlichkeit des tatsächlich Handelnden und/oder operativ Zuständigen – Fehler voraussehbar waren und durch zumutbare organisatorische Maßnahmen hätten vermieden werden können. Dies betrifft vor allem die Verantwortlichkeit für Fahrlässigkeitsdelikte, etwa in Fällen der Produkthaftung. Freilich ist auch die Zurechnung von Vorsatzdelikten nicht ausgeschlossen, insbesondere wenn eine betriebliche Organisation erkennbar bewusst darauf ausgerichtet und von der Geschäftsleitung so konzipiert ist, dass Verantwortlichkeiten verschleiert, Informationen nicht weitergegeben und Vorstände „abgeschirmt" werden (sollen). Nicht ausreichend für eine Entlastung des Vorstands sind „nach unten" verbreitete Globalweisungen wie z.B. die Weisung, „nur zulässige Geschäfte im Rahmen der gesetzlichen Regeln" zu machen. Durch solche Schein-Kontrolle, die erkennbar nur der Freizeichnung von Verantwortung dient, lassen sich weder objektive Zurechnungen noch die Merkmale (bedingten) Vorsatzes „wegdelegieren". Ungeachtet der Möglichkeit, im normalen Geschäftsbetrieb die Aufgaben zwischen mehreren Vorstandsmitgliedern (horizontal) zu teilen[38], bleibt im Rahmen der Gesamtverantwortung grundsätzlich jedes Vorstandsmitglied in eigener Person verantwortlich.

In der Rechtsprechung des BGH inzwischen anerkannt ist im Übrigen eine „Geschäftsherrenhaftung" von Geschäftsleitern und leitenden Angestellten.[39]

---

36 Vgl. etwa BGHSt 37, 106 ff.; BGH Beschluss v. 28.05.2002 5 StR 16/02; BGH BGH NStZ, 1997, S. 125 ff.; GmbHR 2001, S. 236 ff.; BGHZ 133, 370 ff.

37 Zur möglichen Garantenstellung gegenüber außenstehenden Dritten vgl. das hochstreitige *obiter dictum* des *5. Strafsenats* in BGH, Urt. v. 17.07.2009 – 5 StR 394/08, BGHSt 54, 44 (ebenda Rdn. 27; Bespr. *Berndt* StV 2009. 689; *Dannecker/Dannecker* JZ 2010, 981; *Dierlamm* NStZ 2010, 268; *Kraft* wistra 2010, 81; *Kretschmer* JR 2009, 474; *Ransiek* AG 2010, 147; *Rönnau* ZIP 2010, 53; *Stoffers* NJW 2009, 3176; *Rotsch* ZJS 2009, 712; *Spring* GA 2010, 222; *Warnecke* NStZ 2010, 312.

38 Siehe hierzu BayObLG, wistra 1993, S. 237 ff.

39 Vgl. jetzt BGHSt 57, 42 = NJW 2012, 1237 (Bespr. *Kuhn* wistra 12, 297; *Mansdörfer/Trüg* Strafverteidiger 12, 432; *Schlösser* NZWiSt 12, 281; zust. Anm. *Roxin* JR 12, 305; *Bülte* NZWiSt 12, 176]; zur Garantenstellung von Compliance-Beauftragten vgl. auch BGHSt 54, 44, 49 f.).

Diese begründet eine (Garanten-)Pflicht im Sinne von § 13 StGB von für betriebliche Organisation und Leitung zuständigen Personen, betriebsbezogene Straftaten von Mitarbeitern zu verhindern. Die Tat muss Ausdruck der spezifischen Gefahren der betrieblichen Tätigkeit für Rechtsgüter Dritter sein; nicht ausreichend ist, dass sie „gelegentlich" der Berufstätigkeit des Mitarbeiters begangen wird. Bei betriebsbezogenen Taten (z.B. Betrug zu Lasten von Anlegern durch Mitarbeiter von Finanzdienstleistungsunternehmen) kommt es auf die Organisationsmacht des „Geschäftsherrn" (Vorstands) in Verbindung mit der Herrschaft über die Gefahrenquelle an.[40]

Ein (unmittelbarer) Rückgriff auf die Zurechnungsfigur der Mittelbaren Täterschaft durch Organisationsherrschaft[41] ist daher in der Regel nicht erforderlich. Er ist aber – nach der Rechtsprechung – nicht grundsätzlich ausgeschlossen; in der Literatur wird die Figur vielfach auf staatlich organisierte oder auf streng hierarchisch aufgebaute rein kriminelle Organisationen beschränkt.

4.2.4 Strafrechtliche Verantwortung bei Entscheidungen in Gremien

Bei Organen als mehrköpfige Gremien mit untergliederten Aufgabenbereichen stellt sich die Frage, inwieweit dem einzelnen Mitglied Fehler anderer zuzurechnen sind; darüber hinaus, unter welchen Voraussetzungen persönliche Schuldvorwürfe erhoben werden können, wenn Entscheidungen im Gremium gemeinsam gefasst wurden. Die Notwendigkeit solcher Entscheidungen kann rechtsgeschäftlicher Natur sein und sich z.B. aus der Satzung oder Geschäftsordnung des Unternehmens oder einer betrieblichen Übung ergeben; sie kann aber auch schon aufgrund der Generalverantwortung des Vorstands und der damit verbundenen Allzuständigkeit der Vorstands-(Geschäftsführungs-)Mitglieder bestehen.

Handelt das Organ (Vorstand oder Aufsichtsrat) als Kollegium und verwirklicht eine einstimmig getroffene Entscheidung einen Straftatbestand, handeln alle Mitglieder des Organs als Mittäter (§ 25 Abs. 2 StGB). Auf einen förmlich oder formgerecht gefassten Beschluss kommt es dabei grundsätzlich nicht an; es reicht eine faktische Übereinstimmung.

Wenn eine strafrechtlich relevante Maßnahme aufgrund einer Entscheidung nach dem Mehrheitsprinzip vorgenommen wird, sind nur diejenigen Mit-

---

40 Vgl. *Fischer* StGB 60. Auflage § 13 Rdn. 70 m. w. Nachw.

41 Dazu *Roxin* AT 2, 25/105 ff.; *ders.* Goltdammer's Archiv für Strafrecht 2012, 395; Überblick bei *Fischer* StGB § 25 Rdn. 7 ff.

glieder als Täter (aktiven Handelns) anzusehen, die die Mehrheitsentscheidung getragen haben. Wird eine rechtlich gebotene Handlung nicht vorgenommen, kommen diejenigen Mitglieder des Organs, die diesem Beschluss zugestimmt haben, als Mittäter durch Unterlassen in Betracht. Diejenigen, die ihr nicht zugestimmt haben, können nicht als Beteiligte an der Tat angesehen werden. Allerdings besteht eine Verpflichtung, unter Einsatz der zustehenden Mitwirkungsrechte das Mögliche und Zumutbare zu unternehmen, um den rechtwidrigen Beschluss des Organs zu unterbinden.

Jedes Mitglied des Gremiums kann daher verpflichtet sein, auch gegen den Widerstand seiner Kollegen auf Sicherheitsvorkehrungen oder schadensabwendende Maßnahmen zu dringen. Dies gilt auch dann, wenn die Geschäftsleitung selbst eine hierarchisch geprägte Struktur aufweist.[42] Bei Vorsatzdelikten (Betrug, Untreue, Bilanzdelikte; Wertpapierdelikte) ist eine Eskalation (von Vorständen) gegebenenfalls an den Aufsichtsrat zu verlangen; im Einzelfall wird auch eine Information von Strafverfolgungsbehörden oder der Öffentlichkeit erforderlich und zumutbar sein. Die (Mit-)Täterschaft aller Mitglieder der Geschäftsführung folgt aus der Entscheidungskompetenz[43] und -pflicht (§ 76 Abs. 1 AktG), und zwar auch dann, wenn entsprechende Weisungen der Gesellschafter vorliegen, da rechtswidrige Weisungen nicht befolgt werden müssen.

4.3 Besonderheiten bei Kreditinstituten

Bei Handlungen oder Unterlassungen von Geschäftsleitern einer Bank gelten die genannten Grundsätze gleichermaßen bzw. entsprechend. Insbesondere gilt der Grundsatz der Gesamtverantwortung. Eine Aufteilung der Geschäftsbereiche ändert nichts an der grundsätzlichen Verantwortung jedes Einzelnen für die Geschäftsführung insgesamt. In der MaRisk[44] heißt es:

> „Alle Geschäftsleiter (§ 1 Abs. 2 KWG) sind, unabhängig von der internen Zuständigkeitsregelung, für die ordnungsgemäße Geschäftsorganisation und deren Weiterentwicklung verantwortlich. Diese Verantwortung bezieht sich unter Berücksichtigung ausgelagerter Aktivitäten und Prozesse auf alle wesentlichen Elemente des Risikomanagements. Die Geschäftsleiter werden dieser Verantwortung nur gerecht, wenn sie die Risiken beurteilen können und die erforderlichen Maßnahmen zu ihrer Begrenzung treffen. Die Geschäftsleiter eines übergeordneten Unternehmens einer Institutsgruppe oder Finanzholding-Gruppe bzw. eines übergeordneten Finanzkonglomeratunternehmens sind zudem für die

---

42 Vgl. BGHSt 37, 106, 114 ff.

43 Vgl. hierzu BGH, wistra 2001, S. 217 f.

44 MaRisk zuletzt vom 15.10.2010, AT 3.

ordnungsgemäße Geschäftsorganisation in der Gruppe und somit auch für ein angemessenes und wirksames Risikomanagement auf Gruppenebene verantwortlich (§ 25 a Abs. 1 a KWG).“

War das Verhalten eines Verantwortlichen im Zusammenhang mit einem Kreditgeschäft pflichtwidrig, vermag die in Kenntnis aller Umstände der Kreditvergabe erteilte Zustimmung durch einen Dritten, wie etwa der Mitglieder des Verwaltungsrates oder des Kreditausschusses, an dieser Pflichtwidrigkeit nichts zu ändern.[45]

Wird eine Entscheidung von einem mehrköpfigen Gremium getroffen, kommen im Fall des Einstimmigkeitsprinzips unterschiedliche Verantwortlichkeiten der Beteiligten in Betracht:[46] Die Bankleiter können sich grundsätzlich auf den Bericht des federführenden Vorstandsmitglieds oder eines als zuverlässig bekannten Kreditsachbearbeiters verlassen. Ergeben sich aber Zweifel oder Unstimmigkeiten, sind Rückfragen und gegebenenfalls eigene Nachprüfung geboten. Diese ist auch dann erforderlich, wenn eine Kreditvergabe oder ein anderes Bankgeschäft ein besonders hohes Risiko beinhaltet. Bei (hohen) Kreditvergaben wird das namentlich der Fall sein, wenn bekannt ist, dass die Bonität des Schuldners problematisch ist.[47] Das Eingehen existenzbedrohender Risiken ist regelmäßig unzulässig. Einer Delegation von Verantwortung ist schon durch die formalen Vorgaben des KWG Grenzen gesetzt, etwa durch Kreditbewilligungsgrenzen und andere rechtlich normierte Kompetenzbegrenzungen (vgl. zu Großkrediten §§ 13 Abs. 2, 13 a Abs. 2 KWG, zu Organkrediten § 15 Abs. 1 KWG; jeweils Einstimmigkeitsprinzip).

Im Übrigen bestehen stets eine Überwachungspflicht sowie die Verpflichtung, etwa durch ein geeignetes Berichtswesen organisatorische Vorkehrungen gegen unangemessene Risiken zu treffen. Gemäß MaRisk vom 15.12.2010, AT Ziffer 4.3.2 hat das Institut angemessene Risikosteuerungs- und Controlling-Prozesse einzurichten (Identifizierung, Beurteilung, Steuerung, Überwachung und Kommunikation). Die Risikosteuerungs- und Controlling-Prozesse müssen gewährleisten, dass die wesentlichen Risiken einschließlich derer Wechselwirkungen – namentlich auch aus ausgelagerten Aktivitäten und Prozessen – frühzeitig erkannt und in angemessener Weise dargestellt werden können. Es sind regelmäßig angemessene Stresstests für die wesentlichen Risiken durchzu-

45 Vgl. BGHSt 47, 148; auch OLG Karlsruhe wistra 2005, 72.

46 Vgl. BGHSt 46, 30 ff.

47 BGHSt 47, 148.

führen. Die Geschäftsleitung hat sich in angemessenen Abständen über die Risikosituation und die Ergebnisse des Stresstests berichten zu lassen.[48]

4.4 Besonderheiten für Aufsichtsratsmitglieder

Nur ganz kurz: Der Aufsichtsrat ist nach § 111 Abs. 1 AktG zur Überwachung der Geschäftsführung und damit zur Kontrolle des Vorstandes auch im Hinblick auf Drittinteressen verpflichtet. Diese Überwachungspflicht ist die Hauptpflicht des Aufsichtsrates. Gemäß § 116 AktG gilt für die Sorgfaltspflicht und die Verantwortlichkeit der Aufsichtsratsmitglieder § 93 AktG über die Sorgfaltspflicht und Verantwortlichkeit der Vorstandsmitglieder sinngemäß. Grundsätzlich wird danach vom Aufsichtsrat verlangt, fehlerhaftes oder gesellschaftsschädigendes Verhalten des Vorstandes abzuwenden. Diese Verpflichtung bezieht sich nicht nur auf abgeschlossene Geschäftsvorgänge, sondern auch auf laufende Geschäfte und Maßnahmen.[49]

Der Aufsichtsrat einer Aktiengesellschaft hat gegenüber dieser eine Vermögensfürsorgepflicht.[50] Der Umfang dieser Pflichten ergibt sich aus § 116 AktG durch einen Verweis auf die sinngemäße Anwendung der Vorschriften über die Sorgfalt der Vorstandsmitglieder (§ 93 AktG). Aus der Überwachungspflicht des Aufsichtsrates ergibt sich notwendig die Pflicht, das Vermögen der Bank gegebenenfalls auch *gegen* den Vorstand zu schützen und die hierzu erforderlichen Maßnahmen zu treffen. Daher ist nach meiner Ansicht die Frage, ob im Einzelfall vom Aufsichtsrat Strafanzeige erstattet werden muss, wenn ein strafbares Verhalten des Vorstandes festgestellt wird, zu bejahen.

Eine strafrechtliche Verantwortlichkeit des Aufsichtsrats besteht zunächst im Hinblick auf die Verletzung eigener Pflichten, namentlich einer gegenüber der Gesellschaft bestehenden Vermögensbetreuungspflicht.[51] Im Übrigen besteht die Möglichkeit einer Teilnahme (Beihilfe oder Anstiftung) an Straftaten von Vorstands- bzw. Geschäftsleitungsmitgliedern, wenn deren strafbares Handeln gedeckt, gefördert oder veranlasst wird. Auch Mittäterschaft kann in Betracht kommen, sofern das Mitglied des Aufsichtsrats die vom Tatbestand vorausgesetzte Tätereigenschaft, beispielsweise im Hinblick auf Sonderpflichten, besitzt. Eine strafrechtliche Verantwortung kann schließlich in Betracht kom-

48 Einzelheiten zur Risikoberichterstattung in BTR 1 bis BTR 4.

49 BGH NJW 2002, 1585.

50 BGHSt 50, 331 = NJW 2006, 522; BGH NJW 2002, S. 1585 ff.; *Fischer* StGB § 266 Rdn. 48, 105 m. w. Nachw.

51 Vgl. BGHSt 50, 331, 342 (*Fall Mannesmann-Vodafone*).

men, wenn Mitglieder des Aufsichtsrats faktisch die Geschäftsführung übernehmen.

Dem Aufsichtsrat stehen andererseits keine Geschäftsführungsbefugnisse und Weisungsrechte zu. Er ist daher nicht etwa nicht berechtigt, jedes mit einem Risiko verbundene Geschäft zu verhindern. Meinungsbeschlüsse des Aufsichtsrates sind für den Vorstand nicht verbindlich, da dieser die AG gemäß § 76 Abs. 1 AktG eigenverantwortlich führt. Der Überwachungspflicht entsprechen daher nicht Entscheidungskompetenzen des Aufsichtsrates. Weisungen können allenfalls im Einzelfall erfolgen; Ausnahmemaßnahmen sind der Widerruf einer Bestellung zum Vorstandsmitglied vor Ablauf der regulären Amtszeit sowie eine vorübergehende Enthebung von der Amtsführung. Als ein (erforderlicher) wichtiger Grund für eine solche Maßnahme ist anzusehen, dass die Durchführung eines Vorstandsbeschlusses zur Verwirklichung von (erheblichen) Straftaten führen würde.

5 Schluss

Meine Damen und Herren, ich möchte darauf verzichten, Ihnen weitere Einzelheiten zum Verantwortungs-, Haftungs-, Zurechnungs-, und Compliance-System von Kreditinstituten vorzutragen, die viele von Ihnen ohnehin im Zweifel besser kennen als ich.

Nicht mehr eingehen möchte ich daher auf die neuen Änderungen des Deutschen Corporate Governance Kodex[52] und auf die weiter anhaltende Diskussion über die Voraussetzungen drittschützender Garantenstellungen von Compliance-Verantwortlichen, namentlich im Zusammenhang mit ihrer internen Pflichten- und Befugnisstellung.

Zusammenfassend lässt sich (etwas dürr) feststellen, dass sich die strafrechtliche Verantwortlichkeit der Organmitglieder von Kreditinstituten substantiell nicht von der strafrechtlichen Organverantwortung im Allgemeinen unterscheidet. Besonderheiten ergeben sich aus dem materiellen Recht; dies insbesondere bei der Ausfüllung von Pflichtwidrigkeits-Merkmalen sowie im Hinblick auf die vielfältigen Regelungen zur Regulierung der Finanzmärkte. Vorstände oder Aufsichtsräte von Banken in einem weiteren Rahmen von strafrechtlicher Zurechnung frei zu halten, als dies allgemein gilt, besteht kein Anlass. Ein solcher ergibt sich jedenfalls nicht aus Besonderheiten des Bankge-

52 Änderungsbeschluss Regierungskommission DCGK v. 15. Mai 2012.

schäfts. Ebenfalls kein Anlass besteht für die Annahme, die Finanzwirtschaft werde insgesamt oder auch nur in Teilbereichen einer überzogenen strafrechtlichen Verfolgung ausgesetzt. Bislang sind, soweit ich sehe, im Zusammenhang mit der sog. Finanzkrise allenfalls einzelne Anklagen erhoben oder angekündigt. Von einer „Hypertrophie" des Strafrechts in diesem Bereich sind wir denkbar weit entfernt.

Die Annahme, wesentliche Teile der Finanzwirtschaft handelten – nach einem verborgenen Konzept – „kriminell", wäre gewiss verfehlt. Ebenso wäre es aber die Annahme, globale finanzwirtschaftliche Geschäfte, Vernetzungen und Großrisiken seien den Kleinlichkeiten der Strafrechtsdogmatik so weit enthoben, dass rechtsgutsverletzende Handlungen mit deren Instrumentarium überhaupt nicht mehr angemessen identifiziert und verfolgt werden können. Vor dem Hintergrund des Hochfrequenzhandels mögen die Mühlen der Strafjustiz gelegentlich von quälender Langsamkeit sein, und individuell gefühlte Systemrelevanzen mögen gelegentlich den Bereich des Unermesslichen erreichen, wie die Anzahl der roten Nullen in den Bad Banks. Am Ende aber wird, hoffe ich, sich doch differenzieren lassen zwischen „System" und Verantwortung, kriminellem Handeln und Inkompetenz; Nicht-Wissen-Wollen und Nicht-Wissen-Können. Dazu ist das Strafrecht da. Man muss ihm dafür Ressourcen, Zeit und Mut geben.

6 Anhang: Zusammenstellung strafrechtlicher Risikobereiche

I. Spezielle Risikobereiche der Strafbarkeit für Kreditinstitute

- Im Zusammenhang mit Börsengeschäften
  - Insiderrecht/Insiderverzeichnisse, § 14 WpHG
  - Marktmanipulation, § 20 a WpHG
- Sonst nach WphG:
  - Ad-hoc-Publizität, § 15 WpHG
  - Directors' Dealings, § 15 a WpHG
  - Stimmrechtsmitteilungen, § 21 ff. WpHG
- Im Zusammenhang mit anderen Bank- und Finanzgeschäften:
  - Depotgeschäfte:
    § 34 DepotG: strafbare Depotunterschlagung
    § 35 DepotG: Unwahre Angaben des Verwahrers gegenüber Dritten
    § 37 DepotG: Pflichtwidrige Sonderverwahrung gem. § 2 DepotG
  - Pfandbriefgeschäfte:

Strafnorm: § 38 PfandBG
Ordnungswidrigkeit: § 39 PfandBG

- Sonstige Strafvorschriften KWG: §§ 55a, 55b KWG:
  - Verschwiegenheitspflichten bezogen auf bestimmte Kundeninformationen (Hintergrund § 14 Abs. 2 S. 1 KWG, in § 9 KWG: auch Verschwiegenheitspflichten externer Aufsichtspersonen)
  - strafbewehrte Verschwiegenheitspflichten gemäß § 3 Abs. 1 WPO, § 323 HGB, § 203 StGB bzw. für Bankmitarbeiter und Organe, § 17 UWG.
  - Zahlreiche Ordnungswidrigkeiten-Tatbestände: § 56 KWG

II. Strafbarkeitsrisiken Kernstrafrecht:

- § 266 StGB: Untreue bei Kreditentscheidungen
- § 266 StGB Untreue und Vergütungen (AR, Vorstand, Beiratsmitglieder etc.)
- § 266 StGB: Untreue im Zusammenhang mit Risikogeschäften
- § 263 StGB: Beteiligung an Kreditbetrug

III. Spezielle Fragen/Risiken der Finanzmarktkrise

- Untreue (durch ABS-Eigengeschäfte; durch Fremdgeschäfte)
- Bilanzdelikte/u.a. unrichtige Darstellungen nach § 290 HGB a.F. (u.a. insb.: Konsolidierungspflicht von Zweckgesellschaften)
- Jahresabschlüsse bis 2006 (nach altem HGB)
- Pflichtwidrigkeit
- Vorhersehbarkeit des Schadens?
- Zusammenwirken mit Rating-Agenturen

Rainer Behle
BaFin, Bonn

Aufsichtsrechtliche Verantwortlichkeit

Bei der „Aufsichtsrechtlichen Verantwortlichkeit der Organmitglieder von Kreditinstituten“ ist zwischen der Verantwortlichkeit der Geschäftsleiter und der Verantwortlichkeit der Aufsichtsräte eines Kreditinstituts zu unterscheiden.

1 Aufsichtsrechtliche Anforderungen an Geschäftsleiter

Aus bankaufsichtlicher Sicht könnte das Thema der Verantwortlichkeit der Geschäftsleiter mit einem Satz beantwortet werden: Die Bankenaufsicht geht von einer Gesamtverantwortung der Geschäftsleiter eines Instituts aus. Ich räume ein, dass eine solch knappe Antwort einem Beitrag zum Bankrechtstag nicht angemessen ist und versuche daher, meinen Beitrag auf eine breitere Basis zu stellen.

Ein Blick ins Gesetz, in diesem Fall in das Gesetz über das Kreditwesen (im Folgenden KWG), hilft mit einer Definition des Begriffs „Geschäftsleiter" zumindest etwas weiter.

> „Geschäftsleiter im Sinne des § 1 [...] KWG sind diejenigen natürlichen Personen, die nach Gesetz, Satzung oder Gesellschaftsvertrag zur Führung der Geschäfte und zur Vertretung eines Instituts in der Rechtsform einer juristischen Person oder einer Personenhandelsgesellschaft berufen sind."

Welche Anforderungen das KWG und damit die Bankenaufsicht an einen Geschäftsleiter stellt, ist aber noch nicht geklärt. Derzeit liefert § 33 KWG eine gewisse Konkretisierung:

> „Die fachliche Eignung für die Leitung eines Instituts ist regelmäßig anzunehmen, wenn eine dreijährige leitende Tätigkeit bei einem Institut von vergleichbarer Größe und Geschäftsart nachgewiesen wird." (§ 33 Abs. 2 S. 2 KWG)

> „Die fachliche Eignung setzt voraus, dass Geschäftsleiter in ausreichendem Maße theoretische und praktische Kenntnisse in den betreffenden Geschäften sowie Leitungserfahrung haben." (§ 33 Abs. 2 S. 1 KWG)

Die aufsichtsrechtlichen Anforderungen an Geschäftsleiter leiten sich daraus ab, dass Geschäftsleiter nach Überzeugung der Bankenaufsicht für die Entwicklung eines Instituts von entscheidender Bedeutung sind. In wirtschaftlich schwachen Gebieten sind gut geführte Institute vorzufinden, während es in wirtschaftlich starken Gebieten durchaus Institute gibt, die sich wegen ihrer eigenen wirtschaftlichen Situation der besonderen Aufmerksamkeit der Bankenaufsicht erfreuen.

Um die Anforderungen, die die Bankenaufsicht an einen Geschäftsleiter stellt, näher darzustellen, möchte ich einige Stationen im „Leben eines Geschäftsleiters" näher beleuchten. Nach § 24 Abs. 1 Nr. 1 KWG hat ein Institut das beabsichtigt, einen Geschäftsleiter zu bestellen, diese Absicht der BaFin anzuzeigen.

Wird ein Geschäftsleiter der Bankenaufsicht von einem Kreditinstitut als Kandidat angezeigt, hat er bzw. das Institut den Nachweis der banktheoretischen und bankpraktischen Kenntnisse zu führen. Wo ein potenzieller Geschäftsleiter seine banktheoretischen Kenntnisse erworben hat, ist nicht entscheidend, sodass ein Kandidat, der z. B. die entsprechenden Ausbildungsstationen im Bereich der Sparkassen absolviert hat, durchaus als Geschäftsleiter einer Genossenschaftsbank in Betracht kommt. Entscheidend ist vielmehr, dass unter Berücksichtigung des Gedankens der Proportionalität der Kandidat ausreichend qualifiziert ist. In der Regel lässt sich die Qualifikation aus einem aussagekräftigen, unterschriebenen Lebenslauf und den beigefügten Zeugnissen entnehmen. Bei den bankpraktischen Kenntnissen ist in der Regel eine während einer ausreichenden Dauer praktizierte Handlungsverantwortlichkeit im Kreditgeschäft unverzichtbar. Es reicht also nicht aus, dass ein Geschäftsleiterkandidat Handlungsverantwortlichkeit zwar eingeräumt bekommen hat, von der er aber keinen Gebrauch gemacht hat. Vielmehr muss er Gelegenheit gehabt haben, Geld zu verbrennen, und er muss nicht allzu oft von dieser Gelegenheit Gebrauch gemacht haben.

Zudem verlangt die Bankenaufsicht in der Regel auch die Einbindung in die Gesamtbanksteuerung, weil es heute bei den immer komplexeren Instituten auch auf diese Kenntnisse ankommt.

Ein Kandidat bzw. das Institut muss auch nachweisen, dass der Kandidat unmittelbar unter der Vorstandsebene betriebliche Einheiten geleitet hat – zum einen mit hervorgehobener Kompetenz nach innen, zum anderen mit einer qualifizierten Vertretungsmacht nach außen, und er muss bei dieser Tätigkeit auch noch erfolgreich gewesen sein. Das sieht sich die Bankenaufsicht genau an.

Vor einigen Jahren wurde hinsichtlich eines Geschäftsleiterkandidaten, der bei einer mittelgroßen Bank tätig war, eine Absichtsanzeige erstattet, wenige Monate, nachdem das Institut mit erheblichen Mitteln gestützt werden musste. Damit war die Frage gestellt: Ist der Kandidat erfolgreich tätig gewesen, obwohl die Bank nicht erfolgreich tätig war? Von den Jahresabschlussprüfern, die das Institut und die in ihm handelnden Personen gut kannten, kam die Auskunft, an den Tätigkeiten des Kandidaten sei nichts zu kritisieren gewesen, er sei keinesfalls für die Schieflage verantwortlich. Demzufolge konnte der Kandidat, obwohl das Gesamtinstitut erfolglos war, als Geschäftsleiter eines anderen Instituts akzeptiert werden.

2 Bankaufsichtliche Reaktionsmöglichkeiten

Ist ein Geschäftsleiter bestellt worden, richtet die Aufsicht ihr Augenmerk darauf, wie erfolgreich er das Institut führt. In der Regel jährlich, bei kleineren Instituten im 2-Jahres-Rhythmus, finden die regelmäßigen Aufsichtsgespräche statt, die von der Bundesbank und /oder der BaFin geführt werden. Im Rahmen dieser Gespräche werden u. a. die wirtschaftliche Entwicklung des Instituts seit dem letzten Gespräch und die geplante Entwicklung des Instituts besprochen.

Ergeben sich bei einem Institut Schwächen, wurde vor geraumer Zeit von einem Publizisten behauptet, die Bankaufsicht kenne nur zwei Formen der Reaktion, und zwar zum einen die Abberufung und zum anderen die 44er-Prüfung. Das ist natürlich unzutreffend. Die Bankenaufsicht hat ein differenziertes Instrumentarium, wie sie bei festgestellten Schwächen in Instituten oder bei Geschäftsleitern vorgeht. Das kann ein Gespräch, ein einfaches Schreiben, ein gravierendes Schreiben oder eine Missbilligung sein. Es gibt die Möglichkeit der Verwarnung, und es gibt zwei Möglichkeiten, von einem Institut die Abberufung seines Geschäftsleiters zu verlangen.

2.1 Gespräch

Ein Gespräch oder ein einfaches Schreiben bietet sich bei einfachen Verstößen gegen bankaufsichtliche Regeln an. In dem Gespräch oder in dem Schreiben kann zur Mängelbeseitigung aufgefordert werden. Im Rahmen der Auswertung des nächsten Jahresabschlussprüfungsberichts kann sich die Aufsicht dann ein Bild davon machen, ob diese Mängel abgestellt sind.

2.2 Missbilligung

Die Missbilligung war vor In-Kraft-Treten der 6. KWG-Novelle ein häufig verwandtes bankaufsichtliches Instrument, um auf erhebliche organisatorische Defizite in Instituten zu reagieren. Im Rahmen der 6. KWG-Novelle wurde § 25a in das Gesetz eingeführt, der organisatorische Anforderungen definiert. Stellt die Bankenaufsicht nunmehr diesbezüglich entsprechende Defizite fest, liegt ein Gesetzesverstoß vor, und sie kann dann mit den anderen Instrumenten weiter vorgehen, ohne auf das Instrument der Missbilligung zurückgreifen zu müssen.

2.3 Gravierendes Schreiben

Ein gravierendes Schreiben käme bei einem schweren Verstoß gegen bankaufsichtliche Regelungen oder bei einem wiederholten Verstoß in Betracht. Bei diesem gravierenden Schreiben würde die Bankenaufsicht das auch mit der Androhung weiterer bankaufsichtlicher Maßnahmen, zum Beispiel in Gestalt einer Verwarnung, verbinden, wenn sich die Verhältnisse nicht bessern.

2.4 Verwarnung gemäß § 36 Abs. 2 KWG

Das nächste förmliche Instrument – eine Verwarnung nach § 36 Abs. 2 KWG – setzt einen vorsätzlichen oder leichtfertigen Verstoß gegen Bestimmungen des Kreditwesengesetzes oder der anderen in § 36 Abs. 2 KWG aufgeführten Gesetze voraus. Es können auch ein Verstoß gegen die zur Durchführung dieser Gesetze erlassenen Vorschriften/Verordnungen und ein Verstoß gegen Anordnungen der BaFin sanktioniert werden.

2.5 Abberufungsverlangen gemäß § 36 Abs. 2 KWG

Ein Abberufungsverlangen gemäß § 36 Abs. 2 KWG setzt eine vorausgehende Verwarnung und die Fortsetzung des Regelverstoßes voraus. Der § 36 Abs. 2 KWG ist also ein Instrument, mit dem die Bankenaufsicht gegenüber einem „unbotmäßigen" Geschäftsleiter vorgehen kann. In meiner gesamten Aufsichtspraxis ist mir bisher kein Fall bekannt geworden, in dem die Bankenaufsicht nach § 36 Abs. 2 KWG ein Abberufungsverlangen hat durchführen müssen; eine Verwarnung nach § 36 Abs. 2 KWG ist für einen Geschäftsleiter die „gelbe Karte". In dem Moment, in dem die Bankenaufsicht einem Geschäftsleiter eine Verwarnung erteilt, weiß der Geschäftsleiter, dass die aufsichtliche Schmerzgrenze eindeutig überschritten ist und er nur durch ein Ausräumen der Beanstandungen ein Abberufungsverlangen verhindern kann.

2.6 Abberufungsverlangen gemäß § 36 Abs. 1 Satz 1 KWG

Ein Abberufungsverlangen nach § 36 Abs. 1 Satz 1 KWG ist ein weiteres bankaufsichtliches Instrument. § 36 Abs. 1 Satz 1 KWG verweist auf § 35 Abs. 2 Nr. 3 KWG. Dieser wiederum verweist auf § 33 Abs. 1 KWG, so dass eine Vielzahl von Abberufungsgründen zur Verfügung steht. Im Einzelnen:

2.6.1 Unzuverlässigkeit

Unzuverlässigkeit ist anzunehmen, wenn der Geschäftsleiter mit seiner gesamten Persönlichkeit nicht die Gewähr dafür bietet, dass er seine Tätigkeit ordnungsgemäß ausüben wird. Dabei ist auf die Besonderheiten der Geschäfte eines Kreditinstituts und besonders auf die hohe Vertrauensempfindlichkeit der Branche abzustellen. Unzuverlässigkeit gibt es im Tagesgeschäft der Bankenaufsicht in den verschiedensten Ausprägungen.

Beispielsweise gab es einen Geschäftsleiterkandidaten, der im Rahmen der o. a. Absichtsanzeige auch die so genannte Straffreiheitserklärung abgegeben hatte. Er hatte angegeben, dass gegen ihn kein Strafverfahren anhängig sei und er auch nicht in ein Insolvenzverfahren verstrickt gewesen sei. Das war, wie sich alsbald herausstellte, hinsichtlich des Insolvenztatbestandes unzutreffend. Er war zuvor persönlich haftender Gesellschafter einer Personenhandelsgesellschaft gewesen und wollte zusammen mit einem Kompagnon eine Maschine produzieren. Diese Maschine sollte das einzige Produkt der Gesellschaft sein. Die Produktion klappte wegen nicht zu lösender technischer Schwierigkeiten nicht, die Mittel der Gesellschaft waren durch die Entwicklungskosten schnell aufgebraucht, die Insolvenz der Gesellschaft war die Folge. Hätte der Geschäftsleiterkandidat das im Rahmen der Straffreiheitserklärung so dargelegt, hätte die Bankenaufsicht wohl keinen Grund gehabt, an seiner Zuverlässigkeit zu zweifeln. In dem Moment aber, in dem er der Aufsicht gegenüber eine unrichtige Erklärung abgegeben hatte, war seine Zuverlässigkeit nicht mehr gegeben.

Andere Unzuverlässigkeitsgründe können z. B. aus Vermögensdelikten oder aus Steuerstraftaten folgen. Auch die Begehung eines Sexualstrafdelikts (mit Minderjährigen) kann vor dem Hintergrund, das ein Institut auch Minderjährige ausbildet, zu einem Abberufungsverlangen wegen Unzuverlässigkeit führen.

Ich möchte nicht unerwähnt lassen, dass es für unzuverlässige Geschäftsleiter Rehabilitationsmöglichkeiten gibt. Bei Unzuverlässigkeit geht die Aufsicht in der Regel nach Ablauf von fünf Jahren ohne weitere negative Erkenntnisse davon aus, dass die Zuverlässigkeit wieder hergestellt ist.

2.6.2 Mangelnde fachliche Eignung

Eine weitere Abberufungsmöglichkeit ist gegeben, wenn Tatsachen vorliegen, aus denen sich ergibt, dass der Geschäftsleiter nicht die zur Leitung des Instituts erforderliche fachliche Eignung hat. In dem Moment also, in dem sich herausgestellt hat, dass derjenige, dem man anfangs ein glückliches Händchen zugebilligt hatte, dann doch im Verlauf von mehreren Jahren regelmäßig zum Beispiel die wirtschaftlichen Ergebnisse des Instituts in zurechenbarer Weise deutlich verschlechtert hat, kann ein Abberufungsverlangen die Folge sein.

2.6.3 Gefahr für die Erfüllung der Verpflichtungen des Instituts

Die Bankenaufsicht hat außerdem die Möglichkeit, die Abberufung eines Geschäftsleiters zu verlangen, wenn Gefahr für die Erfüllung der Verpflichtungen des Instituts gegenüber seinen Gläubigern, insbesondere für die Sicherheit der dem Institut anvertrauten Vermögenswerte besteht. Eine solche Gefahr besteht auch dann, wenn ein Verlust in Höhe der Hälfte des nach § 10 maßgebenden haftenden Eigenkapitals eingetreten ist, also einmal 50 Prozent oder in drei aufeinander folgenden Geschäftsjahren jeweils 10 Prozent Verbrauch des Eigenkapitals. Auch das würde es ermöglichen, einen Geschäftsleiter abzuberufen. Bilanzierungshilfen, mittels derer ein Verlustausweis vermieden oder vermindert wurde, werden nicht berücksichtigt (§ 36 Abs. 1 S. 2 KWG).

2.6.4 Nachhaltiger Verstoß gegen gesetzliche Bestimmungen gem. § 35 Abs. 2 Nr. 6 KWG

Es gibt ferner noch die Möglichkeit, die Abberufung eines Geschäftsleiters wegen nachhaltigen Verstoßes gegen Bestimmungen des KWG, des Geldwäschegesetzes oder des WpHG oder gegen zu deren Durchführung erlassene Verordnungen oder Anordnungen zu verlangen.

Damit habe ich umrissen, mit welchen bankaufsichtlichen Handlungen ein Geschäftsleiter im Rahmen seines Geschäftsleiterlebens nach der derzeitigen Rechtslage ggf. zu rechnen hat. Damit habe ich auch verdeutlichen wollen, in welcher aufsichtsrechtlichen Verantwortlichkeit die Bankenaufsicht einen Geschäftsleiter sieht.

3 Absehbare Änderungen

Es fällt jedoch auf, dass ich entsprechend der bisherigen Rechtslage bisher eher Reaktionsmöglichkeiten dargestellt habe. Im Rahmen der Aufarbeitung der Folgen der Finanzmarktkrise ist international vereinbart worden, dass das bankaufsichtliche Regelwerk verschärft werden soll und neue Anforderungen zur Corporate Governance aufgestellt werden sollen. Es gibt eine Vielzahl von Empfehlungen, Regelungen, Guidelines, die u. a. von der OECD, der EU-Kommission, dem Baseler Ausschuss und der EBA unterbreitet wurden. Sowohl auf EU- als auch auf nationaler Ebene wird an der entsprechenden Gesetzgebung mit großem Einsatz gearbeitet.

3.1 Akte der EBA

Was die EBA angeht, möchte ich in Erinnerung rufen, dass sie selbst Rechtsetzungsbefugnisse hat, und zwar hinsichtlich der technischen Regulierungsstandards und der technischen Durchführungsstandards. Dazu braucht sie allerdings das Plazet der EU-Kommission, damit die von ihr formulierten Standards verbindliches Recht werden.

Auch möchte ich noch auf die von der EBA zu erlassenden Guidelines und die Empfehlungen hinweisen. Bei denen ist zwar keine Bestätigung durch die EU-Kommission nötig. Formal sind diese Regeln für die Mitgliedsländer rechtlich unverbindlich. Es gibt aber den Comply-or-Explain-Mechanismus. Das heißt, wenn sich eine Bankenaufsicht diesen Empfehlungen nicht anschließen will, müssen sie erklären, warum sie darauf verzichten. Damit erfolgt natürlich ein starker Druck, es genauso oder zumindest ziemlich ähnlich umzusetzen, wie es in den Guidelines und Empfehlungen steht.

3.2 CRD IV-Umsetzungsgesetz

Derzeit wird an dem CRD IV-Reformpaket gearbeitet. Kernelement ist eine Stärkung und Verbesserung der Risikoüberwachung durch die Geschäftsleiter und Aufsichtsräte sowie der Risikosteuerungsfunktion im Unternehmen und eine Erweiterung und Präzisierung der Anforderungen an die Zusammensetzung und Qualifikation der Geschäftsleitung und der Aufsichtsorgane.

Es wird mit Hochdruck daran gearbeitet. Zum 01. Januar 2013 soll das neue Regelwerk in Kraft treten. Ob das wirklich so kommen wird, das muss man abwarten. Die dänische Ratspräsidentschaft hat, was die EU-Regeln angeht, zwar sehr gute Arbeit geleistet. Allerdings konnte bis zum Ende der dänischen Ratspräsidentschaft im Juni 2012 das Regelwerk nicht fertiggestellt werden. Nunmehr obliegt es Zypern, das nunmehr die Ratspräsidentschaft inne hat, für ein weiteres Voranschreiten der Arbeiten zu sorgen.

Jedenfalls zeichnet sich ab, dass von den Geschäftsleitern zukünftig mehr verlangt wird: Zum einen wird in dem Gesetz mutmaßlich stehen, dass sich die Geschäftsleiter zur Wahrnehmung ihrer Aufgaben ausreichend Zeit nehmen müssen (§ 25c Abs. 1 S. 1 KWG-E), zum anderen werden sie mit neuen Geschäftsorganisationspflichten konfrontiert sein (§ 25c Abs. 2 Nrn. 1 bis 3 KWG-E). Im Rahmen ihrer Gesamtverantwortung für die ordnungsgemäße Geschäftsorganisation werden die Geschäftsleiter Grundsätze einer ordnungsgemäßen Geschäftsführung beschließen müssen, insbesondere eine Aufgabentrennung in der Organisation, und sie sollen Maßnahmen festlegen, um Interessenkonflikten vorzubeugen. Sie werden die regelmäßige Bewertung der vorgenannten Grundsätze überwachen müssen und angemessene Schritte zur Behebung von Mängeln einleiten müssen.

Für die Festlegung und Befassung mit den Risiken, insbesondere mit den Adressausfall- und den Marktrisiken sowie den operationellen Risiken, werden sie sich ebenfalls ausreichend Zeit nehmen müssen. Die Geschäftsleiter werden zukünftig auch für eine angemessene und transparente Unternehmensstruktur verantwortlich sein (§ 25c Abs. 2 Nr. 4 KWG-E), die sich an den Strategien des Unternehmens ausrichtet und für ein wirksames Risikomanagement und die erforderliche Transparenz der Geschäftsaktivitäten Rechnung trägt.

Der Gesetzgeber scheint den Geschäftsleitern aber nicht nur neue Pflichtenauferlegen zu wollen, vielmehr ist auch eine Förderung der Geschäftsleiter durch ihr Institut vorgesehen. Diese soll den Einsatz angemessener personeller und finanzieller Ressourcen beinhalten, um den Geschäftsleitern die Einführung in ihr Amt zu erleichtern und die Fortbildung zu ermöglichen, die zur Aufrechterhaltung der fachlichen Eignung erforderlich ist (§ 25c Abs. 3 KWG-E).

4 Mindestanforderungen an das Risikomanagement (MaRisk)

Bei einer umfassenden Darstellung der bankaufsichtlichen Anforderungen an einen Geschäftsleiter schon nach derzeitiger Rechtslage ist es geboten, auch noch die Anforderungen aus den Mindestanforderungen an das Risikomanagement (MaRisk) darzustellen.

Die Mindestanforderungen an das Risikomanagement konkretisieren die Pflichten, die ein Geschäftsleiter hat: Er hat angemessene Leitungs-, Steuerungs- und Kontrollprozesse einzurichten. Diese müssen gewährleisten, dass genügend internes Kapital zur Abdeckung aller wesentlichen Risiken vorhanden ist (AT 1 Vorbem. 2). Die Geschäftsleitung hat sich regelmäßig und anlassbezogen im Rahmen einer Risikoinventur einen Überblick über die Risiken des Instituts zu verschaffen (AT 2.2.1).

Weiterhin hat die Geschäftsleitung eine nachhaltige Geschäftsstrategie festzulegen, in der die Ziele des Instituts für jede wesentliche Geschäftsaktivität sowie die Maßnahmen zur Erreichung dieser Ziele dargestellt werden (AT 4.2.1).

Alle Geschäftsleiter sind, unabhängig von der internen Zuständigkeitsregelung, für die ordnungsgemäße Geschäftsorganisation und deren Weiterentwicklung verantwortlich (AT 3.1). Es gilt also der schon eingangs angesprochene Grundsatz der Gesamtverantwortung der Geschäftsleiter.

5 Anforderungen aus der Instituts-Vergütungsverordnung

Abschließend möchte ich noch auf die Instituts-Vergütungsverordnung hinweisen, aus der sich weitere aufsichtsrechtliche Anforderungen an Geschäftsleiter ergeben.

Die Geschäftsleitung ist für die angemessene Ausgestaltung der Vergütungssysteme der Mitarbeiter verantwortlich, § 3 Abs. 1 S. 1 InstitutsVergV.

Die Geschäftsleitung hat das Verwaltungs- oder Aufsichtsorgan mindestens jährlich über die Ausgestaltung der Vergütungssysteme zu unterrichten, § 3 Abs. 10 InstitutsVergV.

Die Geschäftsleitung eines bedeutenden Instituts hat einen beratenden Ausschuss einzurichten, der die Angemessenheit der Vergütungssysteme überwacht, § 6 Abs. 1 S. 1 InstitutsVergV.

6 Aufsichtsrechtliche Anforderungen an Aufsichtsräte

Zu den (Qualifikations-)Anforderungen an Aufsichts- und Verwaltungsräte existierten bis zu der schweren internationalen Finanzmarktkrise allenfalls rudimentäre gesetzliche Vorgaben. Gem. § 15 Abs. 1 S. 1 Nr. 2 KWG dürfen Kredite an Mitglieder eines zur Überwachung der Geschäftsführung bestellten Organs des Kreditinstituts, wenn die Überwachungsbefugnisse des Organs durch Gesetze geregelt sind (Aufsichtsorgan), nur auf Grund eines einstimmigen Beschlusses sämtlicher Geschäftsleiter des Kreditinstituts und nur mit ausdrücklicher Zustimmung des Aufsichtsorgans gewährt werden.

Überschreitet ein Organkredit bestimmte Beträge, ist er gem. § 16 S. 1 KWG der BaFin und der Deutschen Bundesbank anzuzeigen. Wird entgegen § 15 KWG ein Organkredit gewährt, so haften die Geschäftsleiter, die hierbei ihre Pflichten verletzen, und die Mitglieder des Aufsichtsorgans, die trotz Kenntnis gegen eine beabsichtigte Kreditgewährung pflichtwidrig nicht einschreiten, dem Kreditinstitut als Gesamtschuldner für den entsprechenden Schaden, § 17 Abs. 1 KWG.

Anforderungen an die Sachkunde und persönliche Zuverlässigkeit von Mitgliedern des Aufsichtsorgans enthielt das KWG in der damaligen Fassung nicht.

6.1 Änderungen durch das Gesetz zur Stärkung der Finanzmarkt- und Versicherungsaufsicht (FMVAStärkG)

Bei der Analyse der Ursachen der schweren internationalen Finanzmarktkrise wurden u.a. Schwachstellen in Vergütungssystemen, im Risikomanagement und in der Corporate Governance von Finanzinstituten ausgemacht. Der Gesetzgeber hat auf die Feststellungen mit dem zum 01. August 2009 in Kraft getretenen Gesetz zur Stärkung der Finanzmarkt- und Versicherungsaufsicht (FMVAStärkG) reagiert.

Nach § 36 Abs. 3 KWG müssen die Mitglieder des Verwaltungs- oder Aufsichtsorgans eines Instituts nunmehr

- zuverlässig sein
- und die zur Wahrnehmung der Kontrollfunktion sowie zur Beurteilung und Überwachung der Geschäfte erforderliche Sachkunde besitzen sowie
- eine Beschränkung der Zahl der Kontrollmandate beachten.

Bei der Prüfung, ob ein Mitglied des Aufsichtsorgans die erforderliche Sachkunde besitzt, hat die BaFin den Umfang und die Komplexität des von dem Institut betriebenen Geschäfts zu berücksichtigen, § 36 Abs. 3 S. 2 KWG.

Gemäß § 36 Abs. 3 S. 3 KWG kann die BaFin für den Fall, dass Tatsachen vorliegen, aus denen sich ergibt, dass ein Mitglied des Aufsichtsorgans nicht zuverlässig ist oder nicht die erforderliche Sachkunde besitzt, von den Organen des betroffenen Unternehmens verlangen, dieses abzuberufen oder die Ausübung seiner Tätigkeit zu untersagen. Gleiches kann die BaFin von dem betroffenen Unternehmen auch dann verlangen, wenn einem Mitglied des Aufsichtsorgans wesentliche Verstöße des Unternehmens gegen die Grundsätze einer ordnungsgemäßen Geschäftsführung wegen sorgfaltswidriger Ausübung der Überwachungs- und Kontrollfunktionen verborgen geblieben sind oder das Mitglied nicht alles Erforderliche zur Beseitigung festgestellter Verstöße veranlasst hat und dieses Verhalten trotz Verwarnung der Organe des Unternehmens durch die BaFin fortsetzt, § 36 Abs. 3 S. 4 KWG.

6.2 Merkblatt der BaFin vom 22. Februar 2010

Zur Erläuterung der Auslegungspraxis zu wesentlichen Fragen der neuen Regelungen wurde von der BaFin am 22. Februar 2010 das „Merkblatt zur Kontrolle von Mitgliedern von Verwaltungs- und Aufsichtsorganen gemäß KWG und VAG“ veröffentlicht.

6.3 Der Entwurf eines neuen Merkblatts

Die Erfahrungen von über zwei Jahren haben gezeigt, dass das 2010 veröffentlichte Merkblatt zur Kontrolle der Mitglieder von Verwaltungs- und Aufsichtsorganen gemäß KWG und VAG einer Überarbeitung bzw. weiterer Erläuterungen bedarf.

Das überarbeitete Merkblatt wurde am 26. April 2012 zwecks Konsultation veröffentlicht. Stellungnahmen waren bis zum 25. Mai 2012 einzureichen.

Die Anforderungen an die Sachkunde und die Zuverlässigkeit von Aufsichtsräten werden auf Grundlage der gewonnenen Erkenntnisse im Rahmen der Aufsichtspraxis weiter konkretisiert. Da den Mitgliedern eines Verwaltungs- oder Aufsichtsorgans, die zum Zeitpunkt ihrer Bestellung noch nicht über die nötige Sachkunde verfügen, die Möglichkeit zum kurzfristigen Erwerb derselben eröffnet ist, spielt die Ahndung unzureichender Sachkunde in der Verwaltungspraxis der BaFin eher eine untergeordnete Rolle. Durchaus häufiger steht die Frage der persönlichen Zuverlässigkeit eines Aufsichts- oder Verwaltungsrates im bankaufsichtlichen Fokus.

In dem Merkblattentwurf werden die Zuverlässigkeitsvoraussetzungen weiter spezifiziert. Ein persönlicher Umstand, der nach der allgemeinen Lebenserfahrung die Annahme rechtfertigt, dass die sorgfältige und ordnungsgemäße Wahrnehmung das Kontrollmandats beeinträchtigt sein könnte, kann auch die nicht nur vorübergehende Arbeitsüberlastung darstellen.

Auch Interessenkonflikte der Mitglieder eines Aufsichtsorgans im Zusammenhang mit ihrer eigenen wirtschaftlichen Tätigkeit können derartige Umstände darstellen. Ein Interessenkonflikt kann u. a. dann bestehen, wenn das Mitglied Geschäftsbeziehungen zu dem beaufsichtigten Unternehmen unterhält, aus denen sich eine gewisse wirtschaftliche Abhängigkeit ergeben kann. Außerdem kann ein Interessenkonflikt dann auftreten, wenn das Mitglied ein ausfallgefährdeter Kreditnehmer des von ihm beaufsichtigten Instituts ist, sei es als Privatkreditnehmer oder als Unternehmenskreditnehmer durch Kreditvergabe an ein Unternehmen, bei dem das Organmitglied gesetzlicher Vertreter,

Gesellschafter, Prokurist oder umfassend bevollmächtigter Handlungsbevollmächtigter ist.

Weiterhin stellt das überarbeitete Merkblatt klar, dass an stellvertretende Organmitglieder gleiche Anforderungen wie an die ordentlichen Mitglieder gerichtet werden.

Weiterhin enthält das Merkblatt einen Hinweis auf die notwendige persönliche Vorbereitung des Organmitglieds auf Sitzungen, wobei Vorlagen nur in begründeten Ausnahmefällen erst in der Sitzung selbst verteilt werden sollen.

Schließlich werden die Organmitglieder zur kontinuierlichen Weiterbildung insbesondere im Bereich der aufsichtsrechtlichen Neuerungen angehalten.

Weitere Änderungen betreffen Zweifelsfragen zur gesetzlichen Höchstzahl von Aufsichtsmandaten, Spezifizierung der Verfahrensfragen und der erforderlichen einzureichenden Unterlagen.

6.4 Anforderungen aus der Instituts-Vergütungsverordnung

Das Verwaltungs- oder Aufsichtsorgan ist für die Ausgestaltung der Vergütungssysteme der Geschäftsleitung verantwortlich, § 3 Abs. 1 S. 2 InstitutsVergV.

Bei der Festsetzung der Vergütung des einzelnen Geschäftsleiters ist dafür zu sorgen, dass diese in einem angemessenen Verhältnis zu den Aufgaben und Leistungen des Geschäftsleiters sowie zur Lage des Instituts steht, § 3 Abs. 4 S. 2 InstitutsVergV.

6.5 Entwurf des Umsetzungsgesetzes zur CRD IV

Mit dem Entwurf des Umsetzungsgesetzes zur CRD IV werden die aufsichtsrechtlichen Anforderungen an Aufsichtsräte teilweise nur inhaltsgleich in andere Paragraphen übernommen, teilweise kommen aber auch neue Anforderungen hinzu. So müssen neben den bislang in § 33 Abs. 3 S. 1 KWG genannten Anforderungen Aufsichtsorgane der Wahrnehmung ihrer Aufgaben ausreichend Zeit widmen (§ 25d Abs. 1 S. 1 KWG-E).

Das Verwaltungs- oder Aufsichtsorgan muss in seiner Gesamtheit die Kenntnisse, Fähigkeiten und Erfahrungen haben, die zur Wahrnehmung der Kontrollfunktion sowie zur Beurteilung und Überwachung der Geschäftsleitung des Instituts erforderlich sind (§ 25d Abs. 2 KWG-E).

Institute müssen angemessene personelle und finanzielle Ressourcen einsetzen, um Mitgliedern des Aufsichtsrats die Einführung in ihr Amt zu erleichtern und die Fortbildung zu ermöglichen, die zur Aufrechterhaltung der erforderlichen Sachkunde notwendig ist (§ 25d Abs. 4 KWG-E).

Die Ausgestaltung des Vergütungssystems für Mitglieder des Aufsichtsorgans darf im Hinblick auf die Wirksamkeit der Überwachungsfunktion keine Interessenkonflikte erzeugen (§ 25d Abs. 5 KWG-E).

Das Aufsichtsorgan muss die Geschäftsleiter auch im Hinblick auf die Einhaltung der einschlägigen bankenaufsichtsrechtlichen Regelungen überwachen. Es muss der Erörterung von Strategien, Risiken und Vergütungssystemen für Geschäftsleiter und Mitarbeiter ausreichend Zeit widmen (§ 25d Abs. 6 KWG-E). Das Aufsichtsorgan eines Kreditinstituts hat abhängig von Größe, der internen Organisation und der Art, des Umfangs, der Komplexität und dem Risikogehalt der Geschäfte des Unternehmens aus seiner Mitte Ausschüsse zu bestellen (§ 25d Abs. 7 KWG-E).

Jeder Ausschuss soll eines seiner Mitglieder zum Vorsitzenden ernennen. Die Mitglieder der Ausschüsse müssen zur Erfüllung der jeweiligen Ausschussaufgaben die erforderlichen Kenntnisse, Fähigkeiten, Erfahrungen haben. Um die Zusammenarbeit und den fachlichen Austausch zwischen den einzelnen Ausschüssen sicherzustellen, soll mindestens ein Mitglied eines jeden Ausschusses einem weiteren Ausschuss angehören (cross-participation).

Die BaFin kann die Bildung eines oder mehrerer Ausschüsse verlangen, wenn dies unter Berücksichtigung der Proportionalität oder zur ordnungsgemäßen Wahrnehmung der Kontrollfunktion erforderlich erscheint (§ 25d Abs. 7 S. 5 KWG-E).

Tagungsbericht[1]

1 Einleitung

Der dreiundzwanzigste Bankrechtstag der Bankrechtlichen Vereinigung – wissenschaftliche Gesellschaft für Bankrecht e.V. (BrV) fand am 29. Juni 2012 in Frankfurt a.M. statt. Mit inzwischen 968 Mitgliedern und 360 angemeldeten Teilnehmern wurden in diesem Jahr gleich zwei neue Rekorde aufgestellt. Die erste Abteilung des Bankrechtstags befasste sich mit der Haftung der Banken in der Anlageberatung, während sich die zweite Abteilung mit der Verantwortlichkeit der Mitglieder von Leitungsorganen von Kreditinstituten beschäftigte.

2 Begrüßung

Prof. Dr. *Peter O. Mülbert*, Direktor des Instituts für deutsches und internationales Recht des Spar-, Giro- und Kreditwesens an der Johannes Gutenberg-Universität Mainz und Vorstandsmitglied der BrV, begrüßte die Teilnehmer und umschrieb in seinen einleitenden Worten die zentralen Themen des diesjährigen Bankrechtstages mit den Stichworten „Verantwortlichkeit“ und „Haftung“. Sodann gab er einen Ausblick auf zu erwartende Rechtsentwicklungen der nächsten Jahre und damit auch auf Themen der nächsten Bankrechtstage. Diese würden immer stärker durch europäische Themen geprägt, wobei das europäische Recht bereits jetzt als „besonders zu packende Kapitalmarktrechtsregulierung“ bezeichnet werden müsse. Dies zeige sich beispielsweise an den künftigen Möglichkeiten nationaler Aufsichtsbehörden und der ESMA, Produktverbote auszusprechen, sowie an dem im Raume stehenden Vorschlag, Wertpapierfirmen vorzugeben, ihre Produkte ausschließlich im Kundeninteresse, also ohne Rücksicht auf die Bankinteressen, zu gestalten. Dies alles verleihe den europäischen Institutionen noch größere Bedeutung im Kapitalmarktrecht.

---

1 Auszüge aus *Thiemo Walz und Benedikt Leffers*, Anlegerschutz im Wertpapiergeschäft: Jüngste Entwicklungen – Verantwortlichkeit der Organmitglieder von Kreditinstituten – Bericht über den Bankrechtstag am 29. Juni 2012 in Frankfurt am Main, WM 2012, 1457-1466 und *Philip Schwarz*, Neues aus der Rechtsprechung zum Anlegerschutz und die Verantwortlichkeit der Organmitglieder von Kreditinstituten – Bericht vom Bankrechtstag 2012, ZBB 2012, 314-320.

3 Anlegerschutz im Wertpapiergeschäft: Jüngste Entwicklungen (1. Abteilung)

Die Moderation der ersten Abteilung übernahm Herr Prof. Dr. *Markus Artz*, Universität Bielefeld.

1. In seinem Eröffnungsreferat zum Thema „Anlegerschutz im Wertpapiergeschäft: Die Sicht der Rechtsprechung" widmete sich Dr. *Bernd Müller-Christmann*, Vorsitzender Richter am Oberlandesgericht Karlsruhe, vier Schwerpunkten. Einleitend führte er den Umstand, dass der Anlegerschutz nun zum dritten Mal Thema des Bankrechtstages ist, nicht auf die mangelnde Phantasie der Veranstalter zurück, sondern darauf, dass das Thema fortdauernde Bedeutung für den europäischen und deutschen Gesetzgeber sowie für die Rechtsprechung habe. Sodann beschrieb der Referent detailliert die Ausweitungen und Konkretisierungen der Aufklärungspflichten im Zuge der jüngeren Rechtsprechung des Bundesgerichtshofs und befasste sich schwerpunktmäßig mit zwei Aspekten der Schadensberechnung, nämlich mit der Anrechnung von Steuervorteilen und mit der Ersatzfähigkeit des entgangenen Gewinns. Im dritten und vierten Abschnitt widmete sich der Referent schließlich Verjährungs- und Beweislastfragen.

[Beitrag *Müller-Christmann*, S. 1]

2. Prof. Dr. *Hans Christoph Grigoleit*, Ludwig-Maximilians-Universität München, ging in seinem Beitrag „Das Spread-Ladder-Swap-Urteil im Gefüge des Zivilrechts" auf die Einordnung des Spread-Ladder-Swap-Urteils des Bundesgerichtshofs in das System der zivilrechtlichen Informationshaftung ein. Einleitend erläuterte *Grigoleit* die tatsächlichen Umstände, die dem Swap-Urteil zugrunde lagen. Als Kern der Entscheidung benannte der Referent eine vom BGH vorgenommene Verschärfung der Anforderungen an die Aufklärungspflicht der Bank aus selbständigem Beratungsvertrag sowohl hinsichtlich der anlegergerechten als auch der objektgerechten Beratung. Sodann ging er auf die derzeitigen Rahmenbedingungen der Informationshaftung ein, wobei er dogmatische Überlegungen hinsichtlich der Fiktion eines Beratungsvertrags zwischen Bank und Anleger und der Bedeutung, die MiFID und die auf ihr beruhenden §§ 31ff. WpHG für privatrechtliche Aufklärungspflichten haben, anstellte. Als Resümee hielt er fest, dass der Geschäftstyp des Spread-Ladder-Swaps implizit durch den Bundesgerichtshof missbilligt werde.

[Beitrag *Grigoleit*, S. 25]

3. Der Vortrag von Prof. Dr. *Frank A. Schäfer*, Rechtsanwalt in Düsseldorf, hatte mit dem Titel „Das Spread-Ladder-Swap-Urteil: Reichweite bei Finanzprodukten" dasselbe Urteil zum Gegenstand. Zunächst ging *Schäfer* auf die Neuerungen ein, die das Urteil gegenüber der bisherigen Rechtsprechung und insbesondere auch in Abgrenzung zu den Lehman-Urteilen bringe, und verdichtete diese auf die Kernaussage, dass die beratende Bank durch den Spread die Risiken des Beratenen in Höhe von 4 % gegenüber der Marktmeinung verschlechtere, ohne den Beratenen hierüber aufzuklären. Im Weiteren ging er auf die Lehman-Urteile des BGH ein und stellte durch die dort judizierte Nichtaufklärungspflicht über Gewinnmargen den Bezug zum Swap-Urteil her. Schließlich fragte sich der Referent, ob durch die Rechtsprechung des Swap-Urteils ein dritter Imperativ der Anlageberatungshaftung statuiert werden solle, also ob neben den bekannten Bezugsgrößen der Anleger- und Objektgerechtigkeit eine Kategorie der Beratergerechtigkeit oder Beraterneutralität entstehen soll, was er jedoch im Ergebnis verneint.

[Beitrag *Schäfer*, S. 65]

4. Die erste Abteilung schloss mit dem Vortrag von Prof. Dr. *Thomas M. J. Möllers*, Universität Augsburg, zum Thema „Die Vermutung aufklärungsrichtigen Verhaltens". Dabei stellte *Möllers* zunächst die Rechtsprechungshistorie dar, die in die heutige Interpretation des XI. Zivilsenats münde, der von der Vermutung aufklärungsrichtigen Verhaltens ausgehe, wonach der Aufklärungspflichtige nachweisen müsse, dass der Anleger die Kapitalanlage auch bei richtiger Aufklärung erworben hätte. Dabei gelte diese Beweislastumkehr nur insoweit, als der Anleger sich bei gehöriger Aufklärung nicht in einem Entscheidungskonflikt befunden hätte, wobei diese Einschränkung in einer neueren Entscheidung aufgegeben worden sein (BGH XI ZR 262/10 vom 08.05.2012, WM 2012, 1337 ff). Das Abstellen auf das Fehlen eines Entscheidungskonfliktes sei mit dem Schutzzweck der Beweislastumkehr nicht zu vereinbaren. Nach seiner Kritik an der Rechtsprechung des Bundesgerichtshofs trat *Möllers* für eine vermittelnde Lösung ein, die im Wesentlichen auf der Konstituierung von Fallgruppen beruhe, um so eine höhere Flexibilität zu schaffen.

[Beitrag *Möllers*, S. 81]

5. Die anschließende Diskussion eröffnete Prof. Dr. *Dirk Zetzsche*, Universität Düsseldorf, der im Gegensatz zur Position von *Grigoleit* eine Bindung des Privatrechts durch das Aufsichtsrecht der Rechtssicherheit wegen befürwortete. Auch der systemische Effekt, dass die Rechtsprechung sich nur mit problematischen

Fällen zu befassen habe, führe zu einer immer weiteren Verschärfung des Zivilrechts, das über das Aufsichtsrecht zu weit hinausgehe. Dies gelte umso mehr angesichts der europäischen Dimension der Diskussion.

Prof. Dr. *Georg Bitter*, Universität Mannheim griff diesen Gedanken ebenfalls auf und stellte die Frage, ob die These, dass aufsichtsrechtliche Regelungen zivilrechtliche Gestaltungsspielräume beschränken, nicht unterstelle, dass das Aufsichtsrecht abschließend geregelt sei, was er sich freilich nicht vorstellen könne.

Prof. Dr. Dr. h.c. mult. *Klaus J. Hopt*, Direktor am Max-Planck-Institut für ausländisches und internationales Privatrecht a. D., Hamburg, pflichtete *Möllers* bei, dass die „Alles-oder-Nichts-Urteile" bei einem rechtsvergleichenden Blick durch Anwendung eines case law, wie es der Bundesgerichtshof gelegentlich auch schon betreibe, vermieden werden könnten. Zweifel hegte *Hopt* indes, ob dies tatsächlich zu mehr Rechtssicherheit führen würde. Sodann pflichtete er *Grigoleit* bei, dass der Beratungsvertrag eine Fiktion sei, die, entgegen mancher Literaturmeinung, wohl nicht zu denselben Ergebnissen führe wie etwa die Annahme und Prüfung eines Verstoßes gegen Schutzpflichten. Die Annahme eines Beratungsvertrages habe jedenfalls eine gewisse Tendenz. Mit Bezug auf das Swap-Urteil widersprach *Hopt* allerdings der Meinung, Produktverbote sollten dem Gesetzgeber übertragen werden.

Prof. Dr. *Johannes Köndgen*, Universität Bonn, betonte, dass das Informationsmodell durch das Swap-Urteil an seine Grenzen gekommen sei, der „information overload" sei zu einem „information overkill" geworden. Gleichwohl fehle bei vielen innovativen Finanzprodukten ein regulatorischer Unterbau, sodass Vergleiche mit Beispielen aus dem täglichen Leben, wie z. B. dem des Autofahrers, der die Elektronik seines Autos auch nicht versteht, zwangsläufig hinken würden, da das Autofahren an sich stark öffentlich-rechtlich reguliert sei. Zur Lösung könnte aber beispielsweise die Fallgruppe des wucherähnlichen Geschäfts im Rahmen des § 138 BGB beitragen. Das dem Swap-Urteil zugrunde liegende auffällige Missverhältnis in Kombination mit dem massiven Interessenkonflikt reiche hierfür aus.

Richard Lindner, Rechtsanwalt beim Bundesgerichtshof, Karlsruhe, führte aus, dass es aus seiner Sicht durchaus offen sei, inwieweit unionsrechtliche Vorgaben nicht auch zivilrechtliche Regelungen enthalten müssen, insoweit sei die Diskussion aber auch beim Bundesverfassungsgericht bzw. Europäischen Gerichtshof zu führen. Immerhin enthielten die zugrunde liegenden Pflichten Bestimmungen zum Schutz der Anleger, die zumindest an einem rein aufsichtsrechtlichen Bezug zweifeln lassen könnten.

Prof. Dr. *Peter O. Mülbert*, Universität Mainz, ging nochmals auf die Diskussion um die maximal harmonisierende Wirkung der MiFID ein und darauf, dass vor dem Hintergrund der anstehenden Diskussionen um die Überarbeitung der MiFID die Debatten um aufsichts- bzw. zivilrechtliche Teile des Gesetzgebungsverfahrens sich erledigen könnten. Hinsichtlich des Swap-Urteils gab er zu bedenken, dass die Diskussion jedenfalls nicht nur um § 138 BGB zu führen sei, sondern auch um den Spiel- und Wetteinwand. § 37e WpHG beinhalte insoweit nur einen Ausschluss für Finanztermingeschäfte.

Dr. *Christian Faßbender*, Rechtsanwalt in Frankfurt, warf die grundsätzliche Frage auf, ob die Maßstäbe der Anleger- und Objektgerechtigkeit auf das Swap-Urteil überhaupt Anwendung finden können. Bei näherer Betrachtung offenbare sich, dass weder eine Anlageberatungssituation noch ein Beratungsvertrag zugrunde gelegen habe. Neben dem eigentlichen Swap-Vertrag habe kein Raum für einen Beratungsvertrag bestanden. Er befürchte deshalb eine Ausweitung der Grundsätze des Bond-Urteils über die Grenzen eines Beratungsvertrags hinaus, z. B. auf Kredit- oder Versicherungsverträge.

Ralph Brendel, Berlin, stellte in Ergänzung hierzu kurz klar, dass aus Sicht der Praxis der Kunde eines Swaps keineswegs besser gestellt sei, wenn dieser mit einem Kredit verbunden ist.

Dr. *Detlef Irmen*, Syndikusanwalt in Düsseldorf, ging auf das Swap-Urteil ein und warf die Frage auf, wann eine Marge eigentlich offenlegungspflichtig sei, da die Marge im Einzelfall auch von dem jeweiligen Kunden abhänge, mit dem die Bank das Geschäft abschließt. Je nach Bonität des Kunden werde also eine unterschiedliche Bepreisung oder Margenbildung folgen, was allerdings, soweit ersichtlich, im Swap-Urteil hinsichtlich der Aufklärungspflichtigkeit keine Berücksichtigung gefunden habe.

Dr. *Anna Gregoritza*, Rechtsanwältin in Düsseldorf, stellte die Frage nach der Behandlung von Steuervorteilen bei offenen Immobilienfonds.

Müller-Christmann verwies insoweit nochmals auf das allgemeine schadensrechtliche Prinzip, dass eine Vorteilsausgleichung stattzufinden habe. Demgegenüber habe der Bundesgerichtshof sozusagen als Ausnahme judiziert, dass Steuervorteile nicht anzurechnen seien, wenn man davon ausgehen kann, dass die später zufließende Schadensersatzleistung ihrerseits versteuert werden wird.

Andreas W. Tilp, Rechtsanwalt aus Kirchentellinsfurt, kam auf die Themen der Darlegungs- und Beweislast zurück und problematisierte, auch mit vergleichendem Blick auf das Rechtsinstitut der „pretrial discovery" in den USA, die Frage, wie die Parteien eigentlich an die den Beweisen zugrunde liegenden Unterlagen kommen sollen. Sodann thematisierte er § 849 BGB im Zusammenhang mit einer neueren Entscheidung des Bundesgerichtshofs (BGH XI ZR 360/11 vom 24.04 2011, WM 2012, 1188 ff), wonach kein bestimmter Mindestzinssatz als entgangener Gewinn geltend gemacht werden kann. Das Deliktsrecht sehe das anders. Die Frage einer Schutzgesetzpflichtverletzung werde daher in Zukunft eine größere Bedeutung spielen als bislang.

Prof. Dr. *Petra Buck-Heeb*, Universität Hannover, warf die Frage auf, inwieweit der Bundesgerichtshof in seinem aktuellen Urteil vom 5. Mai 2012 den wissenschaftlichen Modellen zur Handhabung des Kausalitätsbegriffs Rechnung trage oder im Ergebnis nicht doch wieder eine Beweislastumkehr statuiert werde.

Martin Wolters, Rechtsanwalt in Düsseldorf, stellte die Frage an *Schäfer*, ob er ebenfalls keine Aufklärungspflicht bei den Lehman-Zertifikaten aus Gründen eines anfänglich negativen Marktwertes sehe, da die den Bundesgerichtshof-Entscheidungen zugrunde liegenden Lehman-Zertifikate gerade noch nicht börsennotiert waren. Hier habe allerdings nicht die beratende Bank das Produkt strukturiert, sondern der Emittent.

Dies griff *Schäfer* in seiner Erwiderung auf und sah die Lösung darin, dass die vertreibende Bank in der Tat keinen Einblick in die Margengestaltung habe und mithin schon deshalb eine Aufklärungspflicht nicht in Betracht kommen könne.

Dr. *Petra Leupold*, Wirtschaftsuniversität Wien, ging davon aus, dass in dem Swap-Urteil die Offenlegungspflicht der Marge eigentlich insgesamt ein unnötiger Diskussionsgegenstand gewesen sei. Im Kern habe es sich um einen normalen Anlageberatungsfall gehandelt, bei dem die Aufklärung über den produktbezogenen Erwartungswert im Vordergrund gestanden habe.

4 Die Verantwortlichkeit der Organmitglieder von Kreditinstituten (2. Abteilung)

Die zweite Abteilung stand unter Leitung und Moderation von Dr. *Volker Groß*, Chefsyndikus der Kreditanstalt für Wiederaufbau (KfW).

1. Prof. Dr. *Thomas Fischer*, Richter im 2. Strafsenat am Bundesgerichtshof in Karlsruhe, eröffnete die zweite Abteilung mit seinem Referat über die „Strafrechtliche Verantwortlichkeit der Organmitglieder von Kreditinstituten". Mit Blick auf die Anwendbarkeit des Strafrechts auf Finanzkrisen erläuterte der Referent, dass das Strafrecht aufgrund seiner Mittel und der diesem Rechtsgebiet immanenten retrospektiven Betrachtungsweise allenfalls zur Aufarbeitung vergangener Krisen geeignet sei, nicht aber zur Vermeidung zukünftiger Krisen. Die bislang geringe Bedeutung des Strafrechts auch bei der Aufbereitung der Krise führt *Fischer* auf das Verständnis des Strafrechts insgesamt zurück, das

nur in engen Bereichen die Auswüchse und Folgen des Phänomens Finanzkrise sinnhaft erfassen könne. Gleichwohl misst der Referent dem Strafrecht, als schärfster Waffe der Sanktionierung und aufgrund der mit der Anwendung des Strafrechts verbundenen sozialen Ausgrenzung und Stigmatisierung, eine außerordentlich wichtige Funktion für die Stabilität des sozialen Systems insgesamt zu. Sodann nahm *Fischer* eine Unterteilung der verschiedenen Fälle der strafrechtlichen Organverantwortlichkeit vor und führte diese sowie die Voraussetzungen im Einzelnen näher aus.

[Beitrag *Fischer*, S. 129]

2. Eine Diskussionsrunde schloss sich aufgrund besonderer Umstände unmittelbar an den Vortrag an. Eröffnet wurde die Diskussion von *Hopt* mit der Frage, was ein Vorstandsmitglied von Enthaltung über Informierung des Aufsichtsrats oder der BaFin bis hin zum Gang an die Öffentlichkeit tun müsse, um sich bei Gremienentscheidungen der strafrechtlichen Verantwortlichkeit zu entziehen. Da diese Frage auch zivilrechtlich relevant sei, schloss er als weitere Frage an, ob sich die Straf- und Zivilsenate des BGH zur Frage der notwendigen Handlung eines Vorstandsmitglieds abstimmen würden.

Fischer erwiderte, dass die eine strafrechtliche Verantwortlichkeit auszuschließende Handlung nur anhand einer Einzelfallabwägung nach Maßgabe der Treuepflicht des Vorstandsmitglieds gegenüber der Gesellschaft bestimmt werden könne. Bei dieser Abwägung seien vor allem das Gewicht der Pflichtverletzung und subjektive Umstände auf Täterseite zu berücksichtigen. Es sei aber richtig, dass im Einzelfall der Gang an die Öffentlichkeit oder gar die Strafanzeige erforderlich sein könnten. Bezüglich der Abstimmung zwischen Zivil- und Strafsenaten wusste *Fischer* zu berichten, dass im Wesentlichen eine formelle Abstimmung über Vorlagen an den Gemeinsamen Großen Senat erfolge.

Schäfer schilderte den zivilrechtlichen Fall einer Kreissparkasse, welche ohne eigene Rechtsabteilung sich auf die Rundschreiben des Sparkassenverbands verlassen und Kick-Back-Zahlungen angenommen hatte. Das Zivilgericht hatte darin eine vorsätzliche strafrechtlich relevante Handlung gesehen. *Schäfer* bat den Referenten um seine Einschätzung als Strafrechtler.

Die Entscheidung des Zivilgerichts konnte *Fischer* nicht kommentieren, da es sich um eine Einzelfallentscheidung handele. Aufgrund des Schreibens des Sparkassenverbandes sei ein die Strafbarkeit ausschließender Verbotsirrtum denkbar, um dies aber beurteilen zu können müsse man insbesondere den konkreten Inhalt des Schreibens, die Kenntnislage des Vorstands sowie dessen Risikoeinschätzung kennen.

3. An die vorgezogene Diskussionsrunde schloss sich der Vortrag „Zivilrechtliche Verantwortlichkeit der Organmitglieder von Kreditinstituten“ des Vorsitzenden Richters am Bundesgerichtshof a.D. Prof. Dr. *Wulf Goette* an. Das Ergebnis seiner Ausführungen stellte *Goette* sogleich an den Anfang und äußerte die Auffassung, dass die Business Judgement Rule (BJR) des § 93 Abs. 1 S. 2 AktG einen weniger sicheren Hafen vor Regressansprüchen böte als oftmals angenommen werde. Sodann stellte *Goette* die Grundsätze der ARAG/Garmenbeck-Doktrin des BGH vor, wonach der Aufsichtsrat eine zweistufige Prüfung vorzunehmen habe. Im ersten Schritt müsse er zunächst, im Sinne des Legalitätsprinzips, das tatsächliche Bestehen eines Schadensersatzanspruchs gegen den Vorstand prüfen, während es sich bei der zweiten Stufe und der Frage nach der Geltendmachung des Anspruchs um eine unternehmerische Entscheidung mit Ermessen handele.

[Beitrag *Goette*, S. 113]

4. *Rainer Behle*, Abteilungsleiter bei der BaFin, schloss die Vortragsreihe mit seinem Referat zum Thema „Aufsichtsrechtliche Verantwortlichkeit der Organmitglieder von Kreditinstituten“. In seinem Vortrag konzentrierte sich *Behle* vor allem auf das der Aufsichtsbehörde zustehende differenzierte Instrumentarium, wenn Geschäftsleiter ihr Amt unzureichend ausüben. Daran anschließend ging er auf neuere Entwicklungen zur Corporate Governance von Kreditinstituten, insbesondere das CRD IV-Reformpaket, ein. Zum Schluss seines Referats betonte *Behle* noch die Bedeutung der Mindestanforderungen an das Risikomanagement (MaRisk) für die aufsichtsrechtliche Gesamtverantwortung der Geschäftsleiter.

[Beitrag *Behle*, S. 153]

5. *Hopt* eröffnete die sich anschließende Diskussion und wollte von *Behle* seine Einschätzung dazu wissen, dass in der Öffentlichkeit die Besetzung der Organe in den öffentlichen Banken als qualitativ geringer eingeschätzt werde, als bei Banken aus dem Privatsektor. In diesem Zusammenhang habe eine Studie von Hau und Thum gezeigt, dass der professionelle Hintergrund der Organmitglieder von Banken mit dem unternehmerischen Abschneiden der Banken in der Finanzkrise korreliere und hier die öffentlich-rechtlichen Banken, insbesondere die Landesbanken, gegenüber den Privatbanken das Nachsehen hätten. An *Goette* gerichtet vertrat *Hopt* die Auffassung, dass nach dem Gesetzeswortlaut der BJR das Erfordernis der Angemessenheit der Information subjektiv, aus Sicht des Vorstands, zu bestimmen sei. Diese Voraussetzung könne nachträg-

lich durch die Gerichte daher nicht durch Anlegen eines objektiven Maßstabs, sondern allenfalls anhand einer Plausibilitätskontrolle überprüft werden.

Behle wollte die Problematik fehlender Qualifikation von Organmitgliedern nicht auf eine Institutsgruppe beschränkt sehen. Ursprünglich habe das Gesetz allein die notwendige Sachkunde gefordert und das nach umfangreichen Konsultationen erstellte Erläuterungsschreiben der BaFin führe aus, dass diese auch in anderen Bereichen, in der öffentlichen Verwaltung oder durch politische Mandate, erworben werden könne. Dies würde womöglich gerade im Bereich öffentlich-rechtlicher Banken bisweilen zu Fehlbesetzungen führen; die BaFin versuche aber stetig, eine Qualitätsverbesserung zu erreichen.

Goette erklärte auf seine Frage, dass er die subjektive Sichtweise eher für einen Fehler halte, der aus Amerika importiert worden sei. Im Gesetz stehe, dass der Vorstand „vernünftigerweise" annehmen durfte, auf Basis angemessener Informationen zu entscheiden. Dieses Wort würde durchaus einen objektiven Maßstab bezüglich der Angemessenheit der Informationen unter Zugrundelegung der damaligen konkreten Situation erlauben.

Zetzsche fragte *Goette* nach dessen Einschätzung, ob in Zukunft eine Drittwirkung der aufsichtsrechtlichen Vorschriften zu befürchten sei, wenn man diesen bereits eine Ausstrahlungswirkung auf den aktienrechtlichen Sorgfaltsmaßstab zusprechen würde. In anderen Rechtsordnungen würde diese Frage durchaus bejaht.

Goette antwortete, dass, ähnlich wie bei der aus Amerika importierten subjektiven Sichtweise, nicht alles aus anderen Rechtsordnungen stammende Gedankengut zu begrüßen sei, und sprach sich deutlich gegen eine Drittwirkung der aufsichtsrechtlichen Vorschriften aus.

Prof. Dr. *Mathias Habersack*, Universität München, bat *Goette* um Konkretisierung des geschilderten Ermessens des Aufsichtsrats bei der Verfolgung von Regressansprüchen gegen den Vorstand. Welche Fälle seien beispielsweise mit Blick auf die D&O-Versicherungen, welche einen Direktanspruch gegen den Versicherer enthielten, denkbar, in denen der Aufsichtsrat von einer Verfolgung der Ansprüche Abstand nehmen sollte.

Nach Ansicht von *Goette* ist das Vorhandensein einer D&O-Versicherung eine Frage der Beitreibbarkeit der Forderung und somit im Entscheidungsprozess des Aufsichtsrats auf der ersten Stufe zu verorten. Ungeachtet der Beitreibbarkeit müsse das Organ aber auf der zweiten Stufe prüfen, ob es nicht von der Geltendmachung eines Regressanspruchs Abstand nehmen wolle. Er sei lediglich mit dem in die ARAG/Garmenbeck-Entscheidung hineininterpretierten Automatismus nicht einverstanden. In der Regel müsse der Aufsichtsrat den Vorstand zwar in Regress nehmen, es gäbe aber auch Einzelfälle, etwa bei kartellrechtlichen Verstößen sei dies denkbar, in denen der monetäre Nutzen einer

Regressnahme des Vorstands von den damit verbundenen Schäden zunichte gemacht würde.

Dr. *Mathias Hanten*, DLA Piper Frankfurt, wollte von *Behle* wissen, wie die Strafbarkeitserklärung des Geschäftsleiters gegenüber der BaFin mit der Unschuldsvermutung zu vereinbaren sei und ob die BaFin tatsächlich ein offen angesprochenes, gegen den Geschäftsleitungskandidaten geführtes strafrechtliches Ermittlungsverfahren nicht negativ bewerten würde. Zudem fragte *Hanten* nach der Vereinbarkeit der Unabhängigkeit der Geschäftsleitung mit deren Angst vor einer Haftung, welche die Geschäftsleitung zur ständigen Abstimmung mit Aufsichtsrat und Gesellschaftern zwingen würde.

Behle bestätigte, dass Offenheit gegenüber der BaFin stets der beste Weg sei. Zudem sei der BaFin bewusst, dass die geforderte Unabhängigkeit der Geschäftsleitung für den Geschäftsleiter bisweilen zu schwierigen Entscheidungen führen könne. Der BaFin sei dieses Kriterium jedoch besonders wichtig, weil der Geschäftsleiter die maßgebliche Verbindungsperson zwischen BaFin und Institut sei.

Arne Wittig, Syndikusanwalt in Frankfurt, wendete sich mit der Frage an *Goette*, wie die Rechtsprechung mit dem Problem des hindsight bias umginge. Auch bei schlichten unternehmerischen Fehlentscheidungen könne man im Nachhinein leicht urteilen, dass das Scheitern hätte vermieden werden können, sofern man noch diese Information eingeholt oder Jenes bedacht hätte.

Goette pflichtete *Wittig* bei, dass dies ein wesentlicher Aspekt sei. Zu seiner aktiven Zeit am BGH habe er vor Sitzungen immer wieder zur Betrachtung aus der ex-ante Sicht gemahnt. Nach seiner Einschätzung funktioniere das Ausschalten der „postmortalen Klugheit" zumindest beim BGH auch recht gut.

Abschließend dankte *Mülbert* den Referenten und Teilnehmern für ihre Anregungen für Wissenschaft und Praxis und kündigte den nächsten Bankrechtstag für den 28.06.2013 in Berlin an.

Stichwortverzeichnis

Bei Fragen zur Produktsicherheit wenden Sie sich bitte an:
If you have any questions regarding product safety,
please contact:

Walter de Gruyter GmbH
Genthiner Straße 13
10785 Berlin
productsafety@degruyterbrill.com